시대를 밝힌

호남의 정치선각자들

시대를 밝힌
호남의 정치선각자들

초판 1쇄 발행 2017년 4월 19일

지 은 이 오수열

펴 낸 이 이정화
책임편집 이경기획
기획편집 이경기획
북디자인 이경기획
교 정 이경기획

펴 낸 곳 도서출판 이 경
주 소 부산광역시 북구 금곡대로 604
출판등록 제02-08-112호(2004. 8. 4)
전 화 (051)334-8881(代)
팩 스 (051)558-3501

ISBN 978-89-6823-029-5 93340

값 15,000원

총 판 한국출판협동조합(Tel. 02-716-5616~9)

시대를 밝힌

호남의 정치선각자들

오 수 열 지음

도서출판 이 경

독자에게

"정치(政治)란 무엇일까?"는 40년 넘게 정치학을 공부하고 가르쳐 온 필자에게 끊임없는 의문이자 명제였습니다. 1970년대 초임교수 시절 '신생국정치론'을 가르치다가 본의 아니게 타이완(台灣)으로 공부하러 가면서 '중국정치'와 '동아시아국제관계'가 주요 관심영역으로 굳어지게 되었습니다.

사람의 '삶'이란 것은 참으로 기이(寄異)하다는 생각이 듭니다. 1988년 6년여의 해직교수(解職敎授) 생활을 마치고 강단에 복귀한 후 이른바 민립대학(民立大學)이라고 불리는 조선대학교의 설립역사에 관심을 갖게 되면서 월파(月坡) 서민호(徐珉濠)선생에 관한 글을 한편 쓰게 되었습니다. 이것이 필자가 인물사(人物史)에 관심을 갖게 된 계기입니다.

'월파'에 관한 자료를 뒤적여보면서 한 인간의 삶의 족적이 후일에 이토록 커다란 영향을 미치게 된다는 것을 새삼 깨닫게 되었습니다.

그러던 차에 부산에서 노교수(老敎授) 및 지식인들이 자력으로 발간하는 「인간과 문화」라는 교양지에서 영남지역에 호남을 소개하는 글을 써줄 수 없겠느냐는 제의가 왔습니다. 원고료 없는 무료봉사라고 하니 더더욱 거절할 수가 없어 국가와 민족을 위해 헌신한 호남지역 인사(人士)들의 삶을 소개하기로 약속하였습니다.

해방이후 건국과정에서 중요한 역할을 맡았던 지도자들이 주요 대상이 되었고, 간혹 일제시대 독립과 사회개혁에 헌신한 분들이 포함되기도 하였습니다.

다행스럽게 부산을 중심으로 한 영남지역의 독자들에게서 좋은 반응을 얻었을 뿐만 아니라 그 후손들로부터도 반응이 없지 않았으니, 필자로서는 행복한 일이 아닐 수 없습니다.

편집자와의 약속을 지키기 위해 매호(號)마다 거르지 않고 부지런히 연재하다 보니 일제 시대와 해방 정국에서 나름의 행적을 남긴 호남의 정치지도자들이 거의 다루어지게 되었습니다.

이제 대학을 떠날 날이 일 년여 앞으로 다가오고 있습니다. 그동안 이러저러한 이름으로 17권의 책을 간행하였습니다만, 「인간과 문화」에 연재한 글들을 모아 "후세에 남기는 것도 의미 있는 일이 아니겠느냐"는 권유들이 없지 않았습니다.

사실(事實)에 충실하기 위해 때로는 족보(族譜)까지 구해 검토하는 등 나름대로 최선을 다한 글들이니, 후일을 위해서라도 책으로 묶어 두는 것도 좋겠다는 생각이 들었습니다.

원고를 집필하면서 크게 느낀 것은 첫째, 일제와 해방정국에서는 영·호남간의 지역감정을 거의 찾아볼 수 없었다는 것, 둘째, 호남 출신 인사들의 활약이 정치 전반에 커다란 영향을 미쳤다는 것이었습니다.

지금까지도 두 지역 간의 대립과 갈등이 완전히 해소되었다고 할 수 없는 상황에서 오직 국가와 민족만을 생각했던 그때 그 시절의 통 큰 지도자들이 더욱 생각나지 않을 수 없습니다. 영·호남간의 이해증진에 기여할 수 있는 기회를 준 「인간과 문화」 편집자 그리고 좋은 책으로 탄생시켜 준 이경출판사에 감사드리며, 독자 여러분들의 사랑과 비판을 기대해 마지않습니다.

2017년 孟春에

서석동 연구실에서

오 수 열

차 례

서 재 필

■ 독립운동가

- 호 송 재(松齋)
- 출생-사망 1864. - 1951.
- 출생지 전라남도 보성군
- 대표공직 부정자, 병조참판

▲생가 사진

송재(松齋) 서재필

I. 머리말

역사(歷史)를 공부하다 보면 수많은 인물(人物)들을 만나게 된다. 그 가운데에는 시류에 편승하여 평생 동안 부귀영화를 누린 사람이 있는가 하면, 반대로 시류에 편승치 않고 역류하면서 만고풍상을 겪은 사람이 없지 않다. 전자(前者)의 경우 당대에는 일신의 안일을 누리지만 후일 역사로부터 혹독한 평가를 받는 경우가 대부분이며, 후자(後者)의 경우 당대에는 혹독한 고난을 겪을 수밖에 없지만 후일 역사로부터 정당한 평가를 받는 경우가 적지 않다.

여기에서 조명해보고자 하는 송재(松齋) 서재필(徐載弼)이 대표적으로 후자에 속하는 경우라고 할 수 있을 것이다. 서재필의 경우 친가(親家)쪽으로는 그의 부친 서광언(徐光彦)이 진사였음에도 불구하고 벼슬을 한 적이 없는 것으로 보아 권세를 가졌다고 할 수 없는 반면, 서재필이 낳고 어렸을 적 성장한 외가(外家)쪽으로는 그의 외증조부 이유원(李有源)이 이조참판을 지냈고, 외숙 이지용(李志容)도 충청도 논산군 석성현의 현감을 지냈으며, 5천석의 재력가였던 것으로 보아 서재필의 어렸을 적 삶은 매우 풍요로웠다고 할 수 있을 것이다.

그럼에도 불구하고 한말(韓末)의 정치적 격동 속에서 청년 서재필의 삶은 파란만장의 길을 걷게 되었고, 마침내는 만 20세의 나이에 갑신정변(甲申政變)의 실패로 말미암아 일본을 거쳐 미국으로 망명을 떠나게 되었다.

흔히 사람의 운명은 알 수 없다고 하지만 만약 갑신정변이 없었다면, 그리고 서재필이 승선했던 치토세마루(千歲丸)의 츠치카꾸고오로(辻角五郎)선장의 도움이 없었다면 서재필이라는 이름은 지금처럼 역사에 크게 기록되지 못했을 것이다. 어떻든 서재필은 일본을 거쳐 미국에 망명하였고, 그곳에서 의학을 공부하여 한국인 최초의 의학사(M·D)학위를 받았고, 의사의 자격을 얻게 되었다.

만일 서재필이 평범한 삶을 살고자 했던 사람이라면 그는 1894년 6월 결혼한 아내 뮤리엘(Armstrong Muriel)과 함께 미국에서 의사로서 안정적 생활을 영위할 수 있었을 것이지만 그는 1895년 말 미국에서의 생활을 정리하고 서울로 돌아왔다.

그러나 서재필이 귀국했을 때의 조국은 그가 혈혈단신으로 일본을 거쳐 미국으로 망명길에 올랐던 당시에 비해 나아진 것이 거의 없는 암담한 상황에 놓여 있었다. 서재필이 귀국한 1895년은 동학 농민혁명이 끝난 다음 해이자, 청일전쟁이 끝난 해였던 것이다.

매관매직이 보편화되고 탐관오리들의 수탈이 다반사였던 당시의 상황에서 민심은 황실에서 이반되었고 주변 열강들은 그들의 이권을 챙기기에 혈안이 되어 있었다. 이와 같은 고국의 현실에 상심낙담(傷心落膽)한 서재필은 다시 미국으로 돌아갈 것까지를 생각하였으나, 그는 고국을 떠나지 못하고 고국의 현실을 바꾸기 위한 작업에 매진하게 된다. 그가 고국을 위해 쌓은 업적의 대부분은 이 시기에 이루어진 것이다.

서재필은 당시 실세였던 유길준(兪吉濬)의 후원 하에 대중계몽을 위한 공개 강연을 행하였으며, 마침내는 독립신문을 간행하는데 까지 이르렀다. 독립신문은 우리 역사상 처음으로 발간된 민간신문으로 서재필은 이 신문을 통하여 구미(歐美)의 개화된 사상과 발전상을 대중에게 전파하려고 노력하였다.

구미의 개화된 사상은 무엇이었던가. 그것은 평등(平等)과 민주주의(民主主義)에 기초를 두고 있었고, 이를 전파하려고 했던 서재필의 노력은 후일 선비들과 관리들에게 자주독립(自主獨立)이라는 의식을 갖게 하였으며, 많은 사람들로 하여금 독립운동에 투신토록 한 뿌리가 되었다. 필자가 서재필의 업적에 관심을 갖게 된 원인이 여기에 있으며, 특히 필자로 하여금 서재필에 관한 글을 쓰게 한 동기는 필자가 수차례에 걸쳐 전라남도 보성군 문덕면에 소재한 그의 기념관을 관람하면서 조국의 개화와 독립에 바친 그의 헌신적 노력에 감명을 받았기 때문이다.

Ⅱ. 서재필의 출생과 성장

서재필은 1864년 1월 7일(癸亥年)[1] 전라남도 보성군 문덕면 용암리(龍岩里) 가내(可川)마을 외갓집에서 생부(生父) 서광언(徐光彦)과 어머니 성주(星州) 이(李)씨 간의 차남으로 태어났다.[2] 서재필이 태어난 1864년은 철종(哲宗) 14년에 해당되는데, 이때는 안동 김씨의 세도가 극에 달하였던 시기로서 천주교(天主教)에 대한 탄압이 극심하였고 전국에 걸쳐서 민란이 발생하는 등 정국이 매우 불안한 상태에 있었다.[3]

어떻든 서재필은 17세기 초 광해군 시절에 이조참판으로 있던 이성(李城)이 벼슬을 버리고 내려와 정착한 이래 몇 대를 살아온 보성의 외갓집에서 태어났고 그곳에서 성장하였으니, 서재필이 외가의 영향을 많이 받았으리라는 것은 충분히 짐작할 수 있는 일이다.

---

1) 서재필의 출생년도에 관해서는 1863년, 1864년 등 이견이 있지만, 계해년(癸亥年)인 것은 분명하다. 다만 출생월이 1월인 관계로 음력으로 계산하면 1863년 12월이 될 수 있고, 양력으로 계산하면 1864년 1월이 될 수 있을 것이다.

2) 서재필이 어찌된 연유로 그의 부모가 거주하고 있던 충청남도 논산군 구자곡면 금곡리(金谷里)가 아닌 전라남도 보성군의 외갓집에서 태어났는지에 관해서는 알려진 바가 없으나, 당시 일반적인 산속(産俗)에 따른 것으로 볼 수 있을 것이다. 어떻든 서재필은 보성군의 외갓집에서 태어나 어린 시절을 그곳에서 보냈기 때문에 '그의 고향이 어디인가"를 논할 때는 전남 보성이라고 하는 것이 타당할 것이다. 이러한 이유로 다른 출판물에서도 그를 全南 寶城 출생이라고 적시하고 있다. 편집부, 『政治學大辭典』(서울: 博英社, 1975), p.823.

3) 韓榮國, 『韓國史大系(6)』 -朝鮮後期-(서울: 三珍社, 1976), pp.113-137.

서재필이 가내마을 외갓집에서 계속 성장하였다면 아마도 평범한 선비가 되었을지도 모른다. 그러나 그의 소년기에 그의 운명에 결정적 영향을 미친 사건이 발생하였으니, 그가 집안에 아들이 없는 5촌숙 서광하(徐光夏)의 양자(養子)로 입양되게 되고 다시 양어머니의 동생, 즉 양외삼촌[4]이 있는 서울로 올라와 공부하게 된 것이다.

양외삼촌댁에 보내져 공부한 서재필이 고종 19년(1882년) 만 18세의 나이로 과거(科擧) 문과(文科)에 합격한 데에서 그가 매우 비범했음을 알 수 있는데, 어떻든 그 후 서재필은 당시 수구파와 개혁파의 대립이 빚은 혼란한 정국 속에서 개혁파의 중심 인물이었던 김옥균(金玉均)[5]을 만남으로써 그로부터 커다란 영향을 받게 되고, 이는 그의 일생에 전기(轉機)로 작용하게 되었다.

김옥균은 서재필보다 13세 연상이었고, 과거 합격 또한 10년

---

4) 김성근(金聲根)으로 고종 때의 문신이다. 자는 중원(仲遠) 호는 해사(海士)로 철종 13년 문과에 급제하여 내무독판, 예조·이조판서 등을 역임하였다. 농학혁명이 끝난 후 특진하여 탁지부대신(度支部大臣)에 이르렀다. 1910년 한일병합 후 자작(子爵)이 되었으며, 미남궁체(米南宮體)의 글씨가 뛰어났다. 韓國史大事典編纂委員會, 『韓國史大事典』 (서울: 豊文社, 1974), p.280.

5) 1851년(哲宗 2年) 충청도 공주(公州)에서 태어나 1894년(高宗 31年) 사망함. 조선말기의 정치가로 호는 고균(古筠)임. 1872년 문과(文科)에 장원급제하여 1874년 정언(正言)에 이름. 개화를 위해 서재필 등 청년을 일본에 유학시키고 박영효, 서광범, 홍영식 등과 함께 개화를 도모하였으며, 당시 민씨 일파의 수구파를 제거하기 위해 갑신정변(甲申政變)을 일으켰음. 이튿날 조직된 새 내각에서 호조참판으로 실권을 장악하였으나, 이 정변의 실패로 일본에 망명하였음. 10년 간 정부의 자객을 피해 일본 각지를 방랑한 후 1894년 상해(上海)로 건너갔으나 결국 자객 홍종우에게 암살당하였음. 위의 책, p.294.

이 빠른 대선배였기 때문에 서재필에게 있어서 김옥균은 존경과 흠모의 대상이 되기에 충분하였다. 따라서 김옥균의 사상과 생각이 서재필에게 적지 않는 영향을 미치게 되었으리라는 것은 불문가지라 하겠다.

서재필에게 영향을 미친 김옥균의 사상 가운데 가장 중요한 것은 다름 아닌 개화사상(開化思想)이었다. 수백 년간 동양사회의 종주국으로서 천하에 군림해 온 중국에 대한 사대(事大)에서 벗어나지 못한 채 수구적(守舊的)이고 폐쇄적 태도를 지닌 조정을 변화시키기 위해서는 서양의 앞선 문물을 수용한 일본을 배워야 한다는 김옥균의 생각은 청년 서재필에게 커다란 공감을 불러 일으켰던 것이다.[6)]

1883년 5월 서재필이 다른 16명의 청년들과 함께 일본으로 유학의 길에 오르게 된 것은 이러한 김옥균의 영향과 결정에 의한 것이었다.[7)] 이렇게 하여 서재필은 13개월 동안을 일본에서 보내게 되었는데 처음 6개월간은 일본의 선각자 후쿠자와 유키치(福澤諭吉)가 설립한 게이오의숙에 들어가 일본어를 배우고 그 후에는 김옥균이 바라던 대로 토야마(戶山)사관학교에서 수학하였다.

서재필에게 개화사상을 심어주고 일본유학의 기회를 제공한 김옥균은 서재필이 일본에서 공부하고 있는 동안에도 일본을 방문

---

6) 李庭植, 『구한말의 개혁 · 독립투사 서재필』 (서울: 서울대학교출판부, 2004), pp.28-33.

7) 일본의 선진문물을 시찰하고 돌아온 김옥균은 서재필에게 "국방을 충실히 하자면 정예한 군대를 기르는 방법 밖에 없다"며 일본으로 건너가 무예를 배우고 오도록 권하였다고 한다. 위의 책, pp.28-29.

하여 서재필을 비롯한 학생들과 회동함으로써 그들에게 지속적인 감화를 주었다. 정부가 원래 이들을 파견할 때는 장기간의 유학을 통해 앞선 문물을 충분히 습득케 할 계획이었으나 이들에게 지불할 유학 경비의 조달이 원활치 않아 이들은 1884년 7월 귀국할 수밖에 없었다.

비록 충분한 교육을 받지는 못하였지만, 일본에서 군사교육을 받은 유학생들은 당시로서는 소중한 자원일 수밖에 없었다. 당시 고종의 총애를 받고 있던 개화당 인사들은 조련국(操鍊局)을 설치하여 이들을 활용할 것을 진언하였고, 1884년 10월 서재필이 조련국의 책임자인 사관장(士官長)에 임명되었다. 그러나 자력에 의한 국방력 건설을 꿈꾸며 출발했던 조련국은 당시 1,500명의 군대를 조선에 주둔시키고 있던 청나라와 명성황후 측의 반대에 의해 수포로 돌아갔으며[8] 서재필을 비롯한 사관생도들은 궁궐수비대로 편입되었다.

이 무렵 조정의 권력은 명성황후의 친족인 영흥 민씨들의 손에 장악되고 있었다. 민황후의 조카 민영익(閔泳翊)[9]을 비롯하여 영준(泳駿), 영환(泳煥), 영소(泳韶) 등이 조정에 출사하였

---

8) 李光麟, 『開化黨研究』 (서울: 一潮閣, 1973), p.44.

9) 1860년(哲宗 11年)에 태어남. 구한말(韓末)의 문신으로 1877년(高宗 14年)에 문과에 급제함. 이조참의 등 여러 벼슬을 거쳐 1883년 전권대신으로 미국을 방문하여 우리나라 최초로 서양문물을 사찰함. 혜상공국총판(惠商工局總辦)이 되어 개화당을 탄압하였으며 그 후에도 우영사(右營使)·군국기무아문협판(軍國機務衙門協辦) 등 요직을 역임하였음. 1905년 러·일전쟁 후 친일정권이 수립되자 청나라로 건너가 상해(上海)에서 죽음. 韓國史大事典編纂委員會, 앞의 책, pp.513-514.

으며, 그 가운데에서도 특히 민영익은 명성황후의 각별한 총애를 바탕으로 권력을 농단하고 있었는데, 당초 개화파에 호의적이었던 민영익이 서양문물을 시찰하고 돌아와 '혜상공국총판'이 되어 개화파를 탄압하는 쪽에 서게 됨으로써 위기감을 느낀 개화파들은 1884년 12월 4일 갑신정변(甲申政變)[10]이라는 쿠데타를 일으키게 되는 것이다.

갑신정변 후 개화파들은 신내각을 출범시켰는데 영의정에 이재원(李載元), 좌의정에 홍영식(洪英植), 전후영사(前後營使) 겸 좌포장(左捕長)에 박영효, 좌우영사(左右營使) 겸 대리외무독판에 서광범, 예조판서에 김윤식, 형조판서에 윤응렬, 병조참판 겸 정령관(正領官)에 서재필, 호조참판에 김옥균 등이 임명되었다.[11]

개화파가 주축이 된 신내각의 중요한 특징을 살펴보면 우선 군사력을 장악하는 사영사(四營使)와 경찰권을 가지는 포장(捕長)은 박영효와 서광범이 나누어 겸직하고, 서재필이 병조참판 겸 정령관으로 군권(軍權)을 장악하고[12] 개화파의 실질적 리더였던

10) 1884년(高宗 21年) 개화파들이 수구파를 제거하기 위하여 일으킨 정치변란 사건 임. 명성황후를 비롯한 민영익·민승호 등 수구파에 대해 박영효·김옥균·홍영식· 서광범·서재필·윤웅렬 등 소장 개화파들이 일본세력을 등에 업고 우정국(郵政局) 개국을 계기로 쿠데타를 일으켜 권력을 장악했음.

11) 元裕漢 外, 『韓國史大系(7)』 -朝鮮末期-, pp.62-63.

12) 많은 자료들이 신 내각에서의 서재필의 직위를 병조참판 겸 정령관이라고 기록하고 있는데 반하여 조일문과 신복룡은 이는 사실이 아니며 서재필은 단지 정령관으로서 실무적 책임을 맡았을 뿐이라는 주장을 펴고 있다. 김옥균·박영효·서재필 저, 조일문·신복룡 편역, 『갑신정변 회고록』(서울: 건국대학교 출판부, 2006), pp.23-24.

김옥균은 호조참판으로써 재정권을 장악하였다는 점을 지적할 수 있는데, 특히 개화파 중에서도 나이가 매우 적은 편인 서재필이 군권을 장악할 수 있었던 것은 일본 토야마 사관학교에서의 학습 경험이 중요시되었던 것으로 보인다. 집권한 개혁세력은 그들이 평소 도모했던 혁신적 시정요강을 국민들에게 발표하였다.[13)]

그러나 개화당의 쿠데타는 3일 후에 청나라의 군대가 궁궐에 진입해 옴에 따라 삼일천하(三日天下)로 끝나게 된다. 스스로를 지킬 무장 세력을 지니지 못한 채 외부의 지원 하에 개혁을 도모하려고 한 지식계급의 권력도모가 얼마나 사상누각일 수밖에 없었던가를 보여주는 가장 좋은 사례의 하나가 되고 만 것이다. 사흘 동안 정권을 장악했던 개혁파들은 대역죄인의 신세로 전락하였고 그들은 살기 위해 각자도생(各自圖生)의 길을 걸을 수밖에 없었다. 홍영식, 박영효 등 요인을 포함한 200여 명의 사망자를 냈고 개혁파들은 완전몰락하게 되었다. 김옥균을 비롯한 주모자들은 제물포를 걸쳐 일본의 우편선 치토세마루(千歲丸)을 타고 일본으로 도망할 수밖에 없었는데, 이 과정에서도 타케조에(竹添) 일본공사의 이중적 행동은 이들의 운명을 풍전등화에 처하게 하였다. 즉 일본의 지원 약속을 믿고 정변을 일으킨 개화파들에게 타케조에는 청나라의 주구였던 묄렌도르프의 요구에 따라 배에서 내릴 것을 명령하였던 것이다.[14)]

13) 주요내용은 다음과 같다. ① 청나라에 행하였던 사대(事大)의 폐지, ② 문벌의 폐지와 인민의 평등권 제정, ③ 조세의 개혁과 부채 척결, ④ 부정한 관리의 처벌, ⑤ 국사(國事) 논의 구조의 개혁. 元裕漢, 앞의 책, p.64.

14) 李庭植, 앞의 책, pp.47-49.

이처럼 갑신정변이 실패로 끝나게 되고, 그 주모자들이 대역 죄인으로 낙인찍혀 일본으로 도망하는 신세가 되면서 그 일족들이 겪어야 했던 형벌은 참혹한 것이었다. 서재필의 경우 3족을 멸하는 대역죄로 아우 서재창(徐載昌)이 참형에 처해졌고, 아버지 서광효도 죽었으며 어머니 성주 이씨와 아내 광산(光山) 김씨도 같은 날에 죽었다.[15]

일본으로의 망명길에 오른 서재필 등은 1884년 12월 13일에 나가사키(長崎)에 도착하였고, 12월 말경에 도쿄(東京)로 옮겨온 것으로 알려지고 있는데 일본에서 그들의 생활은 일본정부의 냉대 등으로 안정적이지 못하였다. 이는 서재필 등이 일본을 떠나 미국으로 향하고자 했던 원인이 되었고, 결과적으로는 매우 바람직스러운 일이 되었다. 서재필 등이 일본을 떠나 샌프란시스코에 도착한 것이 1885년 6월 11일이니 그의 나이 21세 때의 일이다. 따라서 그들이 일본에 머무른 기간은 불과 반년여에 불과한 셈이다.

미국에 도착한 서재필이 어떠한 삶을 살았는가에 관해서는 그 자신의 글을 포함하여 적지 않는 자료들[16]이 남아있는데 요약하면, 홀렌백(John Wells Hollenbeck)이라는 은인의 도움으로 학업에

---

15) 서재필의 삶에 대해 가장 정밀한 연구를 진행한 사람 가운데 한 명인 이정식(李庭植) 박사는 이러한 비극은 서재필이 일본을 거쳐 미국에 정착한 이후 미국 시민권을 취득하게 하는데 영향을 미치게 되었고 가족관계를 포함한 사사로운 일에 대해 언급하는 것을 싫어했다고 쓰고 있다. 위의 책, pp.120-124.

16) 서재필, 「滯美50年」, 『동아일보』, 1935.1.3와 金道泰, 『徐載弼博士自敍傳』 (서울: 을유문화사, 1971) 등이 있다.

열중할 수 있었고, 마침내 1892년 3월에 한국인으로서는 최초로 콜롬비안대학교 의학부에서 의학사(M·D) 학위를 받았다는 것이다.

Ⅲ. 서재필의 독립활동

일반인들이 서재필에 대해 아는 바는 첫째, 서재필이 갑신정변의 주모자 가운데 한 사람으로 갑신정변 실패 후 미국으로 건너가 한국인으로는 최초로 '서양 의사'가 되었다는 것, 둘째, 다시 한국으로 돌아와 '독립신문'을 발간하고 '독립협회'를 조직하여 '독립문'을 세움으로써 독립운동에 매진하였다는 것, 셋째, 1945년 해방된 조국에 점령군 사령관 하지(John R · Hodge) 중장의 고문관으로 돌아왔으며 초대 대통령 출마 권유를 받기도 했으나 고사하고 미국으로 돌아가 사망하였다는 사실 정도이다. 따라서 그가 미국에서 의사 자격을 취득한 후 고국에 돌아와 전개한 활동의 대부분은 조국의 독립을 지키기 위한 일에 관련되어 있었다.

서재필이 결혼한 지 1년여 밖에 되지 않은 아내 뮤리엘을 남겨두고 미국을 떠나 일본을 경유하여 미국시민이자 의사인 필립 제이손(Philip Jaisohn)으로 제물포에 도착한 것은 1895년 12월 25일이었다. 서재필이 고국에 도착한 무렵 국내의 정치상황은 청일전쟁에서 일본이 승리한 결과로 조직된 김홍집(金弘集)[17] 내각

---

17) 조선조 말기의 정치가로 1842년에 태어남. 1868년 정시문과(庭試文科)에 급제하여 광양현감을 지냈고, 1880년 예조참의로서 수신사(修信使)가 되어 일본을 방문하는 등 개화정책을 추진하였으나 유학자들의 배척

에서 갑신정변의 동지였던 박영효 등이 요직을 맡아 개혁을 추진하고 있었다. 바로 이러한 상황 변화가 서재필이 귀국을 결심하게 된 배경이 되었을 것이다.[18)]

그러나 11여년 만에 돌아온 서재필의 눈에 비친 고국의 모습은 대역죄인의 신세로 총망중에 배에 올랐던 옛날과 크게 달라진 것이 없었다. 그가 머물렀던 미국이 대륙횡단철도가 개통되고, 신의학이 발전하는가 하면 정치적으로 공화정(共和政)이 시행되는 등 조선과는 비교할 수도 없을 만큼 개화되고 있었던데 비하여 조국은 여전히 절대왕권치하에서 국왕은 내성적이고 유약하여 국정을 결단하지 못하였고, 주변 국가들은 그들의 이권 확보를 위해 호시탐탐 기회를 노리고[19)] 있는 가운데 위정자들은 여전히 국제적 환경 변화에 어두웠다.

그럼에도 서재필이 귀국하여 2년 4개월 동안이나 국내에 머무르면서 조국의 개화를 위해 헌신하였던 것은 당시의 김홍집 내각에 박영효, 김옥균, 유길준과 같은 개화파 인물들이 참여하고

으로 사임함. 1882년 재기용되어 미국, 영국, 독일과의 수교에 참여하였고, 그 후 예조판서, 한성판윤 등을 지냄. 1894년 동학혁명 이후 2차에 걸쳐 김홍집 내각을 구성하여 새로운 국가체계를 세우기 위해 노력하였으나 1896년 고종의 아관파천으로 친러정권이 들어서면서 친로파에 붙잡혀 광화문에서 살해되었음. 편집부, 『政治學大辭典』, pp.306-307.

18) 이러한 배경에 관하여는 愼鏞廈, 『獨立協會硏究(상)』(서울: 일조각, 2006), pp.20-22를 참고할 것.

19) 이 시기 조선에 대해 야욕을 가진 대표적 국가로는 청(淸), 일본, 러시아를 들 수 있다. 청은 전통적 속방관계의 유지를 위하여 조선에 군대를 파견하였고, 일본은 청·일 전쟁에서의 승리를 계기로 대륙으로의 세력팽창을 본격화 하였으며, 러시아 또한 청의 무능이 드러남에 따라 극동지역에 대한 관심을 높이기 시작하였다.

있었기 때문이었다. 특히 서재필보다 8년 선배로서 당시 김홍집 내각의 내무대신이라는 요직에 있던 유길준(兪吉濬)[20]은 서재필의 국내에서의 활동에 커다란 도움을 주었다.

1896년 1월 8일 서재필은 유길준의 도움으로 고종(高宗)을 알현할 수 있는 기회를 얻었다. 이후 서재필은 유길준의 도움으로 관리 및 일반 시민을 상대로 한 공개 강연의 기회를 가지게 되었는데, 이는 서재필이 미국에서 견문하고 경험한 신지식을 전달할 수 있는 기회가 되었다는 점에서 서재필에게도 자랑스러운 일이었지만, 강의를 듣는 사람들에게도 매우 흥미로운 일이었을 것으로 짐작된다. 서재필은 이 강연에서 '국가의 자주성'에 대한 필요성을 역설하고 그 가운데에서 민중의 역할과 존재 의식의 중요성을 강조했다고 한다.[21]

이 무렵 서재필은 매월 300달러의 월급을 받기로 하고 계약기간 10년의 중추원(中樞院) 고문으로 임명 받았다.[22] 그런데 중

---

20) 한말의 정치가로 1856년(哲宗 7年) 서울에서 태어났으며, 호를 구당(矩堂)이라 함. 1881년(高宗 18年) 신사유람단의 일원으로 일본을 방문하였고, 게이오(慶應)의숙에서 후쿠자와 유키치에게 배움. 전권대사 민영익을 따라 미국을 방문하였고, 워싱턴·보스턴 두 대학에서 수학함. 1894년 갑오개혁 때 김홍집 내각에서 내무대신이 되었으나 아관파천으로 일본에 망명하였음. 1907년 귀국하여 흥사단·한성부민회(漢城府民會)를 통해 국민계몽에 힘쓰다가 1914년 7월 병사하였음. 韓國史大事典編纂委員會, 앞의 책, pp.966-967.

21) 신용하, 「독립협회의 조직과 사상」, 국사편찬위원회, 『한국사』 제41권(1999), p.189.

22) 당시 중추원은 조선 초기의 중추원과는 달리 일종의 자문기관의 역할에 머물렀다. 그럼에도 당시 서재필이 받기로 한 300달러는 대신(大臣)들의 월급에 해당하는 적지 않는 돈이었는데, 다만 통상 외국에서 고문관

추원 고문으로 임명된 서재필이 조정에 참여하기를 바라는 개화파의 기대와는 달리 정작 하고자 했던 사업은 신문(新聞)을 발간하는 것이었다. 이러한 서재필의 태도는 서울에 도착한 후 그가 배재학당(培材學堂)의 교장 아펜젤러(H·G·Appenzeller)의 집에 기숙하는 등 신변안전에 신경 썼던 것과 연관 지어 볼 때 갑신정변 때의 기억 때문에 권력의 핵심부에 참여하는 것보다는 외곽에서 활동하고자 한 때문으로 보인다.[23)]

어떻든 이 무렵 서재필의 국내에서의 활동에 최대의 조력자였던 유길준과 개화파가 서재필의 생각에 찬동함에 따라 신문창간 작업은 본격화 될 수 있었다. 다만 여기에서 문제가 된 것이 독립신문의 창간을 누가 주도했느냐 하는 것인데 이에 관하여는 다양한 견해가 있다.

그렇지만 당시의 제반 상황으로 볼 때, 이를 서재필 개인이 주도했거나 유길준 등 개화파가 주도했다는 등의 이분법적 사고로 보기에는 무리가 있다고 하겠다. 굳이 창간 준비 시부터 참여한 윤치호(尹致昊)[24)]의 기록이 아니더라도 독립신문은 밖으로 알

을 채용할 때 지급하는 급료가 300달러였다고 한다. 李庭植, 앞의 책, pp.165-166.

23) 金道泰 편, 『徐載弼博士自敍傳』(서울: 首善社, 1948), p.206.

24) 한말의 정치가로 1865년(高宗 2年)에 태어났으며 호는 좌옹(佐翁)임. 1881년 17세 때 신사유람단의 일원으로 일본을 다녀온 후 미국에 건너가 수학함. 1883년 한미수호조약 체결 때 미국공사 푸우트(Foote)의 통역관으로 귀국했다가 1884년 갑신정변에 가담했으나 실패하고 미국에서 망명하였음. 1895년 귀국하여 총리대신 비서관, 학부협판(學部協辦)이 되었고 후일 서재필·이상재·이승만 등과 독립협회를 조직하였으며, 만민공동회를 개최 시정개혁 6개조를 결의 상소함. 1910년 YMCA

려진 것처럼 서재필 개인의 주도이거나, 더 나아가서 서재필 개인 소유의 신문이라기보다는 신문 발간의 필요성을 인식하고 있던 당시의 내각(內閣)이 그 적임자로 서재필을 기용하고 그에게 재정을 지원하였고[25] 이에 서재필이 주도적 노력을 다함으로써 빛을 보게 되었다고 하는 것이 타당할 것으로 사료된다.[26] 다만 서재필이 당시의 불안정한 정국을 고려하여 독립신문을 정부의 소유로 등록치 않고, 상기한 정부의 지원금은 대부 받은 것으로 하여 자기 개인소유로 등록함으로써 오늘날까지 독립신문의 발간이 서재필 개인의 노력에 의한 것으로 인식되게 된 원인이 되었다. 어떻든 이러한 과정을 거쳐 1896년 4월 7일 드디어 독립신문 창간호가 간행될 수 있었다.

서재필이 독립신문을 통하여 도모하고자 했던 첫 번째 목적은 국왕을 포함한 우리 국민들에게 사대(事大)에서 벗어나 독립의식을 갖도록 고취하는 것이었다. 이는 서재필이 귀국한 이듬해인 1897년 10월에 이르러 조선의 국호(國號)가 대한제국(大韓帝國)으로 바뀌고, 국왕이 황제로 개칭되었음에도 불구하고 독립

를 조직, 회장을 맡기도 함. 일제 말기 한때 변절, 귀족원 의원을 지내다가 해방 후 친일파로 지목되자 자살 함. 韓國史大事典編纂委員會, 『韓國史大事典』, pp.1013-1014.

25) 당시 내각은 서재필을 중추원 고문으로 임명하면서 매월 300달러를 지급하기로 하였고, 서재필의 서양인 부인(뮤리엘)의 귀국을 위해 가옥을 신축하는데 1,400달러를 지출하기도 하였으며 신문 간행에 필요한 건물을 제공함과 동시에 인쇄기 등 기자재 구입에도 3,000원이라는 적지 않는 금액을 지출하기로 하였다.

26) 愼鏞廈 교수가 이러한 견해를 제기하고 있다. 愼鏞廈, 『獨立協會研究(상)』 (서울: 일조각, 2006), pp.20-38.

의지가 부족하였고 유생(儒生)들은, 이를 비난하는 등 소중화(小中華)의 사대(事大)에서 벗어나지 못하고 있었기 때문이다. 이러한 상황에서 서재필은 독립신문을 통하여 "조선이 시급히 개혁하지 아니하면, 머지않아 후회할 날이 있을 것"임을 소리 높여 외쳤던 것이다.[27)]

서재필이 1895년 12월 귀국한 후 조국을 위해 도모한 활동의 대부분은 독립신문의 발간에 집중되어 있는 것이 사실이지만, 이것만이 그의 활동의 전부라고 이야기 할 수는 없다. 그는 독립협회를 창립하였고, 독립문(獨立門)을 세웠으며 배재학당에서의 강의를 통하여 자주독립사상과 개화를 고취하는데 진력하기도 하였다. 특히 그가 배재학당에서 강의한 세계지리, 역사, 정치학 등은 당시의 시대 상황에서 볼 때 매우 특별한 의미를 지닌 것들이었고, 이는 후일 협성회(協成會)라는 토론 모임으로 발전하였을 뿐만 아니라[28)] 다시 독립협회, 신민회, 자강운동으로 발전하는 씨앗이 되었다.

그러나 독립신문을 중심으로 한 서재필의 개화 독립을 위한 민중계몽활동은 1897년에 들어서면서부터 정부와 갈등을 빚게 되었다. 이는 서재필이 1896년 2월 11일의 아관파천(俄館播遷)을 계기로 새롭게 집권한 친러수구파 정권[29)]의 미움을 샀기 때문이다.

---

27) 『독립신문』, 1896년 5월 28일자 논설.
28) 金東冕, 「協成會 活動에 대한 考察」, 일지사, 『韓國學報』, 第25輯(1981), pp.41-80.
29) 이범진(李範晋)·이완용(李完用) 등이 1895년 8월에 발생한 명성황후 시해사건을 계기로 악화된 대일감정을 이용하여 친일파를 제거하고 러시아 공사 웨베르(Waeber)와 모의하여 1896년 2월 러시아 수병 100명을 서울로 끌어들여 아관파천을 일으키고 윤용선(尹容善)을 총리대신

즉 친러 정권은 독립신문이 ① 수구파 정권에 대한 비판, ② 제정러시아의 침략정책에 대한 비판, ③ 탐관오리의 고발, ④ 전제군주정치에 대한 비판 등의 논조를 견지하였을 뿐만 아니라 독립협회 또한 국왕의 환궁을 요구하고 정부의 각종 이권양도를 반대하는 등 그들과 배치되는 노선[30]을 계속하자 탄압을 시작한 것이다.

그런데 여기에서 특기할 것은 서재필과 독립협회가 단지 러시아와 친러수구파 정권으로부터만 배척을 받은 것이 아니고, 그들의 이권침탈에 장애 요인이 된다고 본 일본은 물론이고 심지어는 러시아와 일본 그리고 친러수구파 정권의 공작에 넘어간 미국마저도 서재필의 국내에서의 활동에 제동을 걸었다는 사실이다. 즉 당시 미국정부는 자국의 시민인 서재필의 한국 내에서의 재산권[31]의 확보에만 신경을 썼을 뿐, 서재필의 한국 내에서의 활동을 보호함으로써 한국의 자주독립을 지원할 의사는 보이지 않았던 것이다. 서재필이 한국정부로부터 잔여임기 동안의 임금을 수령하고, 독립신문의 매각문제를[32] 해결한 후 2년 반 동안

으로 하여 세운 정권.

30) 이현희 외, 『이야기 한국사』(서울 : 청아출판사, 2010), p.647.

31) 이는 1896년 서재필이 10년간 매달 300달러의 월급을 받는 중추원 고문으로 일하기로 계약한데 따른 것으로, 잔여기간(7년 10개월)의 봉급 28,200원의 처리에 관한 문제이다. 결국 서재필은 잔여기간의 봉급 28,200원에 여비 600원을 합하여 28,800원 가운데 신문사 창간 당시 받았던 선수금 3,000원과 주택 구입비 1,400원을 공제한 24,400원을 지급받았고, 1898년 5월 14일 출국하였다. 愼鏞廈, 앞의 책, pp.77-91.

32) 서재필이 여러 곳으로 부터의 압력 끝에 고국을 떠나야 할 상황에 이르러 그에게 부과된 가장 커다란 과제는 '독립신문을 누구에게 인계할 것인가' 하는 것이었다. 결국 서재필의 노력 끝에 그와 뜻을 같이한 윤치호에게 그 운영권을 인계할 수 있었다. 앞의 책, pp.84-90.

의 활약을 뒤로한 채 독립협회 회원들의 환송을 받으며 고국을 떠난 것은 1898년 5월 14일이었다. 고국을 떠나 미국에 도착한 이후에 서재필의 활동에 관해서는 알려진 것이 많지 않다. 그리고 그와 관련된 자료와 증언들이 서로 상충되는 것들이 없지 않아 정확한 행적을 추적하는 것도 쉽지 않다.[33)]

서재필이 필라델피아에서 문방구점과 인쇄소 등을 경영하고 있을 무렵 국제정세는 커다란 변혁을 맞이하고 있었다. 러일전쟁에서 일본이 승리함으로써 동아시아지역에서의 일본의 영향력이 크게 확대[34)]되었는가 하면, 유럽지역에서는 1914년 6월 28일 오스트리아의 황태자 프란츠 페르디난트가 보스니아의 수도 사라예보에서 암살됨에 따라 제1차 세계대전이 발발하였다.[35)] 이러한 가운데 일본은 영국, 프랑스, 러시아, 이탈리아 등의 연합국 측에 가담하였고, 1917년 4월 미국 또한 연합국 측에 참가함으로써 일본은 미국과도 동맹관계를 형성하게 되어 동아시아지역에서의 국익을 확고하게 도모할 수 있게 되었다. 즉 일본은 동아시아에서의 정치적·경제적·군사적 정책을 강화하여 1915년 1월에 중국 정부로부터 「대중국 21개조」의 요구를 관철함으로써 우월권을 획득할 수 있었는데, 이 모든 것은 연합국들이 대독

---

33) 가장 대표적인 경우가 서재필과 가까이 지냈고 그의 전기를 쓴 임창영 박사의 기록과 서재필 자신이 동아일보에 쓴 내용이 다르다는 것이다. 임창영 박사는 서재필이 펜실베이니아 대학의 「해부학 및 생물학연구소」에 근무했다고 한 반면, 서재필 자신은 "한 학우와 같이 상업을 시작하였다"라고 쓰고 있다. 李庭植, 앞의 책, pp.269-274

34) 金景昌, 『東洋外交史』(서울: 集文堂, 1984), pp.431-463.

35) 李基鐸, 『國際政治史』(서울: 日新社, 1988), p.213.

일 전쟁에 집중하고 있었기 때문에 가능한 것이었다.[36)]

이처럼 세계대전이 치열하게 계속되고 그 가운데에서 일본의 동북아지역에 대한 침략이 본격화 되던 때인 1918년 1월 윌슨(Woodrow Wilson) 미국 대통령의 '민족자결'을 포함한 「14개 원칙」이 발표됨으로써 세계 피압박민족들에게 희망을 불러 일으켰다.[37)] 특히 이후 한국에서 일본의 지위가 확고해지고 중국에 대해서도 침략을 본격화하자 일본을 보는 미국의 시각에도 변화가 생기게 되었는데, 일부 한국인들은 이러한 상황 변화가 한국의 독립에 긍정적으로 작용할 수 있을 것으로 기대하였던 것이다. 1919년 3월 '3·1독립만세운동'은 이러한 배경에서 일어난 것이었다.

3월 1일 국내에서 독립이 선언되고, 상해(上海)에 임시정부가 수립되었다는 소식이 전해지면서 이를 지원하기 위한 재미한인(在美韓人)들의 움직임도 활발하게 전개되었고, 이를 위해 여러 조직들이 결성되었는가 하면 구체적으로 서부(西部) 여러 주(州)에 걸쳐서 독립의연금이 모금되기도 하였다.[38)]

이러한 상황에서 동부(東部)에 거주하고 있던 유학생들과 한

---

36) 白京男, 『國際關係史』 (서울: 法志社, 1990), pp.121-122.

37) 윌슨의 이 선언은 연합국의 적국인 독일이 점령하고 있던 벨기에, 오스트리아, 헝가리, 루마니아, 폴란드, 세르비아 등을 염두에 두고 발표된 것이었다. 따라서 여타의 피압박 식민 국가들이 헛된 환상에서 깨어난 데에는 그리 긴 시간이 필요치 않았다.

38) 1919년 5월 26일 재미한인 조직인 '국민중앙총회'의 발표에 의하면 이 조직이 모금한 독립의연금이 3,388달러에 이르렀는데, 당시 한국 이민자들의 하루 임금이 3 달러였던 것을 생각할 때 이는 매우 큰돈이었음을 알 수 있다. 李庭植, 앞의 책, p.289.

인 150명이 참석한 가운데 4월 14일 필라델피아에서 한인연합대회(韓人聯合大會)가 개최되었는데, 중요한 것은 서재필이 대회의 의장으로 선출되어 주도적 역할을 맡았다는 것이다.[39] 여기에서 알 수 있는 것은 서재필은 1898년 다시 미국에 도착한 이후 최초 몇 년간은 문방구점과 인쇄소 등을 경영하면서 생업의 안정에 힘쓴 것이 사실이지만, 국내외적으로 정세가 긴박해지자 다시 재미유학생들의 결집을 도모하고 조직을 만드는 등 독립운동에 매진하기 시작했다는 것이다.

서재필은 한국에 머무르는 동안에도 강연과 「독립신문」 간행 등 홍보활동 등에 역점을 두었던 것처럼 이때에도 그의 회사(Philip Jaisohn & Company)에 '한국홍보부'(Korea Information Bureau)를 설립하고 월간 ≪Korea Review≫를 간행함으로써 선전과 여론 환기에 진력하였다.[40]

이 시기 서재필의 독립활동은 '한인연합회'와 '한국홍보부'를 중심으로 하여 전개되었는데, 특히 서재필은 미국정부에 대해 1882년에 체결된 한미수호통상조약에서 미국이 약속한 바[41]를 이행할 것을 촉구하는 등 실질적인 외교역할도 수행하였다.

---

39) 위의 책, p.290.

40) 한일연합회의 결의에 따라 설립된 이 기구는 당초 이승만과 정한경에게 그 책임을 맡길 방침이었지만, 이들이 파리강화회의 참석을 이유로 이 임무를 고사함에 따라 서재필이 그 책임을 맡게 되었다고 한다.

41) 이는 1882년 5월 22일에 체결된 「朝鮮修好通商條約」 에서 중국의 속방(屬邦) 주장을 물리치고 미국이 조선을 주권 국가로 인정한 것을 가리킨다. 朴日根, 『美國의 開國政策과 韓美外交關係』 (서울: 日潮閣, 1981), p.236.

이밖에도 서재필은 독립지사들의 활동을 지원할 목적으로 그의 한국홍보부 내에 한국친우동맹(The League of The Friend of Korea)[42] 이라는 단체를 만들어 한국독립에 우호적인 미국인들을 참여시키기도 하였는데, 이러한 노력은 한국의 독립을 위해서는 미국 내에서의 우호적 여론 조성이 필요하다는 그의 판단에서 비롯된 것이다.

그렇다면 이 시기에 필라델피아를 중심으로 전개된 서재필의 독립을 위한 활동은 미국 내에서 이루어진 독립운동에서 '어느 정도의 비중을 차지하고 있었을까?' 이는 당시 필라델피아를 비롯한 동부지역에서는 유학생을 제외한 동포들의 숫자가 많지 않았고, 특히 서재필의 경우처럼 사업을 통한 안정적 삶을 영위하는 경우가 거의 없었다는 점에 유념해야 할 것이다. 따라서 서재필은 한인연합대회를 개최할 때에도 '의장'으로서 주도적 역할을 수행할 수밖에 없었고, 홍보활동을 위해 '한국홍보부'를 설립하였을 때에도 그 사무실을 그의 상점에 둘 수밖에 없었던 것이다.

특히 이때에는 서재필이 국내에서 활동할 때, 그에게 배웠거나 그로부터 영향을 받았던 이승만(李承晩)[43]과 정한경(鄭翰

---

42) '한국친우동맹'은 이후 필라델피아 이외의 여러 지역에 설립되어 활동하였다. 홍선표, 『서재필 : 생애와 독립운동』(천안: 독립기념관 한국독립운동연구소, 1997), pp.158-174.

43) 1875년(高宗 12年) 황해도 평산에서 출생함. 1894년 배재학당에 입학하여 수학함. 서재필의 지도 하에 설립된 협성회·독립협회의 간부로 활약하였으며, 특히 《협성회보》의 주필로 크게 활약함. 1904년 미국으로 건너가 미국정부에 한국의 독립을 호소하는 한편 조지워싱턴 대학·하버드대학에서 수학하였으며 1910년 프리스턴대학에서 철학박사 학위를 받음. 같은 해 한국이 일본에 합병되자 귀국하여 YMCA를 중심으로 활

景)[44] 등이 미국에 건너와 활동하고 있었는데 이들과의 관계에서 보인 서재필의 모습은 어떠한 지위도 탐하지 않고 오직 독립운동에만 몰두하는 금도(襟度)를 보여 주었다.[45]

뿐만 아니라 서재필은 이미 매우 어려워진 경제 상황에도 불구하고 1925년 6월 하와이에서 개최된 제1회 '범태평양회의'(汎太平洋會議)[46]에 한민족 대표로 참석하기도 하였다. 이러

동하였음. 다시 미국으로 건너가 외교활동을 전개하였으나, 그로 말미암아 교포사회가 분열되기도 하였음. 1919년 상해임시정부에서 국무총리로 추대되었고, 미국에 구미위원회를 설립하여 위원장이 되었고 스스로 대통령으로 행세하였음. 1945년 광복이후 초대 대통령에 취임하였으나 장기독재로 인하여 4·19혁명을 가져왔고 결국 대통령직에서 물러났음. 1965년 하와이에서 사망함. 斗山東亞百科事典硏究所, 『두산세계백과대사전(21)』(서울: 두산동아, 1998), p.219.

44) 1891년(高宗 28年) 평안남도 순천에서 출생함. 1910년 미국으로 망명하여 안창호, 이승만과 함께 대한인국민회(大韓人國民會)를 조직, 재미교포의 독립정신 함양과 자치활동에 공헌하였음. 1919년 대한인국민회 임시위원회 부위원장이 되어 윌슨 미국 대통령에게 한국의 독립을 청원하기도하였음. 1944년에는 상해임시정부 외무위원으로 주로 대미외교를 담당하였음. 斗山東亞百科硏究所, 위의 책(23), pp.57-58.

45) 예컨대 「한국홍보부」를 설립할 때에 그는 그 책임을 '보다 젊고 유능한' 이승만과 정한경이 맡아줄 것을 역설하였고, 그 후 1921년 10월 워싱턴에서 '워싱턴군축회의'(Washington Conference)가 개최되었을 때 이에 대처하기 위해 조직된 「군축회의를 위한 한국위원회」(Korean Commission to The Conference on Limitation of Armament)가 조직되었을 때에는 제자인 이승만 밑에서 부위원장을 맡아 일하였다.

46) 태평양 연안의 각 민족 대표들이 모여서, 정치·경제·문화·종교 등 다방면에 걸친 문제를 토의하는 목적으로 개최되었으며, 한민족 대표로는 국내에서 송진우·신흥우·유억겸·김양수가, 미국에서 서재필·김활란이 참석하였다. 다만 이 회의에 참석한 송진우는 당시 하와이에 거주하고 있던 이승만과는 자주 만나 많은 상의를 했다고 하는데 서재필에 대해서는 전혀 언급하지 않고 있다. 古下先生傳記編纂委員會, 『獨立을 향한 執念』

한 서재필의 활동으로 미루어 보아, 그는 생업을 도외시한 채, 독립운동에 전념한 결과 가계가 매우 곤궁해졌던 시기에도 조국의 독립에 대한 관심을 버리지 못하고 있었음을 알 수 있다.

Ⅳ. 서재필의 정치 이념

한 개인의 정치이념은 그가 걸었던 삶의 행로(行路)와 떼어서 생각할 수 없다. 이러한 측면에서 볼 때 서재필의 정치 이념은 그가 채 20세가 되지 않는 젊은 나이에 당시 개화파의 중심인물이었던 김옥균을 만난 것과 그 다음으로는 갑신정변의 실패 후 일본으로 건너간 그가 계속 일본에 체류하지 않고 미국으로 건너간 데에서 숙명적으로 예정되어질 수밖에 없었다고 하겠다. 따라서 필자는 이러한 배경 하에 형성된 서재필의 정치 이념을 그가 걸었던 삶과 독립신문 등에 썼던 글의 내용을 바탕으로 연관 지어 살펴보고자 한다.

첫째, 서재필이 가장 중요한 사명으로 생각했던 것은 조국의 '개화'(開化)였으며, 이는 곧 서재필에게 있어서는 정치적 이념으로 되었다는 것이다. 개화란 사전적 의미로는 "사람이 깨고 지식이 발달하여 사상·풍속·문화 등이 진보하는 것[47]"을 가리키는데, 이를 서재필이 낳고 성장했던 19세기 초의 시대적 상황과

(서울: 東亞日報社, 1990), pp.258-260.

47) 편찬위원회, 『국어대사전』(서울: 民衆書館, 2000), p.109.

연관 지어 해석한다면 당시 조선이 '서세동점(西勢東漸)이라는 국제정세를 파악하지 못한 채 수구적 태도로 일관했던 정책에 대한 반성과 반대라고 해석 할 수 있을 것이다.

당시 영국·프랑스·독일 등 서구(西歐) 여러 나라는 이미 산업혁명을 통하여 이룩한 과학 기술의 진보를 바탕으로 경제력과 군사력에서 중국을 비롯한 동양제국을 압도할 수 있게 되었고, 이는 곧 동양에 대한 그들의 세력 팽창으로 나타났다. 이때 중국은 양무운동(洋務運動)[48]을 통하여 앞선 서양의 문물(文物)을 받아들임으로써 개화를 도모하였고, 일본은 메이지유신(明治維新)[49]을 통하여 개화에 성공하였다.

이처럼 당시의 상황과 관련지어 볼 때, 그 때의 개화는 곧 근대화(近代化)라고 할 수 있으며 이를 통하여 국력을 신장시킴으로서 외세의 침입으로부터 나라를 지키려는 노력이었다고 할 수 있다. 이는 서재필이 「신민」(新民) 1926년 6월호에 게재된 '순종실기'(純宗實記)를 읽고 그에 대한 소감으로 「신민」 1926년 9월호에 기고한 글에서도 잘 나타나고 있다. 그는 여기에서 "무엇보다 먼저 깨달아야 할 것은 물론 어느 나라에서든지 그 나라 국민이 요구하는 생산품은 그 나라 국민의 전력적, 계속적 노동으로 산출시키는 것 외에는 경제 상황 발전의 다른 경로가 없다고 생각합니다. (중략) … 어느 나라 쳐놓코 산업화 되지 않고 부국이 된

---

48) 오수열, '양무운동의 전개과정과 성격에 관한 연구', 『한국동북아논총』 第14권 第2호(2009), pp.55-74

49) 존 K·페어뱅크 外(全海宗 外 역), 『東洋文化史』(서울: 乙酉文化社, 1984), pp.209-283.

나라는 없습니다….”[50]라고 말하고 있는 데에서 분명해지고 있다. 서재필이 젊은 나이에 갑신정변이라는 개화활동에 참여 하였던 것도 이러한 개인적 신념과 무관하다 할 수 없을 것이다.

둘째, 조국의 독립(獨立)이다. 산업혁명의 결과로 산업화에 성공한 서구 여러 나라는 ‘원료의 공급지’와 생산된 ‘상품의 판매처’라는 두 가지 목적을 위해 해외 식민지 경영에 눈을 돌리게 되었다. 산업화가 왜 서유럽에서 먼저 시작되었는지에 대해서는 여러 가지 견해가 있지만 대략 ① 경제적 풍요와 부의 균형적 분배, ② 농업 기술의 발전으로 타 분야에 종사할 노동 인구의 확보, ③ 중앙집권적 국가체제의 확립, ④ 인구의 증가 등이 그 요인으로 지적되고 있다.[51]

어떻든 산업화의 결과로 서구 제국은 19세기에 들어와 제국주의(帝國主義)의 길로 나아가게 되었고, 이는 곧 세계의 지도를 바꿔어 놓게 되었다. 1800년대 초에 이르러 서구제국주의는 마침내 중국에까지 그 손을 미치게 되었으며, 아편전쟁(阿片戰爭)[52]에서 중국이 영국에 패함에 따라 동아시아지역의 대부분이 서구제국주의의 침입을 면할 수 없게 되었다.

---

50) 서재필, ‘ 『신민』 6월호(純宗實記)를 읽고’, 玄鐘敏 編, 『徐載弼과 韓國民主主義』 (서울: 대한교과서주식회사, 1990), pp.148-152.

51) 구학서, 『이야기세계사』 (서울: 청아출판사, 2008), pp.267-268.

52) 1840년-1842년에 걸쳐 영국의 중국에 대한 아편수출문제를 놓고 양국간에 전개된 전쟁으로 서구제국주의가 동아시아지역에 상륙하게 된 결정적 계기가 되었음. 중국은 이 전쟁에서 패배함으로써 영국에게 홍콩을 할양하고 상해 등 5개항을 개항하게 되면서 반식민지(半植民地)상태에 놓이게 되는 계기가 되었음. 趙義卨, 『世界史大事典(서울: 民衆書館, 1976), p.708.

특히 서구의 개화 요구를 일찍 수용하여 근대화에 성공한 일본이 서구제국주의를 모방[53]하여 대외적 팽창을 도모하면서 제국주의의 길을 걷게 됨에 따라 동아시지역의 불행은 더욱 커지게 되었고, 그 최대의 피해자는 한국이었다. 즉 일본은 청·일전쟁(1894-1895)과 러·일전쟁(1904-1905)에서 승리하면서 아시아의 신흥강국으로 대두되었고 곧 한국 병합에 착수하였던 것이다. 1875년 9월에 발발한 운양호(雲揚号)사건은 이와 같은 일본의 야욕을 실제화 하는 계기가 되었으며, 그 결과가 1876년 2월의 이른바 강화도조약으로 불리우는 한일수호조규(韓日修好條規)이다.

이처럼 서구제국주의를 모방한 일본의 침략 대상이 된 한국은 이를 극복할 방법을 강구하지 못한 채 소모적 대립을 지속함으로써 국권상실이라는 비극적 상황에 처하게 되었던 것이다. 그렇다면 중국에 대한 사대(事大)를 당연시해 온 조선의 지배계층에 속했던 서재필에게 있어서 독립지심(獨立之心)이 일어나게 된 배경은 어디에 있는 것일까. 그것은 다름 아닌 미국에서의 수학(修學)과 생활에서의 경험이라고 하지 않을 수 없다.

이는 서재필이 갑신정변에 참여했을 당시에는 왕조(王朝)의 존속을 전제로 한 '개화'에만 그 뜻을 두었고 '독립'은 그가 미국에서 귀국한 이후에 제기하였다는 데에서 분명해지고 있다. 그는

53) 이른바 탈아주의(脫亞主義)로 불리는 일본의 서구 모방은 우노이에 가오루(井上馨)와 후쿠자와 유기치(福澤諭吉) 등에 의해 제시되었는데, 우노이에는 "우리 제국을 변화시켜 구주적(歐州的) 제국으로 만들자"고 주장하였다. 成滉鏞, 『日本의 對韓政策』 (서울: 明知社, 1981), pp.35-37.

미국에서의 수학을 통하여 미국이 영국으로부터 독립한 과정을 충분히 파악하게 되었고, 그 중요성 또한 깊이 인식할 수 있었을 것이기 때문이다. 따라서 그가 고종이 러시아 대사관으로 몸을 피하는 것을 보고 크게 안타까워했던 것이나,[54] "곧 환궁하여 한 나라의 지존(至尊)으로 국정을 총람하시도록" 아뢰웠던 것은 너무나 당연한 것이었다.[55]

셋째, '민주주의'(民主主義)이다. 서재필은 역사 이래 처음으로 한국에 민주주의를 소개한 사람이라고 할 수 있는데, 이는 오랜 기간에 걸친 미국에서의 생활이 그에게 가져다준 결과였다. 그는 그가 미처 한국에서 경험해보지 못한 여러 가지 민주주의적 가치를 이 땅에 이식하고자 진력하였는데, 그 가운데에는 자유(自由), 평등(平等)과 같은 천부인권적 개념 뿐만 아니라 삼권분립, 의회제도 등 다양한 내용들이 포함되고 있었다. 사실 서재필은 미국에서 공부하고 미국의 시민권을 가지고 있었음에도 불구하고 한국이 군주국가(君主國家)임에 대해서는 전혀 거부감을 갖지 않고 있었다.[56] 따라서 그가 조국에서 구현되기를 기대했던 민주주의는 정체(政體)를 떠나 인민이 얼마만큼 행복한 삶을 누릴 수 있는가에 그 초점이 모아지고 있었다고 하겠다.

먼저 서재필은 1897년 3월 9일자 독립신문 논설에서 "백성마다 얼마만큼 하나님이 주신 권리가 있는데, 그 권리는 아무도 뺏

---

54) 서재필, '滯美50年', 玄鐘敏 編, 앞의 책, p.138.
55) 위의 책.
56) 이는 그가 1896년 9월 2일 국왕의 생일을 축하하였고, 1897년 10월 12일 고종이 황제에 즉위 하자 이를 축하하는 글을 쓴 데에서 여실히 증명되고 있다.

지 못하는 권리[57]요", 이것은 사람마다 가진 자유권이라고 하여 천부적으로 부여된 인간의 기본권에 대해 강조하였다. 여기에서 서재필은 일반 국민의 생명(신체)의 자유권을 정부가 법률로 제도화하여 보호하는 것이 민권 보호의 최우선 과제라고 설파하였던 것이다.

서재필은 국민의 재산과 자유권 보호를 주장하고, 관인(官人)들에 의한 백성들의 재산 갈취를 강하게 비판 하였는바, 모든 조세(租稅)는 법률로 정해진 것을 징수할 것을 주장하였다. 이는 미국에서 독립전쟁의 발단이 영국의 일방적 세금 강요에서 비롯된 것을 상기할 때, 이 조세법정주의야말로 탐관오리들의 가렴주구에 시달리고 있던 당시의 농민들을 구할 수 있는 최상의 방법이라고 보았기 때문이다.

서재필이 귀국하여 공개 강연을 행하고 독립신문을 간행하고, 독립협회를 조직한 것은 백성들을 계몽하기 위한 목적도 있었지만 이를 통하여 언론·집회·결사의 자유를 주장하고자 함이었다. 그는 언론의 자유가 있어야 공론(公論)이 형성되어 국민이 자기의 권리를 지킬 수 있고, 정치와 법률이 바르게 되어 국정을 바로 잡을 수 있다고 보았다.[58]

이와 관련하여 우리가 특별히 관심을 갖고 고찰해야 할 내용이 다름 아닌 만민공동회(萬民共同會) 운동이라고 할 수 있다. 왜냐하면 이 만민공동회운동 속에는 서재필이 백성에 대한 계몽과 함께 언론·집회·결사의 자유를 확보하기 위한 모든 의도가

---

57) 「독립신문」, 1897년 3월 9일자 논설.
58) 신용하, 「서재필의 민주주의 사상」, 玄鐘敏, 앞의 책, pp.20-21.

집약되어 담겨져 있었기 때문이다. '만민공동회'는 독립협회가 그들이 의도했던 제 1단계의 목적 즉, 독립문·독립공원·독립관 건립과 제 2단계 목적이었던 토론회를 통한 계몽운동이 어느 정도 달성되었다는 판단 하에 당시 본격화되고 있던 제정러시아의 침략간섭정책과 이권침탈에 대한 반대를 민중(民衆)의 힘으로 실현하기 위하여 전개한 운동인데, 첫 만민공동회는 1898년 3월 10일 종각(鐘閣)에서 개최되었다.[59)]

독립협회의 주최로 열린 첫 만민공동회에는 1만여 명의 시민이 운집하여 제정러시아의 침략간섭정책을 규탄하였는데, 3월 12일에는 독립협회와는 직접 관계없이 시민들이 스스로 모여 이틀 전의 대회를 본 떠 대회를 개최하기도 함으로써 관인(官人)들과 외국인들을 놀라게 하였다.[60)] 이 때 서재필을 중심으로 한 독립협회가 전개했던 주요 운동들로는 러시아의 침략을 저지하는 것 이외에도 7대신(七大臣) 규탄과 개혁자강(改革自强) 내각 수립 요구 등 어느 것 하나 간단한 것이 없었는데, 독립협회는 이를 시민들의 힘을 동원하는 선진 민주적 방식으로 해결할 수 있었던 것이다.

독립협회가 문제 해결의 방식으로 당시로서는 가히 혁명적이라고 할 수 있는 민중의 힘을 동원하였던 데에는 민주주의 국가인 미국에서 생활했던 서재필의 경험이 무엇보다도 중요하게 작용했다고 할 수 있다. 실제 서재필은 10년 넘게 미국에서 생활하면서 모든 문제를 토론을 통해 해결해가는 것을 목격하였고, 모

59) 愼鏞廈, 『獨立協會硏究(하)』, 앞의 책, p.504.
60) 위의 책.

든 정책의 결정에 여론이 커다란 영향을 미치는 것을 지켜보았던 것이다.

그는 미국에서 대통령을 국민들의 직접적인 선거로 선출하는 것을 보았으며, 국민의 대표들로 의회(議會)가 구성되어 모든 정책이 그곳에서 자유롭게 토론된 후 결정되는 것을 목도하였다. 뿐만 아니라 전통적으로 민주당과 공화당의 양대 정당체제가 정착되어 있는 상황에서도 경제공황에 처하게 되자 제 3의 '인민당'(People's Party)이 무시 못 할 정치세력으로 등장하는 것도 지켜보았다.[61] 여기에서 서재필은 정치에 있어서 민의(民意)의 중요성과 함께 주권재민(主權在民)의 정치를 경험할 수 있었던 것이다. 따라서 서재필의 정치이념 가운데 '민주주의'에 관한 대부분의 내용은 이와 연관되어 있다고 하여도 과언이 아니다.

V. 맺는말

1945년 8월 조국이 해방되었을 때, 서재필의 나이는 이미 팔순(八旬)이 넘은 81세였으니, 1884년 '3일 천하'에 그친 갑신정변이 실패로 끝나고 20세의 젊은 나이에 조국을 떠난 지도 61년이 지났다. 따라서 해방을 맞이한 이 노인의 감회가 어떠 했을까에 대해서는 굳이 설명이 필요치 않을 것이다.

해방을 맞아 해외에서 투쟁했던 많은 독립투사들이 속속 고국

61) 李庭植, 앞의 책, p.129.

으로 귀국하였다. 그러나 서재필은 그곳에 끼지 않았다. 이미 팔순을 넘긴 노인으로서 정치 현실에 참여하기는 어렵다고 스스로 단념한 것일 수도 있을 것이며, 조국을 위해 그가 해야 할 일은 이미 모두 했다는 자긍심에서 였을 수도 있을 것이다.

익히 알려진 것처럼 이른바 '해방정국'(解放政局)은 혼돈의 연속이었다. 여운형을 중심으로 한 '좌파', 송진우을 중심으로 한 '우파', 김규식을 중심으로 한 '좌우합작파' 등이 서로 대립하여 한 치 앞을 내다보기 어려운 상황이었다.

이처럼 어려운 상황이 다시 서재필의 귀국을 필요로 하였다. 남한 주둔 미군사령관 하지의 요청에 의해 그가 군정사령관의 '수석자문관'(Chief Advisor)으로 초빙된 것이다. 그리하여 그는 1945년 7월 1일 다시 인천에 입항하게 되었다. 인천항에는 그를 환영하기 위하여 김규식, 김성수, 여운형, 조병옥 등 정치인들과 수만 명의 군중이 몰려들었다.

그러나 그의 귀국을 달가워하지 않는 측도 없지 않았고, 오래지 않아 그들과의 불화가 현실로 나타났다. 즉 그를 탐탁해 하지 않았고, 하지 사령관을 축출하고 남한 내의 정치적 주도권을 장악하려고 노력하고 있던 이승만 측과 대립관계가 형성된 것이다. 더욱이 일부에서 서재필을 신생 조국의 대통령으로 추대하려는 움직임이 일어나면서 기존 정치세력들과의 관계가 복잡하게 전개되면서 그가 어려운 상황에 처하기도 하였다.

어떻든 남한은 서재필의 염원과는 달리 1948년 '5 · 10선거'를 통해 단독정부를 출범시킴으로써 군정(軍政)을 종식시켰고, 북한 또한 '8 · 25선거'를 통해 인민공화국을 출범시킴으로써 해방된 조국은 다시 분단 상태에 들어갔다.

군정이 종식됨으로써 미군정의 수석자문관으로서의 서재필의 임무도 종식될 수밖에 없었다. 더욱이 초대 대통령에 선출된 이승만이 그의 국내 체류에 호의적이지 않는 상황에서 그의 국내에서의 활동은 자칫 오해를 불러일으킬 염려마저 없지 않았다.

마침내 1948년 9월 11일 84세의 노인 서재필은 그의 딸 뮤리엘과 함께 세 번째 조국을 떠났다. 그가 조국을 떠난 다음날 「조선일보」에는 "조속히 통일국가를 수립하여 잘 살기를 바란다."는 그의 마지막 회견문이 실렸다.

그가 세 번째 조국을 떠난 지도 벌써 69년이 흘렀다. 그 사이에 우리는 동족상잔의 전쟁을 치렀고, 끊임없는 대립과 갈등관계를 지속하여 왔다. 지금도 휴전선에서는 서로를 노려보고 있으며, 서해(西海) 상에서는 긴장이 식지 않고 있는가하면, '한 아줌마'의 국정농단과 대통령의 무책임이 온 나라를 흔들고 있다.

과연 우리는 조국을 떠나면서 까지 서재필이 그토록 희구했던 '조국통일'과 '잘 사는 국가'를 언제나 이룩할 수 있을까….

김 병 로

■ 독립운동가

- 호 가인(街人)
- 출생-사망 1887. - 1964.
- 출생지 전라북도 순창군
- 대표공직 남조선과도정부 사법부 부장, 초대 대법원장

▲복원된 생가 사진

가인(街人) 김병로

I. 머리말

전라도 사람들이 국가의 명운(命運)및 발전과 관련지어 호남의 중요성을 강조할 때마다 즐겨 쓰는 말 가운데 "약무호남(若無湖南)이면 시무국가(是無國家)"라는 말이 있다. 임진왜란 때 충무공(忠武公) 이순신 장군이 한 이 말은 호남인들의 자존심과 자긍심을 대변하여 왔다고 할 수 있는데 이 말이 가장 부합되는 시기는 일본의 침략으로 나라의 존망이 위급에 처했던 한말(韓末)이 아닐까 싶다. 한말에서 일제(日帝)의 침략시기 까지 나라의 독립을 위하여 분연히 일어났던 의병(義兵) 활동의 대부분이 호남에 기반을 두고 있었는가 하면, 독립운동과 함께 1945년 광복이후 정부 수립에 매진했던 애국지사들 가운데 상당수가 호남인들이었다는 사실이 이를 증명해 주고 있기 때문이다.

가인(街人) 김병로(金炳魯)는 500년간 지속된 조선왕조가 크게 흔들리던 때에 태어나 한말의 격동기에 성장하였고, 철이 든 이후 일본에 유학하여 신학문을 익혔으며, 귀국하여서는 법률가로서 조국의 광복을 위해 노력하였는가 하면 조국 광복 후에는 초대 대법원장으로서 사법부의 독립과 권위를 세우는데 크게 기여한 분으로 기억되고 있다.

가인이 우리에게 크게 기억되는 데에는 그가 초대 대법원장으로서 사법부의 초석을 놓았다는 사실과 함께 독재화의 길을 걷는 이승만 정권으로부터 사법부의 독립을 지켜냄으로써 민주주의를 수호하는데 진력한 올곧은 '민주인사'였다는 점이 크게 작용하고 있다고 하겠다.

법조인들 가운데 상당수가 사회적 개혁보다는 안정을 우선시하는 보수 성향과 함께 자신의 개인적 이익을 먼저 생각하는 이기주의적 경향이 없지 않았다는 점을 감안할 때, 가인의 삶에서는 일반 법조인들의 그것과는 현격한 차이를 느낄 수 있는 것이다. 가인이 영면하지 반세기를 넘긴 오늘날까지도 국민들이 가인을 존경하고 그를 현창하는 사업에 뜻을 모우고 있는 것도 이러한 이유 때문이 아닌가 한다.

필자가 가인에 대하여 관심을 갖게 된 동기는 참으로 우연하다고 할 수 있다. 지난 1988년 6년만의 해직 생활 끝에 대학에 복직한 후로 일요일이면 절친한 친우인 문정석(文正錫) 교수와 함께 광주 원근의 산천(山川)을 유람하던 차 장성 백양사를 지나 정읍 내장사로 넘어가는 순창군 복흥면의 노정(路程)에서 가인의 선산과 제각을 거쳐 가게 되었던 것이다.

언뜻 보아도 범상해 보이지 않는 자리에 위치한 유택(幽宅)들과 제각을 그냥 지나칠 수 없어 마침 대면한 촌노에게 누구의 선산인가를 묻게 되었고 거기에서 가인의 이야기를 듣게 되었다.

평소 호남의 근현대 인물사에 관심을 가지고 있던 터라 그곳에서의 인상은 상당히 깊게 각인되지 않을 수 없었다. 특히 근래에 들어와 고하(古下)와 인촌(仁村)에 관한 글을 쓰면서 가인과 연관된 부분이 적지 않았던 터라 그에 대한 인식은 더욱 깊어지게 되었다.

가인의 생애에 관해서는 이미 두 권의 훌륭한 노작(勞作)이 간행된 바 있다. 언론인 김진배 선생이 쓴 「가인 김병로」(가인기념회, 1983)와 뛰어난 문필가 김학준 선생이 쓴 「가인 김병로 평전」(민음사, 2002)이 그것이다. 따라서 이 글은 기본적으로는 이 두 권의 범주를 크게 벗어날 수 없으며 다만 사회과학을 공부하는 사람으로서 필자가 의도하는 집필 동기에 부합되게 재정리하고 해석하는데 뜻이 있다고 하겠다.

Ⅱ. 김병로의 출생과 성장

가인은 1888년(高宗 25年) 1월 27일[1] 전북 순창군 복흥면(復興面) 하리(下里)에서 아버지 김상희(金相熙)[2]와 어머니 장흥 고씨(長興高氏)[3] 사이에서 3남매 가운데 외아들로 태어났다.

---

1) 이는 음력으로는 1887년(丁亥年) 12월 15일이 된다. 그런데 가인은 평생 양력 1월 27일도 아니고, 음력 12월 15일도 아닌 양력 12월 15일을 생일로 삼았다고 한다.

2) 울산 김씨(蔚山金氏)로 당대의 거유(巨儒)였던 하서(河西) 김인후(金麟厚)의 14세 손으로 사간원 정언(正言)의 벼슬을 지냈다.

가인이 태어난 순창군 복흥면 하리는 순창읍에서 볼 때 서북으로 10여 킬로미터 떨어진 곳으로 앞으로는 담양군 추월산(秋月山)을 바라보고, 뒤로는 옥녀봉(玉女峰)을 짊어지고 있는 아늑한 마을로 옥녀봉 뒤로는 가을 단풍으로 유명한 정읍 내장사(內藏寺)가 자리하고 있다.

가인의 어린 시절은 평탄치 않았다. 1894년 중앙 관직에 재임 중이던 부친을 대신하여 가인을 길러주고 가르쳐 온 조부가 별세하였으며 이듬해에는 부친마저 30세의 나이에 세상을 떠남으로써 가인은 일곱 살의 어린나이에 50대 후반의 조모와 30대 중반의 편모를 모시고 집안을 책임져야 할 호주(戶主)가 되지 않을 수 없었기 때문이다.

이처럼 연이은 상변(喪變)에도 불구하고 조모 박(朴)씨는 가인이 만 8세가 되었을 때 가인을 위해 독서당(獨書堂)을 세워 가인을 교육시켰다. 이를 통하여 가인은 사략(史略), 통감 등을 익혔고, 소학(小學)과 사서(四書)를 공부할 수 있었다.

이처럼 한학 수학에 열중하던 무렵인 1899년 가인은 11세의 나이로 그보다 4살 위인 연일 정씨(延日鄭氏))씨[4]에게 장가를 들었다. 부인을 맞아들임으로써 집안 분위기는 훨씬 밝아졌을 것으로 짐작되나 다음해인 1900년 봄 조모 박씨 또한 63세의 나이로 별세하였으니 만 12세의 소년인 가인은 또 한 번의 상을 치루게 되었다.[5] 이제 가인은 30대 후반의 편모와 10대 후반의 아내

---

3) 임진왜란 때의 공신인 제봉(霽峯) 고경명(高敬命)의 후예인 고제찬(高濟瓚)의 딸로 남편보다 한 살 위였다.

4) 친가는 담양으로 송강(松江) 정철(鄭澈)의 후손인 정교원(鄭敎源)의 딸이다.

를 책임지는 집안의 기둥역할을 맡지 않을 수 없게 된 것이다.

집안 살림을 맡아하면서도 학문에 게으르지 않았던 가인은 사서(四書)를 넘어 시서(詩書)와 예기(禮記)를 읽었지만 그 참뜻을 헤아리지 못하던 중 1902년, 그의 나이 16세 때 당대의 석학으로 명망 높던 간재(艮齋) 전우(田愚)[6]의 문하에 들어가 성리학을 익혔다.

간재 문하에서 성리학을 익힌지 2년에 가인은 '시대의 변천'을 감지하게 되었으며, 이에 부응하기 위해서는 신학문(新學問)을 공부하여야 한다는 생각을 갖게 되어 간재의 문하를 떠나 광주(光州)를 거쳐 목포(木浦)로 가게 되었다. 그가 순창과도 가까울 뿐만 아니라 당시 크게 발전하고 있던 신흥도시 광주에 머무르지 않고 왜 200여 리나 멀리 떨어진 목포까지 가게 되었는지는 분명하지 않다. 다만 당시 목포가 개항장(開港場)으로서 외국의 문물을 직접 접할 수 있었던 곳으로 변화하는 세상을 경험하고 그에 부합되는 공부를 하고자 했던 가인의 생각이 작용했던 것으로 짐작할 수 있겠다.

---

5) 가인이 풍수지리에 일가견을 갖게 된 데에는 이처럼 소년시절 연거푸 치루게 된 상(喪) 때문에 산서(山書)를 공부한 데에서 비롯된 것이다. 그러나 가인은 조모의 산역(山役)을 마침과 동시에 가지고 있던 산서와 간산도구(看山道具) 등을 폐장하였다고 한다.

6) 1841년(憲宗 7年) 전주에서 태어난 구한말의 유학자, 자(字)는 자명(子明), 호는 간재임. 임헌회(任憲晦) 문하에서 20년 간 성리학을 공부하였고, 율곡과 송시열의 사상을 신봉하였으나 주기(主氣)·주리(主理)의 양설(兩說)을 모두 배척하고 절충적인 입장을 취하였음. 장령·순흥 부사·중추원 참의 등 여러 관직에 임명되었으나 모두 사양하고 전라도 계화도(界火島)에서 후학 양성에 진력하였고 1922년에 卒함. 편집부, 韓國史大辭典(서울: 豊文社, 1974), p.1231.

가인이 목포에 머무르며 변화하는 세상을 경험하고 신학문에 접한 기간은 그다지 길지 않았다. 1905년 그의 나이 열여덟 때 '을사보호조약'이 체결되었기 때문이다. 분개한 그는 고향으로 돌아왔고, 우울한 심정으로 세월을 보내고 있던 중, 1906년 면암(勉菴) 최익현(崔益鉉)[7]이 호남지역에서 의병을 일으킴에 따라 거기에 참가하게 되었다. 고희를 지낸 노의병장과 19세 열혈청년의 만남이었지만, 가인은 즉석에서 의병의 참여를 약속하고 채상순(蔡尙順) 등 포수 5~6명을 모아 합류하였다.

이 무렵 가인의 스승 간재도 을사조약의 국치를 보고 을사오적의 목을 베라는 청참오적(請斬五賊)의 상소문을 올리고 이것이 가납되지 않자 왜놈을 마주할 수 없다며 부안군 북왕등도(北旺嶝島)로 떠나 버렸다.

여기에서 가인의 뇌리에는 일본세력의 침입이라는 시대적 상황과 함께 10대 시절 가르침을 받았던 간재와 자신이 동참했던 면암의 항일정신이 깊숙이 자리 잡게 되었고, 이는 이후 가인의 삶 전체를 관통하는 정신적 지주(支柱)로서 역할하게 되었음을 알 수 있다.

열화처럼 일어났던 의병활동도 신식으로 조련되고 근대화 된 무기로 무장한 일본군을 당할 수는 없었다. 그리하여 1909년에 이르

7) 1833년(純祖 33年) 경기도 포천에서 태어난 문신(文臣)이자 의병장임. 1855년(哲宗 6年)문과에 급제하여 장령을 거쳐 동부승지(同副承旨)에 기용됨. 공조참판으로 승진하여 명성황후의 지시를 받아 대원군을 탄핵하여 그를 실각시키는 계기가 됨. 1905년 을사조약이 체결되자 제자들과 함께 전라도 태인에서 창의(倡義)하였으며 항전하다 체포되어 쓰시마섬으로 압송되어 단식 끝에 1906년 12월에 죽음. 위의 책, p.1503.

러 전라도 일원의 의병활동은 소강상태에 접어들지 않을 수 없었다.

가인은 심기일전을 위해 1909년 봄 인근 곡성군 옥과(玉果)로 거처를 옮겼으며, 같은 해 가을에는 다시 그의 외가(外家)가 있는 담양군 창평(昌平)으로 이사하였다. 이곳에서 가인은 지역의 유력인사들이 추진하던 사립학교 설립에 참여[8)]하게 되었고, 그 자신도 21살의 나이에 그 학교의 6개월짜리 속성과에 입학하였다. 이 학교가 곧 훗날 '창평보통학교'로 발전한 사립 창흥학교(昌興學校)로, 가인은 이곳 창평에서 후일 친밀한 교우관계를 지속한 고하(古下) 송진우, 인촌(仁村) 김성수, 근촌(芹村) 백관수를 만났다.[9)] 그리고 가인은 이곳에서 만난 고광준(高光駿)[10)]이 상해(上海)로, 김성수와 송진우가 동경(東京)으로 유학을 떠나는 것을 보고 그 자신도 일본 유학을 결심하게 된다.

가인이 일본 유학길에 오른 것은 1910년 3월로 그의 나이 23세였다. 대한제국의 멸망을 약 5개월 앞둔 때로서 46세의 편모와 27세의 젊은 아내, 그리고 세 살의 어린 아들을 남겨둔 채였다.[11)] 일본에 도착한 가인이 찾아간 곳은 창흥의숙 설립자인 고

---

8) 이에 대해 김학준은 "그 지방에서 유력한 인사들과 협의하여 사립학교의 창설을 계획하여"라고 하여 가인이 학교 설립에 직접 관계한 것으로 기술하고 있으나, 인촌(仁村)과 고하(古下)의 전기 그리고 아무리 외손(外孫)이라고는 하더라도 외지(外地)에서 갓 이사 온 21세의 가인이 이처럼 중요한 일을 계획했다고 보기는 어려운 정황 등을 감안할 때 인촌 김성수(金性洙)의 장인인 고정주(高鼎柱)가 추진한 학교 설립에 동참했다고 보는 것이 옳을 것 같다.

9) 백관수(1889년 생)는 가인보다 한 살 아래였고 송진우(1890년 생)는 가인보다 두 살 아래였고, 김성수(1891년 생)는 가인보다 세 살 아래였다.

10) 창흥학교 설립자 고정주의 아들로 인촌과는 처남남매 지간이 되고, 후일 동아일보 사장을 지낸 고재욱(高在旭)의 부친이다.

정주의 아들로 가인보다 먼저 상해로 유학을 떠났다가 동경으로 옮겨와 있던 고광준의 자취방이었다.

유학 경비의 대책도 없이 일본에 도착한 가인은 고학이 결코 쉽지 않다는 현실을 확인한 후 여타 학생들이 취했던 정상적인 방법 대신 대학 강의록(講義錄)을 독파한 후 대학 상급학년으로 편입하는 방법을 밟기로 하였고, 우선 니혼대학(日本大學) 전문부 법과 청강생으로 등록하고 자취방에서 1학년의 모든 과목 강의록을 3~4개월에 걸쳐 독파하였다.[12]

그러나 어려운 경제적 조건 속에서의 학업이 주는 스트레스와 함께 '한일합방'이라는 시대적 상황 속에서 일본 경찰의 끊임없는 미행과 감시는 가인의 건강을 악화 시켰고 그는 결국 1년도 채 못 되어 일본대학 전문부를 중단하고 귀국하지 않을 수 없었다. 고향에 돌아온 가인은 매형 박하룡(朴夏龍)[13]과 함께 광주에서 잡화상을 운영하는 한편, 메이지대학(明治大學) 강의록을 열심히 읽었다.

1911년 가을 가인은 잡화상 경영을 매형에게 일임하고 대신 매달 20원씩만 유학경비로 보내줄 것을 부탁한 채 다시 일본 유학길에 올랐고, 이듬해인 1912년 3월에 메이지대학(明治大學)

---

11) 김학준, 「가인 김병로 평전」(서울: 민음사, 1988), p.53.

12) 위의 책, p.56.

13) 가인이 "… 자신이 양대 독신이기 때문에 삼사촌도 없는 처지였고 …"라는 것 외에는 그의 가계(家系)에 대해 밝힌 일이 없기 때문에 그의 매형에 관하여도 상세히는 알 수 없으나, 지금 광주광역시에 편입된 송정리에 '솥머리 박(朴)씨'들이 집성촌을 이루고 있었고, 그들 가운데 하(夏)자 항렬이 많은 점 그리고 가인이 18세 때 광주를 거쳐서 목포로 갔던 점을 감안한다면 그의 매형 댁이 광주였을 것으로 짐작된다.

법과에 편입하여 1913년 3월 만 25세의 나이에 메이지대학 법과를 졸업하였다.

가인은 메이지대학을 졸업함과 함께 집안일을 정리하기 위하여 귀국하였다. 그가 귀향한 후 얼마 안 되어 광주와 송정(松汀)간 경편(輕便)철로 부설을 위해 설립된 경편철도창립사무소에서 그를 전무로 초빙하겠다는 제의[14]가 있었으나 가인은 이를 거절하고 가산(家産)을 정리하여 마련한 목돈 240원을 가지고 학업을 계속하기 위해 세 번째 일본행을 택하였다. 일본에 도착한 가인은 이번에는 요즘으로 치면 대학원 석사과정에 해당하는 메이지대학과 주오대학(中央大學)이 공동으로 설립한 법률고등연구과(法律高等硏究科)에 적을 두고 학업에 매진하였다.[15]

가인이 학부를 졸업하고 고등연구과에 재학할 때, 학부생들 보다는 시간적 여유가 많을 것으로 생각한 당시 동경에 유학하고 있는 한국유학생들은 가인에게 '유학생회'를 비롯한 여러 모임의 책임을 맡기려고 하였다. 이에 가인은 호남다화회(湖南茶話會)의 간사, '재동경조선인유학생학우회'의 간사부장, 학우회의 기관지 학지광(學之光)의 편집책임[16]을 맡아 봉사하였다.

---

14) 이로서 당시 일본에서 대학을 마치고 귀국한 사람에 대한 사회적 수요와 대우를 짐작할 수 있을 것이다.

15) 김진배, 『가인 김병로』 (서울: 가인기념회, 1983), p.28.

16) 이 부분에 관해서는 『가인 김병로 평전』의 내용과 『獨立을 향한 執念』 (古下宋鎭禹傳記)의 내용에 차이가 있다. 가인의 평전에는 가인이 학지광의 '편집 책임'을 맡았고 김성수와 송진우가 적극 뒷받침한 것으로 기록되어 있는 반면, 송진우 전기에는 고하가 학지광의 '편집인'을 맡은 것으로 기록되어 있기 때문이다. 아마도 '편집인'과 '편집에 참여' 한 역할상의 혼동에서 빚어진 현상이 아닐까 생각된다.

가인이 이처럼 연구과에서 학업과 유학생 모임의 일에 몰두하고 있을 무렵인 1910년 무렵에 도쿄(東京)에는 선각적인 한국청년들이 모여 포부를 키우고 있었다. 메이지대학(明治大學)에는 조만식(曺晩植), 가인, 현준호(玄俊鎬), 조소앙(趙素昂), 이인(李仁), 정노식(鄭魯植) 등이 재학하였고, 와세다대학(早稻田大學)에는 최남선(崔南善), 송진우(宋鎭禹), 신익희(申翼熙), 안재홍(安在鴻), 현상윤(玄相允), 최두선(崔斗善), 양원모(梁源模), 김철수(金鐵洙), 장덕수(張德秀) 등이 있었으며, 게이오대학(慶應大學)에는 김도연(金度演), 김연수(金季洙)[17] 등이 있었고, 도쿄제국대학(東京帝國大學)에는 박용희(朴容喜), 김준연(金俊淵), 유억겸(兪億兼), 김우영(金雨英) 등이 다니고 있었다.[18]

다른 유학생들에 비해 많은 나이로 공부에 전념한 가인의 실력을 인정한 야마우치(山內) 박사의 권유에 따라 일본 변호사시험에 응시하려 하였으나 일본인이 아니라는 이유로 불허[19] 되었던 가인은 공부를 위해 첫 번째 도쿄에 도착했던 때로부터 6년 만에

---

17) 인촌 김성수의 동생인 김연수의 경우 이현희 교수가 쓴『인촌 김성수 연구』에는 "동생 연수는 명문 아사부(麻布)중학교에 편입학을 승인받아 열심히 공부하여 명문 교토제국대학에 입학하였다"고 기록되어 있고 허빈(許彬)씨가 쓴『朗山 金俊淵』에도 "그가 '경도제국대학'(京都帝國大學)에 있었다"고 기록되어 있는 것으로 보아 이는 김진배씨의 착오이거나 김연수가 교토제국대학에 입학하여 재학하다가 후일 게이오대학으로 옮기지 않았나 생각된다.

18) 김진배, 앞의 책, p.30.

19) 가인이 도쿄에서 공부할 무렵 조선인에게 불허 되었던 일본변호사시험은 1916년 이후 관련 규정이 개정되어 조선인에게도 응시자격이 주어졌으며 이에 따라 조선인으로서 처음으로 일본 변호사 시험에 응시하여 합격한 사람이 이승우(李升雨)씨였다고 한다. 김진배, 위의 책, p.29.

고등연구과의 공부를 마치고 귀국길에 올랐으니, 이때가 1915년 7월 초순이었다.

Ⅲ. 일제시와 해방정국에서의 활동

27세의 나이로 니혼대학(日本大學) 법과와 메이지대학(明治大學) 법과의 졸업장 그리고 메이지대학과 주오대학 등이 공동 운영한 법률고등연구과의 수료증을 손에 쥐고 귀국한 가인의 존재는 당시로서는 주위를 놀라게 하고도 남았을 것으로 생각된다.

이러한 경력에 힘입어 가인은 귀국한지 얼마 되지 않아 경성전수학교(京城專修學校)의 법률학 조교수로 초빙되었다. 경성전수학교는 1895년 법관을 양성하기 위한 '재판소 구성법'의 공포에 따라 1년 6개월 수업연한으로 출범하였다가 1903년에 그 수업연한이 3년으로 연장되었으나[20] 1908년 12월에 제6회 졸업생을 끝으로 문을 닫은 법관양성소(法官養成所)의 후신이다. 1909년 이 학교는 일제가 대한제국의 사법권을 강탈한 을유각서(乙酉覺書)에 따라 법학교(法學校)로 개칭되었고 일제 강점기에 이르러 경성전수학교로 개편되었는데 당시로서는 국내 최고의 고등교육기관이었다.

가인은 경성전수학교에서 친족상속법과 국제법 그리고 형법 및 형사실무 등을 담당하였으며 사립 「보성법률상업학교」 에서도 민법총칙, 친족상속법 등을 가르쳤다. 그러나 교육자로서의 가인

20) 元裕漢 · 尹炳奭, 『韓國史大系(朝鮮末期)』 (서울: 三珍社, 1976), p.194.

의 삶은 길지 않았다. 1919년 3·1독립운동[21)]의 결과로 조선에 대한 일제의 통치 방식이 기만적이고 악랄한 문화통치(文化統治)[22)]로 위장되면서 일제가 전수학교 법률학 조교수이던 그를 밀양지방법원 판사로 임명하였기 때문이다. 그리고 그가 소원하였던 변호사의 길 또한 판사로 임용됨으로써 가능해지게 되었다.

가인은 1년간의 판사직을 사임하고 1920년 4월 변호사로 나섰다. 그리고 변호사로서의 가인의 삶은 그가 왜 판사직을 사임하고 변호사로 나서게 되었는가를 잘 보여 주고 있다. 그는 돈벌이에는 관심을 두지 않은 채 오로지 '박해 받는 동포들을 돕는 일'에 진력하였던 것이다.[23)] 예컨대 변호사 개업 직후 독립운동단체인 대동단(大同團)사건[24)] 관련자들의 변호에 참여[25)]하거나 보합단(普

---

21) 민족적 거사인 3·1독립운동에 가인이 참여한 흔적은 발견되지 않고 있다. 이는 가인의 전기는 물론이고 가인과 절친하게 지냈던 김성수를 포함하여 송진우와 백관수 등 필자가 읽었던 모든 전기물에서도 마찬가지인 것으로 보아 가인이 3·1운동에 어떠한 역할도 담당하지 않았던 것은 분명한 것으로 보인다.

22) 李炫熙, 『韓國史大系(日本强占期)』(서울: 三珍社, 1976), pp.88-102.

23) 김학준, 앞의 책, p.108.

24) 전협(全協)·최익환(崔益煥)이 조직한 대동단을 중심으로 대동신문(大同新聞)을 발간하는 등 비밀리에 독립운동을 전개하다가 전 법부대신이자 중추원 의장을 지낸 김가진(金嘉鎭)을 포섭하여 고종의 다섯째 아들인 의친왕(義親王) 이강(李堈)을 상해임시정부로 망명시킨다는 계획을 수립하여 추진하다가 도중에 발각된 사건, 김가진이 먼저 상해로 출발하였고, 의친왕도 상복으로 가장하여 조선 땅을 벗어나는 데까지는 성공하였으나, 만주 안동(安東)에서 체포되었고 이와 동시에 전협을 비롯한 대동단 간부들도 대거 체포된 사건. 편집부, 『法治學大辭典』(서울: 博英社, 1975), p.378.

25) 이글에서 필자가 참여라고 표현하는 데에는 대동단사건의 변호인으로서 활동한 명단에 가인이 포함되어 있지 않기 때문이며, 다만 변호사로 선

合團)사건 관련자들에 대한 변호를 담당한 것이 여기에 속하며, 그 후에도 김상옥(金相玉) 의사[26] 사건의 변호를 맡기도 하였다.

김상옥 의사 사건과 그 후의 '제2차 의열단 사건'의 변호는 가인 개인이 담당한 것은 아니고 이들 독립 운동가들을 비롯한 동포들의 억울한 사건에 공동대처하기 위해 가인을 비롯하여 이인(李仁), 권승렬(權承烈), 김태영(金泰榮), 김용무(金用茂), 허헌(許憲) 변호사 등이 함께 조직한 '형사공동연구회'에서 공동으로 수행하였다[27]고 봄이 옳을 것이다.

이 시기 변호사로서의 가인의 활동과 관련지어 특기할 만 한 일은 1921년 10월 북경(北京)에서 개최된 제2차 범태평양 국제변호사대회에 조선변호사협회의 대표 11명의 일원으로 참가하였다는 것과 그를 계기로 가인이 당시 중국에서 독립활동을 전개하고 있던 이시영(李始榮)과 이동녕(李東寧) 그리고 안창호(安昌浩)를 만났다는 것이다.[28]

임된 김우영·김태영과 매우 가까운 사이로 가인이 이들의 일을 도왔을 가능성이 없지 않기 때문이다.

26) 1890년(高宗 27年) 서울에서 출생. 고학과 노동으로 동흥야학(東興夜學)을 세워 가난한 학생을 가르쳤고, '영덕직물점'을 경영하여 물산장려와 애용운동을 전개하였음. 동지들과 암살단을 조직하여 친일파 암살을 도모하다가 발각되자 상해로 탈출하여 김원봉이 이끈 의열단(義烈團)에 가입함. 1922년 폭탄·무기를 가지고 귀국하여 종로경찰서를 폭파하여 다나까(田中) 형사부장 등 수십 명을 죽이고 피신하던 중 일경에 포위되자 쌍권총으로 3시간 동안 격전하다가 자결하였음. 편집부, 앞의 책, 『韓國史大事典』, p.277.

27) 김학준, 앞의 책, p.112.

28) 가인이 이들을 만나 무슨 이야기를 나누었고, 어떠한 일을 했는지에 관해서는 알려진 바가 없다. 다만 회의 참석차 북경을 방문하면서도 시간을 내 저명한 독립 운동가들을 만났다는 데에서 당시 가인의 흉중에 담

또 하나 변호사로서 가인의 활동과 관련하여 주목할 수 있는 것은 가인이 적지 않게 공산당 관련 사건의 변호를 맡았을 뿐만 아니라, 공산주의에 대해 깊이 이해(理解)하고 있었다는 점이다. 그 단적인 예가 1925년 11월 조선공산당의 박헌영(朴憲永)과 김약수(金若水) 등이 일경에 체포된 사건의 변호를 가인이 담당하였고, 공산주의 사상을 지닌 김약수가 중심이 된 북풍회(北風會)[29]를 비롯하여 당시의 공산당 조직에 대해서도 매우 호의적인 태도를 보인 것이다. 물론 가인의 이러한 태도는 일본 유학시절부터 이어져 온 김약수와의 개인적 관계에서 비롯된 것일 수도 있지만, 조선의 독립을 위한 방편으로서 공산주의를 선택하게 된 당시 공산주의자들이 처한 상황에 대한 '사상적 이해'일 수도 있을 것이다.[30]

당시 조선인 변호사들이 보였던 이러한 행동에 대해 총독부가 방관할리 만무하였다. '조선인변호사회'와 '일본인변호사회'의 통합문제를 들고 나온 것이다. 1926년 1월 경성지방법원 검사국의 제안에 대해 조선인변호사회는 총회의 결의로 통합에 반대한다는 뜻을 통고 하였으나 결국 총독부의 압력을 견디지 못하고 양 조직은 통합되었다. 이때 이후 민족주의적 성향이 강했던 "가인, 이인, 권승렬, 김용무 등 변호사들은 통합된 변호사회에 발길을

겨있는 생각의 편린을 짐작할 수 있을 것이다.

29) 스칼라피노·이정식 공저, 한홍구 옮김, 『한국공산주의운동사(Ⅰ)』(서울: 돌베개, 1986), pp.114-116.

30) 스칼라피노 교수와 이정식 교수는 당시 민족주의자들과 공사주의자들이 일제에 대항하기 위해(공산주의자들은 그들의 목표인 공산정부 수립을 위한 방편이었겠지만) 어떠한 연합전선을 폈는가에 대해 『한국공산주의운동사(Ⅰ)』에서 상세히 기술하고 있다. 위의 책, pp.144-159.

끊게 되었다"고 가인은 회고한 바 있다.[31)]

변호사로서의 활동에 진력하면서 가인은 민족주의적 언론과 교육에도 관여하였다. 가인은 우선 민족주의 신문인 동아일보 운영에 참여하였다. 잘 알려진 것처럼 동아일보는 1920년 1월 인촌 김성수의 주도적 노력으로 설립된 회사[32)]로 가인과 인촌은 일찍이 전남 담양군 창평에 설립된 창흥학교와 동경유학시절을 통해 우정을 쌓았던 사이였다. 따라서 인촌이 일본에서 귀국하여 중앙학교(中央學校)를 인수하고, 동아일보를 창간하는 중요한 일에 착수할 때에는 가인도 응당 동참했을 법한 일이다.

그러나 인촌이 중앙학교를 인수한 1915년 4월경에는 가인은 아직 일본에서 고등연구과에 재학 중이었고 뿐만 아니라 가인은 1915년 7월 귀국하자마자 당시 국내의 최고학부이던 경성전수학교 조교수로 발령 받았기 때문에 인촌이 하는 일에 참여하기가 어려웠을 것으로 보이며, 인촌이 동아일보를 창간한 1920년 1월 무렵에는 가인이 밀양지법 현직 판사로 재임 중이었던 관계로 동참이 어려웠을 것이다.

따라서 가인이 인촌의 하는 일에 참여하게 된 때는 1920년 9월 동아일보가 총독부의 무기정간으로부터 해제되어 새롭게 주식회사로 출범하면서 가인이 법률고문역이라고 할 검사역(檢査役)을 맡게 된 때부터였다.

이 무렵 가인은 보성전문학교(고려대학교 전신)에도 이사로 참

31) 김학준, 앞의 책, pp.131-132.

32) 동아일보가 총독부로부터 신문 발행허가를 받은 때는 1920년 1월 6일이고, 창립 발기인총회가 개최된 때는 1920년 1월 14일이다. 이현희, 『인촌 김성수 연구』(서울: 나남, 2009), pp.160-162.

여하였다. 보성전문학교는 원래 한말의 거물정객 이용익(李容翊)[33]이 1905년 4월 설립하여 운영하였으나 경영난에 봉착하여 있던 것을 천도교의 총수 손병희(孫秉熙)가 인수하여 경영하였으나 1915년 일제에 의해 '보성법률상업학교'로 격하되어 겨우 명맥을 유지하고 있었다.

이에 보성법률상업학교는 전문학교로 승격하기 위한 운동을 전개하였고 재단법인 설립을 위한 '기성회'를 조직하여 기금을 모금하였는데, 진주(晉州)의 부호 김기태(金琪部)가 거금 15만원을 내 놓는 등 모두 58명의 유지들이 힘을 모은 끝에 1920년 12월 재단법인 보성전문학교 설립이 인가되었다.[34] 이때 가인은 허헌, 이승우, 윤치오, 김성수 등과 함께 설립자로 참여하였으며, 1922년 1월에 개최된 제1차 이사회에서 6명의 상임이사 중 한명으로 선출되었다.

이 무렵 가인이 참여한 사회활동으로는 민립대학(民立大學) 설립운동이 있다. 1906년 이후 대한제국이 일본으로부터 도입한 차관 1,300만원을 상환하기 위해 전개된 국채보상운동으로 모금된 600만원이 한일합방으로 용도가 없어짐에 따라 이 돈으로 대학을 설립하자는 취지로 전개된 이 운동은 1922년 11월 23일

---

33) 한말의 문관으로 1882년 임오군란 때 長湖院으로 피신한 고종과 명성황후의 연락을 맡아 신임을 얻었고 端川府使로 특진하였음. 1902년 度支部大臣이 되어 이준·민영환·이상재 등과 개화당을 조직, 친러파의 수령으로 일본의 진출을 저지하기 위해 러시아와의 교섭을 담당하였음. 1905년 경상북도 관찰사·강원도 관찰사 등을 거치면서 小學·中學·專門과정을 설립하였음. 후일 블라디보스토크에 망명하여 그곳에서 病死함. 편집부, 『政治學大辭典』, p.1175.

34) 고려대학교 70년지 편찬실, 『고려대학교 70년지(1905~1975)』, pp.77-79.

'조선민립대학기성준비회'를 결성하였고, 1923년 3월 '민립대학발기인총회'[35]가 개최되어 30명의 중앙집행위원과 7명의 감사위원을 선출하였는데 가인이 김성수 등과 함께 감사위원에 선출되었던 데에서 민족교육에 대한 가인의 높은 관심을 알 수 있다.

일제 시 가인의 활동을 살펴볼 때, 가장 두드러진 것으로는 신간회(新幹會)와 관련된 활동을 들 수 있을 것이다. 3 · 1운동의 좌절 이후 민족독립운동이 소강상태에 접어들게 되고, 이를 기화로 사회주의가 성장하게 되었고, 일경에 의해 이들 지도층 상당수가 체포되면서 항일민족단일전선(抗日民族單一戰線)의 필요성에 따라 출범한 신간회는 민족주의자는 물론이고 공산주의자와 그 동조자까지 망라된 거족적 조직으로 회장에는 독립협회를 이끌었던 이상재(李商在)가, 부회장에는 3·1운동 당시 33인 중 한 명이었던 권동진(權東鎭)이, 주요 간부로는 김병로, 조병옥, 안재홍, 홍명희, 허헌 등이 참여하였고, 200여의 지회와 지부가 조직되었다.[36] 확실히 1920년대 중반까지는 변호사로서 독립운동가들에 대한 변호 등 합법적 공간을 통해 일제에 저항했던 가인은 신간회에서의 활동을 통해 보다 적극적인 항일 투쟁의 길을 걸었다.

그렇다고 하여 가인이 변호사로서의 활동을 통한 일제에 대한 저항에 소극적이었던 것은 아니다. 예컨대 1927년 미쓰비시의 함경남도 장진군 농민에 대한 수탈사건, 1928년 전라북도 옥구

35) 이때 참여한 발기인의 숫자에 대해 車錫基 교수는 「敎育史敎育哲學」(集文堂, 1991)에서 800여 명이라고 하고 있는 반면, 고하선생전기편찬위원회의 『獨立을 향한 執念』(1990)에서는 1,170명이라고 하고 있다.
36) 편집부, 『政治學大辭典』, p.926.

군의 소작쟁의 사건, 만주지역에서 독립운동을 하던 오동진(吳東鎭)[37]과 이응서에 대한 변론, 조선일보 발행인 안재홍과 편집인 백관수 구속에 대한 변론, 제3차 ML당사건[38]의 김준연에 대한 변론, 원산 노동자파업사건에 대한 변론 등을 통하여 그는 민족의 편에선 강단 있는 변호사로서의 모습을 보여주었다.

가인이 신간회 간부[39]로서 그리고 변호사로서 활발하게 활동하는 동안 가인은 백두산 인근 오지의 화전민 박해사건인 '갑산사건(甲山事件)'과 광주학생독립운동의 관련자들에 대한 변호를 맡는 등 일제에 의해 압박받는 민족들에 관련된 문제라면 때와

37) 1889년(高宗 26年) 평북 의주(義州)에서 출생함. 평양대성학교 사범과를 졸업하고 고향에 일신학교(日新學校)를 세워 독립정신을 고취시키다가 3·1운동에 참가한 후 만주로 망명함. 1920년 광복군총영의 장군이 되어 국내외 일본 기관에 대한 공격에 주력함. 1925년 정의부(正義府)의 군사위원장 겸 총사령관으로 일본 군사시설을 파괴하다가 1927년 12월 체포되어 신의주에서 무기징역으로 복역 중 1944년 옥사함. 편집부, 『韓國史大事典』, p.914.

38) 김재봉(金在鳳)을 책임비서로 하는 제1차 공산당과 강달영(姜達永)을 책임비서로 하는 제2차 공산당이 검거되어 조직이 와해된 이후 '서울청년회'를 중심으로 공산당을 재건하자는 운동이 일어나게 되었고 이에 1926년 12월 제3차공산당이 재건되어 김철수(金綴洙)가 초대 책임비서로 선출되었으나 그의 출국으로 안광천(安光泉)이 후임이 되었다가 사정에 의해 그가 물러남에 따라 1927년 9월 김준연이 책임비서에 취임하였음. 이듬해인 1928년 2월부터 일경의 검거선풍에 휘말렸다. 許彬, 『朗山 金俊淵』(서울: 자유지성사, 1998), pp.71-77.

39) 일제의 탄압에 의해 활동이 위축되었던 신간회는 1929년 6월 조직개편을 단행하였는데, 중앙집행위원장에 허헌, 중앙검사위원장에 권동진, 서기장에 황상규가 선임되었고 가인은 회계책임자로서 재정부장을 맡았다. 후일 신간회가 다시 격량에 휩싸여 중앙본부와 경성지회 간부들의 체포속에 가인이 체포를 면하여 1930년 11월 조직개편이 단행될 때 가인이 중앙집행위원장에 선출되어 신간회를 이끌게 되었다.

장소를 가리지 않고 뛰어갔다.

Ⅳ. 해방정국에서의 활동

1945년 8월 15일 드디어 일제가 패망 하였다. 이때 가인은 만 57세로 당시로서는 사회의 원로 대열에 합류하기에 충분한 나이였고, 더욱이 그의 경력은 해방정국에서의 활동에 부족함이 없었다.

1937년 중일전쟁을 계기로 조선에서의 일제의 발호가 그 정도를 더해감에 따라 조선의 지도층에 대한 일제의 친일압력 또한 거세어지게 되었다. 최근 우리사회에서 문제되고 있는 당시 중요 인사들의 친일행적 논란은 대개가 이와 연관되고 있는 것이다.[40)]

이처럼 일제의 압박이 가중되는 상황에서 지도층 인사들이 지소(志操)를 지키기 위해 흔히 택했던 방법 가운데 하나가 낙향(落鄕)을 통한 은둔이었다. 가인 또한 조선어학회사건에 연루되어 수감되었다가 석방되어 나온 후 경기도 양주군(현재의 서울 도봉구)으로 은거하게 된다.[41)]

해방이 되자 숨을 죽이고 있거나 은거하고 있던 지도층 인사들은 새로운 나라를 세우기 위한 노력에 분망해지게 되었다. 이들 가운데 가장 적극적으로 활동을 개시한 쪽이 여운형(呂運亨)이었다. 여운형은 일제의 패망을 대비하여 조직한 「조선건국동맹」

---

40) 오수열, "인촌(仁村) 김성수의 생애와 친일행적 논란", 『서석사회과학논총』 제3집 2호 (2010), pp.17-18.

41) 가인이 은거한 시기에 관하여는 여러 가지 견해가 있으나 이는 이 글의 범주 밖의 일이므로 상론치 않기로 한다.

을 기반으로 하여 조선총독부의 행정권 이양 제의를 수락하고 「건국준비위원회」 를 발족 시킨 것이다. 이는 상해의 '대한민국 임시정부'의 정통성을 인정하고 임정의 귀국을 기다려야 한다고 주장한 송진우 등 온건민족주의자들의 주장과는 매우 다른 것이었다.[42] 문제는 건국준비위원회에 여운형과 안재홍 등 지도층 인사의 의사와는 상관없이 이미 적지 않는 공산주의자들이 침투하였고 그들의 의도에 따라 건준이 움직여가고 있었다는데 있었다.

해방정국 하에서 지도층의 분열을 막기 위해 건준의 확대를 위한 노력들이 없지 않았고, 여기에서 가인도 백관수, 이인 등과 건준에 참여하기로 하였으나 건준이 충분한 논의도 없이 일방적으로 지도부 명단을 발표하는 등 독단적 행동을 보임에 따라 가인 등의 건준 참여는 없던 일이 되었다.[43]

이러한 상황에서 가인은 백관수, 이병헌 등 옛 신간회 동지들과 함께 '고려민주당(高麗民主黨)을 발기하였고, 여기에 원세훈, 김용무, 나용균, 김약수, 함상훈, 이인, 조병옥 등이 참여하여 '조선민족당'(朝鮮民族黨)으로 발전하였다.[44]

가인을 중심으로 한 조선민족당이 우익진영의 한 세력이었다면, 이와는 별도로 또 다른 우익세력이 존재하고 있었으니, 백남훈, 김도연, 허정, 장덕수, 홍성하, 유억겸, 윤치영, 윤보선을 중

---

42) 李甲秀·宋建鎬, 『韓國史大系(現代)』 (서울: 三珍社, 1976), pp.26-27.

43) 민족의 단결을 통한 통합정부를 수립할 수 있는 계기가 무산되었다는 측면에서는 애석한 일이라고 할 수 있지만, 그 후 공산주의자들의 행태로 볼 때 가인 등이 참여했다고 할지라도 결국 이용만 당했을 것이 분명하다고 할 때, 가인 개인으로서는 오히려 다행스러운 일이었다고 하지 않을 수 없다.

44) 金玟河, 『韓國政黨政治論』 (서울: 大旺社, 1983), p.49.

심으로 한 한국국민당(韓國國民黨)과 송진우, 김성수, 서상일, 김준연, 장택상[45], 강병순, 설의식, 김동원을 중심으로 한 '국민대회준비회'(國民大會準備會)가 그것이다.[46]

후일 한국 야당의 뿌리로 간주되고 있는 한국민주당(韓國民主黨) 즉 한민당은 이 세 부류의 세력이 결합하여 결성된 것으로 그 성격은 형식적으로는 반건준(反建準) 노선의 온건세력이 결집한 것으로 규정할 수 있으나 그 저변에는 건준이 급격한 사회개혁과 친일세력의 청산을 공언한데 따른 위협을 느낀 부르조아적 세력의 결합[47]이라고도 볼 수 있을 것이다.

우익진영이 통합하여 한민당이 창당될 때 가인은 감찰위원장을 맡았다. 당시 한민당은 1도(道) 1총무(總務)의 원칙에 따라 전라북도에 백관수, 전라남도에 송진우, 경상북도에 서상일, 경상남도에 허정, 충청도에 조병옥, 경기도에 김도연, 평안도에 김동원, 함경도에 원세훈, 황해도에 백남훈이 총무로 선출되고, 그 가운데 송진우가 수석총무를 맡았는데[48] 가인도 총무로 추대되

---

45) 1893년(高宗 30年) 경북 칠곡군(현재의 구미시)에서 영남최고의 친일갑부로 경상도 관찰사를 지낸 장승원(張承遠)의 아들로 출생함. 1913년 영국 에든버러 대학에서 입학하였다가 중퇴하고 1921년 귀국. 광복 후 미군정청 수도경찰청장으로 재임시 좌익은 물론 독립지사 탄압에 앞장섰고, 1948년 정부수립 후 외무부장관, 1950년 제2대 총선에서 칠곡에서 당선됨. 1952년 국무총리로 임명되어 이승만의 발췌개헌안 통과에 앞장섰음. 5·16정변 후 제6대 총선에서 공화당 후보에 패한 후 '한일협정반대투쟁'에 참여하기도 하였다. 1969년 사망하였음. 한국학중앙연구원, 『한민족문화대백과』와 곽병찬, '향원익청'(한겨레, 2017. 4. 12)을 참고함.

46) 위의 책, p.49.

47) 위의 책, p.49.

었으나 같은 전북태생으로 한 살 아래 이던 백관수와 겹치게 되어 그에게 양보하고 감찰위원장직을 맡았다.

국민들의 기대와는 달리 정국은 미군이 점령한 남한지역과 소련군이 점령한 북한 지역의 통일이 점점 멀어져가는 쪽으로 전개되었고 정치지도자들 또한 통합·협력 보다는 분열·대립의 양상을 보여주고 있었다. 이러한 상황을 타개하기 위한 노력이 곧 좌우합작(左右合作) 운동이었던 것이다. 그 첫 번째 결실이 1945년 10월 5일 창신동(昌信洞) 임종상(林宗相) 자택에서 개최된 '좌우요인회담'으로 이 회담에는 한민당 측에서 가인, 백관수, 조병옥, 장덕수, 송진우가, 조선국민당 측에서 안재홍이, 건준 측에서 여운형, 허헌, 조동우가 참석하였고, 곧이어 조선공산당 측의 이현상(李鉉相)과 최용달도 참석하였다.

그러나 좌우합작을 통한 민족통합운동은 이승만과 임시정부 요인들의 귀국이후 민족진영 내부의 갈등[49]과 미소공동위원회의 결렬 그리고 좌익의 파괴활동 등 내외적 조건 속에서 진전되지 못한 채 분열 상황으로 발전 되었다.

더욱이 임정의 귀국에 대해 커다란 기대와 함께 그 지지 세력이 될 것을 자임했던 한민당 세력마저 임정과의 불화가 현재화(顯在化)[50] 됨에 따라 우익세력 내부의 갈등은 매우 심각한 수

48) 李基澤, 『韓國野黨史』(서울: 백산서당, 1992), pp.11-14.

49) 무엇보다도 미국에서 귀국한 이승만과 중국에서 귀국한 김구·김규식을 중심으로 한 대한민국임시정부 간의 갈등을 들 수 있다. 이들은 제1차 미소공동위원회가 결렬되자 제각기 노선을 달리하기 시작하였다. 李甲秀·宋建鎬, 앞의 책, pp.38-39.

50) 여기에는 일제 시 국내에서 활동했던 인사에 대한 임정 측의 곱지 않는 시선이 내재되어 있었다. 古下先生傳記編纂委員會, 앞의 책, pp.474-477.

준에 이르게 되었다.

한민당과 임정측 간의 갈등은 12월 3일 한민당의 수석총무 송진우의 암살로 더욱 깊어지게 되었다. 국민들의 기대와는 달리 분열과 갈등 속에서 혼란에 빠져 들어가고 있는 정국을 수습할 수 있는 지도자 가운데 한 사람으로 지목되고 있던 한민당의 지도자 송진우[51]의 피살로 한민당이 후임자 결정을 놓고 방황할 때, 여러 사람의 권유에도 불구하고 그 자리를 고사하고 있던 김성수로 하여금 수석 총무직을 수락하도록 설득한 사람이 가인이었다. 김성수가 한민당의 수석총무를 맡아 정국의 안정과 민족의 단합을 위해 노력했음에도 불구하고 민족 내부의 분열은 가라앉지 않았고,[52] 미국과 소련의 한반도 분할지배 야욕 또한 사그라들지 않았다. 남한은 3년간의 미군정을 거쳐 1948년 5·10 단독선거를 통해 단독정부가 수립되었고, 북한에서도 조만식을 비롯한 민족지도자들의 암살이 잇따르면서 김일성을 중심으로 한 공산정부가 수립되었다.

해방이후 단독정부 수립 시까지의 기간에 가인은 미군정청의 사법부장(司法部長)과 '남조선과도정부(南朝鮮過渡政府)'[53]의 사법부장으로 일하였다. 그렇다면 가인처럼 민족의식이 강했던

51) 오수열, "고하 송진우의 생애에 대한 소고(小考)", 『인간과 문화』 제9호(2009), pp.5-33.

52) 이는 그 뒤의 잇단 민족지도자의 피살이 증명해 주고 있다.

53) 하지 장군 지휘 하의 미군정은 미소공동위원회의 실패로 통일임시정부의 수립이 힘들게 되자 남한지역에서만이라도 한국인에게 행정권을 이양해야 할 필요성을 느끼게 되었고 이를 위해 1947년 2월 군정장관(軍政長官) 밑의 행정책임자인 민정장관(民政長官)에 안재홍을 임명하여 남조선과도입법정부로 개편하였다.

사람이 왜 미군정 하에서 그리고 과도정부 하에서 사법부장으로 참여하였을까? 아마도 법률을 알지 못하는 미군 장교들이 사법행정을 처리하는 것을 법률가로서 보고만 있을 수 없었을 것이고 더 나아가서는 이것이 후일 우리 정부가 수립되었을 때의 기초가 될 수 있다는 생각에서였을 것이다.

가인이 미군정청 사법부장으로 재임 시 충격적인 조선정판사(朝鮮精版社) 위조지폐사건[54]이 발생하였고, 이는 미군정의 공산당에 대한 정책을 크게 변화시켰으며 박헌영과 이강국을 비롯한 조선공산당 간부들이 월북한 것도 이 무렵의 일이다.

이처럼 이념과 정파 간의 대립으로 사회가 혼란스러운 상황 속에서도 사법부장으로서 가인은 새로운 국가를 수립하고 운영하는데 반드시 필요한 법률체계의 기초를 세우는 일에 힘을 쏟았다. 이를 위해 가인이 한 일은 두 가지였다. 첫째는 당시의 상황에서 일제 시대의 법률체계를 송두리째 폐기할 수는 없었지만 군정당국의 허가를 받아 대법원장과 협의하여 시대에 맞는 새로운 법률 규정을 만들어 나가는 것이었다.[55]

또 하나는 사법부 안에 '법전기초위원회'를 구성하여 새로운

---

54) 1946년 5월 남한 경제를 교란시키고 활동자금의 조달을 목적으로 조선공산당 재정부장 이관술(李觀述)과 중앙집행위원 겸 기관지 「해방일보」 사장 권오직(權五稷)이 조선정판사 사장 박낙종(朴洛鐘)과 직원들을 포섭하여 위조지폐를 발행한 사건. 解放二十年史編纂委員會, 『解放二十年史』 (서울: 希望出版社, 1965), pp.156-161.

55) 예컨대 "처(妻)가 소송행위를 함에 있어서는 부(夫)의 허가를 받아야 한다."는 일제 시대의 민법 제14조 제1항의 규정을 새로운 남녀평등의 시대에 부합되도록 그 조항에 대해 대법원이 무효의 판결을 내리도록 한 것이다. 김학준, 앞의 책, pp.331-332.

시대에 맞는 법률을 제정한 일이었다. 이를 위하여 가인은 1947년 6월 사법부 안에 '법전기초위원회'를 구성하였는데, 이는 새롭게 '우리 정부'가 수립될 때[56]를 대비한 매우 의미 있는 작업이었다고 할 수 있다. 이와 관련하여 가인은 광복된 대한민국의 첫 헌법을 마련하는 데에도 참여하였다. 물론 헌법을 기초하는 과정에서 가인이 얼마나 주도적인 역할을 하였는지에 대해서는 이견이 없지 않지만, 헌법 초안 마련에 중요한 역할을 한 것으로 널리 알려진 유진오가 "1947년 가을 사법부 안에 설치된 헌법기초분과위원회의 첫 모임이 중앙청 안의 사법부장실에서 열렸다"고[57] 회고한 데에서 볼 때 가인의 역할이 없지 않았음을 알 수 있게 한다.

1948년 5월 5·10 선거를 통하여 구성된 제 1대 국회(제헌국회)는 서상일, 허정, 백관수, 조봉암, 홍익표, 지청천, 김준연 의원 등 30명으로 헌법기초위원회를 구성하였고 위원장에는 서상일 의원이 선출되었으며, 그 전문위원으로는 유진오, 한근조, 권승렬, 차윤홍, 노진설, 임문환, 윤길중 등 10명이 선임되어 입법기관인 국회차원에서 헌법 초안을 마련하는 일이 시작되었다.

---

56) 필자는 1948년 8월 15일 제1공화국의 수립을 건국이라고 이름 붙이는 데 긍정적이지 않다. 이는 헌법전문에 규정된 것처럼 우리가 대한민국 임시정부의 법통을 계승한 것으로 한다면 1948년 8월 15일은 건국일이라기보다는 해방된 '정부수립일'이라고 보는 것이 타당하기 때문이다. 따라서 당시 가인이 '장차 건국이 되면…'이라고 했다는 관계자들의 회고에도 불구하고 '우리정부수립'이라고 표현하고자 한다.

57) 유진오, 『헌법기초회고록』 (서울: 一潮閣, 1980), p.19.

V. 사법부 독립과 발전을 위한 활동

1948년 8월 15일 마침내 한반도 남쪽에 대한민국이 세워졌다. 대통령에 이승만이, 국회의장에 신익희가 선출되었다. 가인은 새로운 정부의 초대 대법원장의 중책을 맡게 되었다. 물론 여러 사람들의 증언에 따르면 이승만 대통령은 대법원장으로 가인을 탐탁스러워 하지 않았고, 다른 사람을 염두에 두었다고 한다. 그러나 일제시기 일관되게 일제에 항거하고 어려운 사람들을 변호하는 데 앞장섰던 가인의 경력과 인품 등이 평가받아 첫 국무회의에서 가인으로 결정되었다. 물론 국회에서의 임명 동의안도 재석 157명 가운데 찬성 117표, 반대 31표, 기권 3표, 무효 6표라는 압도적 다수로 통과되었다. 이는 국무총리로 인준을 요청한 이윤영 의원에 대해 반대 132표 대 찬성 59표로 부결한 것과는 크게 대조된 일이었다.[58]

가인은 8월 16일 제헌국회 본회의에 출석하여 취임인사를 하였는데, 여기에서 가인은 사법부에 몸담은 사람이 지녀야 할 조건들을 밝히는 한편 사법부 독립의 중요성을 강조하였다.

대법원장 취임 직후에 가인이 착수한 일은 법전편찬사업과 법원조직법을 제정하는 일이었다. 가인이 위원장을, 이인 법무장관이 부위원장을 맡았고 75명의 위원과 약간 명의 전문위원으로 구성된 법전편찬위원회의 노력으로 우리는 일제 시대 만들어진 법전의 틀에서 벗어날 수 있었다. 또한 미군정 시대의 과도 법원조직법으로 운영되던 법원의 기틀과 체계를 세우기 위하여 법원

---

58) 解放二十年史編纂委員會, 앞의 책, pp.254-255.

조직법의 제정을 서둘렀는데, 특히 여기에서 논란이 되었던 것이 대법원장의 임명에 관한 규정과 법원행정처장이 국무회의에 참석하여 발언할 수 있는 규정에 관한 것이었다. 특히 대법원장의 임명에 관하여 국회에서 의결한 이 법안 제 15조 2항에 「대법원장은 대법관으로서 보한다」고 규정하였고, 제 37조 1항에 「대법관의 임명 및 대법원장의 보직은 대법원장과 대법관 및 각 고등법원장으로 구성된 법관회의의 제청으로 이를 행한다」고 규정되어 있었는데 이것이 헌법 제 78조의 「대법원장인 법관은 대통령이 임명하고 국회의 동의를 얻어야 한다」는 규정과 배치된다는 것이 행정부의 의견이었기 때문이다.[59)]

이에 대해 가인은 '헌법의 규정은 원칙적인 규정으로 헌법은 기본만 규정하는 것이고 자격이나 절차는 법률로 정하는 것이므로 이는 결코 위헌이 아니다'는 논리를 편 결과, 이 법안은 국회에서 재의결됨으로서 확정되었다. 따라서 법원조직법의 제정을 두고 행정부와 가인 간에 의견이 맞섰던 것은 대법원장의 임명권한을 대통령이 독점적으로 행사하느냐 아니면 법관회의의 제청에 의하도록 하느냐의 문제였을 뿐만 아니라 궁극적으로는 3권분립의 정신을 구현하는 문제와도 관련되었던 것이다.

정부수립 초기 국민의 관심은 친일인사에 대한 처벌에 모아졌다. 왜냐하면 미군정시기 미군정은 현상유지를 점령정책의 근간으로 삼았기 때문에 친일인사에 대한 처벌에 소극적이었고 더 나아가서는 이들을 정부에 기용하기까지 하였으며 1947년 7월 과도입법의원이 통과시킨 「민족반역자-부일협력자-간상배의

59) 김학준, 앞의 책, pp.350-351.

처벌에 관한 특별법」의 시행까지도 저지하였기 때문이다.

따라서 제헌국회에서는 이러한 국민여론을 반영하여 1948년 8월 5일 제40차 본회의에서 김웅진(金雄鎭) 의원 외 10명의 명의로 제안된 동의안을 가결시켰고 계속하여 반민족행위자를 처벌하는 법을 기초할 특별위원회를 구성하기로 결정하였으며, 9월 7일 「반민족행위처벌법」을 통과시켰던 것이다.[60] 국민들의 여망에도 불구하고 이승만 대통령이 이 법의 제정에 반대함으로써 이 법이 시행되는 데에는 우여곡절이 없지 않았다. 여러 난관 끝에 이 법이 공포됨에 따라 국회는 「반민족행위자 특별조사위원회」 즉, 반민특위(反民特委)를 구성하고 위원장에 김상덕(金尙德) 의원을, 부위원장에 김상돈 의원을 그리고 위원에 조중현, 박우경, 김명동, 오기열, 김준연, 김효석, 김경배, 김종순 의원을 선출하였으며 이를 보좌할 기구로 사무국을 설치하였다.

뿐만 아니라 이 법을 시행하기 위하여 필요한 특별조사기관을 설치하기 위해 특별조사기관 조직법을 제정하였는데 이 법에는 특별재판부를 대법원에 두고 특별재판부의 재판관장은 김병로 대법원장이, 특별 검찰부의 검찰관장은 권승렬 검찰총장이 맡기로 하였다. 잘 알려져 있는 것처럼 반민특위의 활동에 대한 이승만 대통령의 시각은 부정적이었고 그로 말미암아 반민특위의 활동은 여러 가지로 제약을 받을 수밖에 없었다.

반민특위의 활동을 두고 전개된 갈등은 주로는 이승만 대통령과 입법부인 국회와의 사이에 전개되었지만 대통령과 대법원장인 가인과의 사이에도 적지 않는 갈등이 없지 않았는데 그 까닭은

---

60) 解放二十年史編纂委員會, 앞의 책, pp.274-284.

원칙주의자인 가인이 법리(法理)를 내세워 국회 측 입장을 두둔하였기 때문이다. 당연한 일이라고 하지 않을 수 없다.

사법부의 기초를 닦는 일에 분주하던 가인에게 개인적으로 불행한 일이 닥쳐왔다. 왼쪽 다리의 신경통이 악화되어 골수염으로 발전하였고 마침내 1949년 10월 서울대병원에서 왼쪽다리 무릎 이하를 절단하는 큰 수술을 받아야 했으며 이를 계기로 대법원장으로서 가인을 탐탁해하지 않던 이승만 대통령이 그에게 간접적으로 퇴진을 종용하여 왔다.

뿐만 아니라 이 무렵부터 재판에 대한 외부의 간섭이 많아지기 시작하였는데, 이를 막아내는 일 또한 대법원장인 가인의 몫이었다. 그리고 가인은 이러한 역할을 훌륭하게 수행하였고, 바로 이러한 가인의 행동이 오늘날까지 그를 사법부의 표상으로 존경받도록 한 배경이 되고 있을 것이다.

가인이 이처럼 신체적 어려움 속에서 직무를 수행하고 있을 때 민족의 비극인 6·25 전쟁이 발발하였다. 정부가 대전(大田)을 거쳐 부산으로 피난함에 따라 가인도 정부와 행동을 함께 할 수밖에 없었다. 여기에서 가인은 가족을 동반치 않고 부인은 친정인 담양으로, 다른 식구들도 각기 연고지로 피신해 있도록 조치하였다. 그러나 이러한 조치는 결국 친정에 피신해 있던 부인이 공비에게 피살되는 불행으로 이어졌으니 공인(公人)으로서의 처신에 철저했던 가인이 겪어야만 했던 불가피한 일이었는지 모른다.[61)]

대법원장으로서의 가인을 이야기할 때 빠트릴 수 없는 것이 그의 청렴과 강직한 성품이라고 하겠다. 이미 미군정의 사법부장

61) 김진배, 앞의 책, pp.157-159.

시절부터 점심 도시락을 지참했던 가인이 신생정부의 어려움 속에서 청렴함을 실천했을 것은 불문가지일 것이다. 우선 개인생활에서부터 낭비가 없었으니, 그의 가족들까지도 국수로 점심을 때우기가 다반사였다. 실제로 그는 만년까지도 화장지를 사서 쓰지 않고 신문지를 잘라서 화장실에 꿰어 놓았다고 하니 그의 청빈한 삶은 가히 후인들의 사표가 되기에 충분하다고 하겠다.

이처럼 청렴과 근검한 자세로 직무를 수행해가는 가운데 이승만 대통령의 독선적 태도는 점점 그 도를 더해가고 있었으며, 그의 장기집권을 위한 준비들은 점차 그 실체를 드러내고 있었다. 그 대표적인 것이 이른바 사사오입(四捨五入) 개헌안 통과이다.[62] 물론 사사오입 개헌안 처리는 입법부인 국회와 이승만 대통령 간의 대립이었고, 그 자체가 사법 심판의 대상이 되지 않았기 때문에 대법원장이 관여될 성질은 아니었다. 그러나 옳고 그름을 분명히 하는 가인은 자유당의 처사에 대해 침묵으로 일관할 수 없었던지 그의 견해를 밝히는 데 주저하지 않았다. 그리고 이러한 가인의 태도는 이승만 대통령과의 관계 악화를 가속화 시켰다.

대표적인 사례가 이른바 '서민호(徐珉濠) 의원 사건'이다. 서민호 의원은 이승만의 재선을 가능하도록 하기 위해 장택상 등이 주도한 「부산정치파동」의 반대에 앞장서는가 하면 특히 국민방위군 사건과 거창양민학살 사건을 두고 행정부를 신랄하게 비판했던 터여서 이승만 대통령으로서는 눈에 가시처럼 생각되었다. 그러한 그가 1952년 4월 24일 순천에서 자신을 살해하려던 서창선 대위를 호신용 권총으로 사살한 사건이 곧 서민호 의

---

62) 金玟河, 앞의 책, pp.91-92.

원 사건이다.[63] 그리고 이 사건은 대통령과 국회 간의 대립을 넘어 그에게 무죄를 선고한 사법부와 대통령간의 갈등으로 비화되었던 것이다.

이처럼 당시 사법부에 속한 법관들이 최고 권력자의 눈치를 보지 않고 소신껏 재판을 수행함으로써 민주주의를 지켜낼 수 있었던 것은 두말할 나위 없이 대법원장인 가인이 정면에 서서 외풍을 막아 주었기 때문에 가능한 일이었다.

민주주의란 단어만큼 다양한 뜻을 갖는 개념도 없을 것이다. 그럼에도 불구하고 한 가지 분명한 것은 민주주의는 권력이 어느 특정인에게 속하는 군주정치나, 권력이 소수인에게 속하는 귀족정치와는 확연히 구별된다는 것이다. 따라서 민주정치는 권력이 민중(民衆)에게 속하는 정치를 말하며, 민중에 의해 다스려지는 정치형태를 의미한다.[64]

이처럼 민중이 권력의 주체가 되는 정치를 구현하기 위하여 민주주의는 견제와 균형을 추구하고 있으며 권력의 분산을 통해 이를 실천하고 있는데, 근대 이래 우리는 그 전형을 삼권분립(三權分立)에서 찾고 있다. 즉 정부의 여러 기관에 권력을 분산시키고, 가능한 한 입법부도 양원제(兩院制)로 나누고 있는 것이다.

그럼에도 불구하고 적지 않는 국가에서 행정권 비대화[65] 현상이 나타나고 있으며, 사법부 위축현상이 빈번한 것 또한 부인할 수 없는 현실이다. 사법부의 위축은 권위주의 정치체제(Authoritarian

---

63) 오수열, "월파 서민호의 생애에 대한 소고", 『인간과 문화』 제7호 (2008), pp.137-139.

64) 魚秀永, 『民主主義와 韓國政治』 (서울: 法文社, 1994), p.9.

65) 이극찬, 『政治學』 (서울: 法文社, 1991), p.507.

Political System)[66]에서는 불가피한 현상으로 인식되고 있다. 특히 오랜 기간에 걸친 해외에서의 독립투쟁을 통해 형성된 이승만의 개인적 권위가 절대시되던 제1공화국에서 그의 의사에 반하는 행동은 결코 쉽지 않았다.

이처럼 이승만 권위주위체제 하에서 사법부 소속의 법관들이 법률과 양심에 따라 임무를 수행하기가 결코 쉽지 않는 상황에서 가인은 사법부의 어른으로써 그 외풍을 훌륭하게 막아 주었던 것이다.

사법부의 독립성 확보는 법치주의(法治主義)의 관건이다. 일찍이 마키버(R. M. Maclver) 교수가 민주주의의 진짜와 가짜를 구별하는 지표 가운데 하나로 "사람들이 정부의 시책에 대해서 자유롭게 또는 전적으로 반대의사를 표명한다 할지라도 그 전과 조금도 다름없이 심신(心身)의 안전을 보장 받을 수 있는가?"[67]를 지적한 것처럼 국가 구성원이 안심하고 정부의 시책에 대해 비판하기 위해서는 법치주의가 확립되어야 하고 이는 사법부의 독립이 전제되어야 하는 것이다.

이러한 측면에서 일제 통치로부터 해방되어 새로운 정부가 수립된 직후의 권위주의적 분위기 속에서 사법부의 독립을 지켜낸 가인의 공로는 결코 과소평가 될 수 없을 것이다. 1961년 5·16

66) 린츠(Juan J. Linz)에 따르면 권위주의의 정치체제란 정치적 다원주의는 제한을 받으나 강력한 이데올로기에 의하여 통치되지 않으며 특별한 경우를 제외하고는 정치적 동원화가 미약하며, 개인 혹은 집단이 정치권력을 행사하는 체제를 의미한다. 위의 책, p.170.

67) R·M·Maclver, The Ramparts We Gu-ard (New York : The Macmillan Co, 1956), p.97.

군사쿠데타 이후 우리의 정치가 다시 권위주의체제로 변질 된 데에는 행정부에 대한 사법부의 종속이 자리하고 있음을 부인할 수 없다는 데에서도 자유당 치하에서 사법부의 독립을 지켜낸 원동력이 가인으로부터 비롯되었다는 것은 매우 중요한 의미를 지닌다고 하겠다.

제3공화국 이후 검찰은 철저하게 권력의 시녀화 되었고 사법부의 침묵과 순응으로 일관하는 과정에서 간첩단 조작사건 등이 발생하는 등 적지 않게 국민의 기본권이 유린당하였음을 우리는 기억하고 있다.[68] 아마도 가인과 같은 인물이 대법원장으로 재임하였더라면 이러한 현상은 피할 수 있었을 지도 모른다. 사법부의 독립성 확보가 얼마나 중요한지를 새삼 인식시켜 주고 있다.

Ⅵ. 맺는말

어떠한 형태로든지 역사에 발자취를 남긴 사람의 경우, 그 행적에 대한 평가에는 보는 시각에 따라서 호오(好惡)가 있을 수 밖에 없다. 이는 짧지 않는 삶을 살면서 타인과 반드시 선연(善緣)만을 지속할 수는 없기 때문이며, 특히 공적(公的)인 업무를 수행하면서 호불호(好不好)가 분명한 경우 적지 않는 원망과 질시를 받을 수밖에 없는 것이 현실이기 때문이다.

가인의 경우가 바로 여기에 해당되지 않을까 싶다. 그는 사법부의 수장(首長)인 대법원장의 직무를 수행하면서 권력에 비위

68) 이 가운데 상당 부분이 민주화 이후의 재심을 통하여 무죄임이 증명되었다.

맞추지 않았으며, 최고 권력자인 대통령에게도 직언(直言)을 마다하지 않았다. 그의 대법원장 재임 중 그의 이러한 태도 때문에 법관들은 권력의 눈치를 보지 않고 소신껏 재판에 임할 수 있었던 것이다.

일제 강점기를 통하여 적지 않는 민족 지도자들이 끝까지 지조를 지키지 못하고 변절의 나락에 떨어짐으로써 후손들에게 부끄러움을 안겨준 경우가 적지 않다. 그러나 가인은 한 점 부끄러움 없이 지조를 지킴으로써 해방된 조국에서 올곧은 모습으로 봉사할 수 있었다. 이러한 그의 강직함은 6·25라는 민족의 재앙 속에서 정부가 피난하는 과정에서도 공사유별(公私有別) 하는 처신을 보임으로써 후배들의 귀감이 되기에 충분하였다.

이러한 그의 강직한 성품과 공인으로서의 태도가 있었기에 그가 세상을 뜬지 반세기가 넘는 가운데에도 후배 법조인들이 그의 고향인 순창군 복흥면에 「가인 연수관」을 건립하여 그를 영구히 추모하도록 하지 않았을까 하는 생각을 공사가 한창 진행 중인 현장에서 하게 되었다.

백 관 수

■ 독립운동가

- 호　근촌(芹村)
- 출생-사망　1889. - 1961.
- 출생지　전라북도 고창군
- 대표공직　조선일보사 영업국장, 동아일보 사장

▲고택 사진

근촌(芹村) 백관수

I. 머리말

한국의 근현대사는 가히 질곡(桎梏)의 역사라고 할 수 있을 만큼 한국인들에게 답답하고 분통터지는 일이 다반사였던 시기라고 할 수 있다. 서세동점(西勢東漸)의 조류 속에서 서구라파의 야욕에 효과적으로 대응하지 못하였는가 하면 심지어는 같은 동양권이면서도 1868년 메이지유신(明治維新)을 통하여 개화에 성공한 일본(日本)의 침략에도 굴복할 수밖에 없었기 때문이다.

적어도 조공관계(朝貢關係)가 지속되기는 하였지만 중국에 대해 독립국가로서의 위상을 유지하여 왔던 조선(朝鮮)은 1876년 조일수호조규(朝日修好條規)의 체결을 계기로 일본에게 불평등한 형태로 문호를 개방하지 않을 수 없었고 동시에 냉엄한 국제조류에 그 허약한 국체(國體)를 내맡기지 않으면 안 되었다. 강화도조약이라고도 불리는 조일수호조규의 체결 이후 1년 만에 조선과 일본 간의 무역이 17배에 이르렀고, 상품 수입액이 26배로 급증하였으며 1893년에 조선에 들어온 외국 상선 가운데 72%가 일본 상선이었다는 데에서 당시 조선의 산업화 정도와 대일경제에의 예속을 짐작케 하고 있다.

이처럼 낮은 산업화와 열악한 경제 상황 속에서 조선이 급속히 일본의 소비시장으로 전락하고 있는 가운데에서도 조선의 위정자들은 백성들의 삶과 국가의 백년대계는 도외시한 체 가렴주구를 일삼고 권력 놀음에 빠져 있었다.

이러한 시대적 상황에서 김옥균, 박영효, 서재필 등 개화파가 나라를 개혁하고자 갑신정변(甲申政變)을 일으켰으나 이들의 개혁은 자체 역량의 미흡, 수구파의 준동과 청(淸)의 개입, 그리고 일본의 배신으로 3일 만에 참담한 실패로 끝나고 말았다.

이후 조선에서는 국가정치의 기강문란과 사회경제적 형편의 약화가 지속되었고, 이는 곧 민중의 동요로 이어진 가운데 전국 각지에서 민란(民亂)이 빈발하였고, 이는 마침내 동학혁명으로 이어졌다.

근촌(芹村) 백관수(白寬洙)는 조선이 이처럼 혼돈에 처해있던 시기인 1889년(高宗 26年) 전라북도 고창군 성내면 생근리(현재는 덕산리)에서 태어났다. “난세(亂世)에 인물 난다”는 말처럼 이 무렵 이 땅에서는 적지 않는 인물들이 태어났다. 필자가 근대 호남의 정치인물을 재조명하는 작업의 일환으로 고찰하고 있는 이들만 하여도 송재(松齋) 서재필을 비롯하여 고하(古下) 송진우, 인촌(仁村) 김성수, 가인(街人) 김병로, 낭산(朗山) 김준연, 월파(月坡) 서민호 등 부지기수이다.

필자가 근촌 백관수에 대해 관심을 갖게 된 동기 또한 이러한 호남 정치인물의 재조명을 위한 작업의 일환에서 비롯되었다. 이 무렵 호남에서 태어난 정치인물 대부분은 '일본 유학'이라는 고리와 고창, 순창, 장성, 담양 이라는 지리적 인접성으로 상호 연결되어 있다.

근촌은 인촌 김성수와 비슷한 시기에 고창에서 태어난 관계로 성장과정에서부터 그와 인연을 지니게 되었고 인촌과의 인연 속에서 고하 송진우와도 인연을 맺게 되었다. 이러한 여러 인연들은 이들의 성장과정에 적지 않는 상호 영향을 미쳤을 뿐만 아니라, 일제 및 해방정국(解放政局)에서의 활동에도 영향을 미치게 되었다.

근촌도 호남의 다른 정치인물들이 일제치하와 해방정국을 거치면서 국가와 민족을 위해 헌신했던 것처럼 일제치하에서는 일제에 저항하였고, 해방정국에서는 국가의 기초를 다지는데 진력하였으나 6·25라는 민족적 참화 속에서 62세에 납북되는 비운을 맞았다. 근촌에 관한 저술이나 연구물이 다른 이들에 비해 많지 않은 것은 이러한 이유일 것이다.

그럼에도 불구하고 근촌에 관해서는 국문학을 전공하는 윤재근 선생이 쓴 『芹村 白寬洙 봄 기운은 어찌 이리 더딘가』라는 훌륭한 저작이 있다. 필자가 이 글을 쓰는 데에도 이 책에 도움 받은 바 크며, 그럼에도 필자가 이 글을 쓰는 목적은 정치학도의 시각에서 근촌의 활동과 이념을 재조명하는데 있음을 밝히고자 한다.

Ⅱ. 근촌의 출생과 성장

근촌은 1889년(高宗 26年) 1월 28일 전라북도 고창군 성내면 생근리에서 부친 백도진(白道鎭)과 모친 고씨(高氏) 사이의 3남 3녀 중 맏아들로 태어났다. 고창은 익히 알려진 바와 같이 판소리를 정리하여 국악 발전에 크게 기여한 동리(桐里) 신재효, 많은 논란에도 불구하고 한국 시문학 발전에 크게 이바지한 미당(未堂) 서정주, 국창으로 일컬어지는 김소희 등의 예인(藝人)과 일본 천황 암살을 도모하였던 백정기(白貞基) 그리고 동아일보를 세워 언론 진흥에 공헌한 인촌(仁村) 김성수 등 숱한 인물을 배출한 고장이다.

근촌의 본관은 수원(水原)으로 근촌은 선조 때 명신이자 이름난 선비였던 휴암(休菴) 백인걸(白仁傑)[1)]의 10대 손이다.

나라가 존망지경에 처할 때 근촌의 백씨가문에서는 여러 명의 열사(烈士)가 배출되었다. 근촌의 종형(從兄) 갑운(甲雲) 백인수(白麟洙)는 을사보호조약의 체결로 조선이 일제의 손아귀에 들어가자 두 번이나 순절을 도모하였고 끝내 자결의 길을 택하였다.

근촌의 종질(從姪)인 백낙일(白樂一) 또한 상해임시정부의

---

1) 조선 선조 때의 유학자로 호는 휴암이며, 기묘사화 때 스승과 동지들을 모두 잃고 금강산에 입산, 후에 문과에 급제하여 성균관에 있다가 벼슬이 호조정랑에 이르렀다. 을사사화(1545년) 때 문정대비의 미움을 사 파직되었다가 선조가 즉위하여 이조참판·대사간을 거쳐 대사헌에 임명되었다. 매우 청빈한 삶으로 주위의 추앙을 받았으며 뒤에 참찬으로 다시 등용되어 당쟁의 폐를 논하고 군비 강화를 주장하였다. 한국사대사전편찬위원회, 『韓國史大事典』(서울: 豊文社, 1974), p.560.

군자금을 조달하는 등 항일운동에 종사하였으며 같은 집안인 백정기(白貞基)[2]는 일본 천황에 대한 암살을 도모하다가 성공하지 못하자 중국 천진(天津)에서 기선을 폭파하고 일본 병영과 총영사관에 폭탄을 던져 한국인의 기개를 과시하였고 나가사키 형무소에 압송되어 39세의 나이로 순국하였다.

이처럼 나라를 걱정하고 국가의 존망지경에 앞장서는 가풍 속에서 근촌은 6살 때부터 호남의 대학자인 간재(艮齋) 전우(田愚)[3] 밑에서 한학을 공부하였다. 근촌은 13세 때에 사서삼경(四書三經)에 통달할 만큼 한학에 뛰어났는데, 이 시기 서당에서 함께 공부한 이가 생근리와 이웃한 부안면 인촌리(仁村里) 태생인 인촌(仁村) 김성수[4]로 근촌과 인촌의 부친은 서로 교류하던 친구였다고 한다.

---

2) 백정기는 부안에서 출생하였지만 16세에 정읍으로 이거한 관계로 정읍에 그의 기념관이 있다.

3) 구한말의 대학자로 1841년(憲宗 7年)에 태어남. 호는 간재(艮齋)임. 임헌회(任憲晦) 문하에서 20년간 성리학을 공부하였고 이이(李珥)와 송시열(宋時烈)의 사상을 신봉하였으나 주기(主氣)·주리(主理)의 양설을 모두 배척하고 절충적 경향을 취하였다. 장령·순흥부사(順興府使)·중추원 참의 등에 임명되었으나 모두 사양하고 전라도 계화도(界火島)에서 후학들을 가르쳤다. 위의 책, p.1231.

4) 정치가·교육자·언론인으로 1891년(高宗 28年) 전북 고창에서 출생함. 1914년 일본 와세다 대학 정경학부를 졸업하고 귀국하여 중앙학교를 인수·경영함. 1919년 경성방직을 창설하였고, 1920년 동아일보를 설립하였으며 1932년 보성전문을 인수하여 교육 사업에 매진함. 해방이후 미국정청 수석 고문관을 지내고, 한민당 창당에 관여하였으며, 1950년 부통령에 취임하였음. 이러한 공로에도 불구하고 일제 시 친일행적이 논란되어 친일인명사전에 등재되기도 함. 오수열, '인촌 김성수의 생애와 친일행적 논란', 「서석사회과학논총」 제3집 2호(2010), pp.1-27.

5살 때 동학혁명을 겪었던 근촌은 16세가 되어 러일전쟁을 통하여 일제의 침략 야욕을 깨닫게 되었고 종형인 인수의 순절을 지켜보면서 자신의 삶의 의미와 역할을 되돌아보게 되었다. 이 무렵인 1907년 근촌과 인촌은 서해안이 한눈에 내려다보이는 내소사(來蘇寺)의 청련암(淸漣庵)에서 함께 공부하게 되었는데 근촌은 여기에서 인촌의 소개로 또 한 명의 평생 벗인 고하(古下) 송진우[5])를 만나게 되었다. 근촌은 인촌 보다는 두 살이 위였고, 고하보다는 한 살 위로 거의 동년배라 할 수 있는 또래들이었다.

이들 셋이 이곳 청련암에서 1년여를 공부하고 있던 중에도 내외정세는 급격하게 전개되어 가고 있었으니 그 가운데에서도 네덜란드 헤이그에서 개최된 만국평화회의(萬國平和會議)에 참석하려던 이준(李儁) 열사가 일본의 방해로 뜻을 이루지 못하고 분사(憤死)[6])하였고, 이것이 계기가 되어 일제가 고종황제의 퇴위를 강요하고 있다는 소식은 이들 세 사람을 망연자실케 하기에 충분하였다.

이러한 때에 흥덕면 후포(後浦)에서 대한협회(大韓協會)[7])가

---

5) 정치가·독립운동가로 1889년 (高宗 26年) 전남 담양에서 태어남. 일본 메이지 대학을 졸업하고 김성수와 함께 민족운동을 전개하는 한편 중앙학교의 교장을 지냈다. 3·1운동을 배후에서 주도하였으며, 후에 동아일보 사장을 역임하기도 하였다. 해방 후 한민당을 조직하여 수석총무(당수격)에 취임하여 정부 수립에 분망 중 1945년 암살당하였음. 오수열, '고하 송진우의 생애에 대한 소고', 「인간과 문화」 통권 제9호(2009), pp.5-33.

6) 元裕漢 外, 『韓國史大系(朝鮮末期)』(서울: 三珍社, 1976), pp.152-156.

7) 구 한말 윤효정(尹孝定) 등이 조직한 국민계몽단체로서, 이들은 백성을 개화·교도시킨다는 명목으로 회를 조직하여 일본인에게서 돈을 받고 나라 안의 모든 일을 조사하여 일본인에게 제보하였다. 그 후 일진회(一進

주최하는 계몽강연회가 열린다는 소식이 들려 왔다. 연사는 군산에 있는 금호학교(錦湖學校)에서 영어와 물리를 가르치고 있던 한승이(韓承履)였는데 그는 세계정세에 대한 설명과 함께 민족의 진로에 대해 열변을 토하였고, 그 가운데에는 주권재민(主權在民), 민권(民權) 등 생소한 말들도 없지 않았다.[8)]

한승이의 강연 내용에 감명을 받은 이들 세 사람은 그를 숙소로 찾아갔고 이 자리에서 한승이는 이들에게 군산에 있는 금호학교를 소개하고 공부를 권유하였다. 그리하여 세 사람은 금호학교에 입학하여 2년 동안 신학문을 배웠고, 1910년 3월 졸업하였다.

금호학교를 졸업한 후 이들 세 사람은 더 넓은 곳으로 가서 공부를 계속하자는데 의기투합하였는데, 결국 인촌과 고하는 일본으로 가게 되었고 근촌은 서울에 있는 경성법률전수학교(京城法律專修學校)에 입학하게 되었는데 이곳에서 근촌은 일본에서 공부를 마치고 귀국하여 교수직에 취임한 가인(街人) 김병로를 만나게 된다.[9)]

1915년 경성법률전수학교를 졸업한 근촌은 조국의 독립을 위한 시민운동을 실천하기 위하여 YMCA에 들어가 청년지도자로서의 길을 걷기 시작하였다. YMCA의 활동 목적은 기독교의 복

會)의 회원들이 내외의 주요관직을 차지한 것을 보고 일진회와 연합하였으나 일진회가 합방(合邦)을 주장하게 되자 여기에서 이탈하여 국민대회를 열고 일진회를 규탄하는 활동을 전개하였다. 한국사대사전편찬위원회, 앞의 책, p.414.

8) 이현희, 『인촌 김성수 연구』(서울: 나남, 2009), pp.51-52.

9) 가인 김병로는 1887년 생으로 가인이 일본에서의 유학을 마치고 귀국하여 경성법률전수학교의 교수직으로 취임한 때는 1915년이고 근촌은 이 학교에 1912년 3월에 입학하여 1915년 3월 졸업하였음으로 두 사람의 상봉은 짧은 기간에 그쳤던 것으로 보인다.

음을 전파하는 것이지만, 이때 YMCA에는 월남(月南) 이상재 선생을 비롯한 민족 선각자들이 적지 않게 활동하고 있었다.[10)]

이처럼 근촌이 YMCA에서 청년지도에 열중하고 있을 무렵인 1914년 김성수가 와세다 대학을 졸업하고 귀국하였다. 호남 재력가의 아들인 김성수는 생부(生父)와 양부(養父)의 재정적 지원으로 이듬해인 1915년에 중앙학교(中央學校)를 인수하여 교육 사업을 시작하였는데 근촌에게 함께 일할 것을 제의하였고, 평소 교육에 관심이 많던 근촌 또한 대단히 의미 있는 일이라고 여기고 참여하였으니 근촌이 27세의 일이다.[11)]

근촌은 중앙학교에서 학생들을 가르치면서 그 자신도 공부를 계속해야 하겠다는 생각이 절실해졌던 것으로 보인다. 그리하여 그는 청련암에서 함께 공부한 김성수와 송진우가 이미 일본 유학을 끝내고 돌아온 뒤늦은 시기인 1917년 29살의 나이에 현해탄을 건너 일본 유학길에 올랐다.

Ⅲ. 일제 하에서의 활동

일본에 도착한 근촌은 메이지 대학 법과에 입학하였고 도쿄

---

10) 예컨대 이승만도 1910년 7월 프린스턴대학교에서 박사학위를 받은 후 10월 귀국하여 1912년 3월까지 YMCA에서 한국인 총무로 이상재·이원금·유성준·안국선 등과 함께 일하였다. 정병준, 『우남 이승만 연구』(서울: 역사비평사, 2005), pp.91-92.

11) 이때 근촌이 가르쳤던 학생으로는 국어학자 이희승, 생물학자 정문기, 여운형의 동생인 여운홍(呂運弘), 윤치영 등이 있다.

의 시모도즈카(下戶家)에 방을 얻어 자취생활을 시작하였다.[12] YMCA에서의 활동과 중앙학교에서의 교편생활 등 한국에서의 경력 그리고 서른에 가까운 그의 나이 때문에 그의 주변에는 자연스럽게 유학생들을 비롯하여 사람들이 모여들 수밖에 없었다.

이 무렵 한국의 일본 유학생은 꾸준히 증가하여 전체 재일교포 수 1만 4,500여 명 가운데 유학생이 580여 명에 이르렀고, 이들은 자연스럽게 여러 가지 명칭의 모임을 결성하게 되었는데 이들 모임은 1912년 10월에 이르러 「동경조선유학생학우회」(東京朝鮮留學生學友會)로 통합 결성되었다.[13]

이처럼 근촌을 포함한 일본 유학생들이 동경조선유학생학우회를 만들고 기관지 '학지광'(學之光)을 발간하면서, 애국심을 키워가고 있던 시기에 러시아에서의 '10월 혁명'과 미국 윌슨 대통령의 '민족자결에 관한 선언'이 들려왔다.

이와 같은 외부의 상황 변화는 독립을 위해 뭔가 해야 한다는 고민과 울분에 쌓여있던 유학생들에게는 커다란 자극이 되었음에 분명하다. 이때 이미 미국의 한국인들이 조직한 대한국인국민회(大韓國人國民會)는 서재필·안창호·이승만 등이 중심이 되어 1919년 4월 한인연합대회를 필라델피아에서 개최하였다.[14] 이

---

12) 尹在根, 『芹村 白寬洙』 (서울: 東亞日報社, 1996), p.53.

13) 도쿄의 한국인 유학생 모임은 1895년 4월 결성된 「大韓朝鮮人日本留學生親睦會」가 최초로 기록되고 있으며, 그 이후 서북 학생 중심의 太極學會, 경상도 학생들의 洛東親睦會, 전라도 학생들의 湖南學會 등 출신 지역별로 다양한 모임들이 결성되었다. 김학준, 『古下 宋鎭禹評傳』 (서울: 東亞日報社, 1990), pp.61-63.

들은 윌슨 대통령에게 한국의 독립을 요망하는 진정서를 제출하였는가 하면 1919년 1월 파리에서 개최되는 평화회의에 이승만·민찬호·정한경 등을 대표로 파견하기로 결정[15]하였고 이러한 소식들이 일본에도 전해졌기 때문이다.

1919년 1월 동경의 조선기독교회관에서 조선인 유학생 웅변대회가 개최되었다. 참석한 학생들은 '민족자결의 원칙' 아래 조선 민족도 독립을 획득해야 하며 이를 위하여 조선 유학생들이 앞장서 싸워야 한다고 열변을 토하였다. 웅변대회가 끝난 후 학생들은 독립을 위한 활동을 지속하기 위한 대표를 뽑자는데 의견을 모으고 근촌·최팔용·윤창석·서춘·김철수·김상덕·이광수·송계백·이종근·최근우·김도연 등 11명을 대표로 선출하였다.[16]

---

14) 이 부분은 각기 다른 주장이 있다. 尹在根 교수는 그의 『芹村 白寬洙』에서 "서재필·안창호·이승만 등이 중심이 되어 워싱턴에서 '조선인 대표자 회의'가 열렸다"고 기록하고 있는 반면, 李庭植 교수는 그의 『구한말의 개혁·독립투사 서재필』에서 "한인연합대회는 마침내 4월 14일부터 필라델피아 시내에 있는 리틀극장(Little Theatre)에서 열렸는데 … 필립 제이슨의 상점에서 아주 가까운 곳에 있었다."고 기록하고 있는 것이다. 이 분야에 관한 연구에서 이정식 교수가 갖는 전문성에 비추어 볼 때 아마도 회의 개최 지점은 필라델피아였을 것으로 보인다.

15) 李庭植, 『구한말의 개혁·독립투사 서재필』(서울: 서울대학교출판부, 2004), p.287.

16) 이 부분에 관하여 윤재근 교수는 『芹村 白寬洙』에서 당초 회의에서 선출된 대표는 김철수와 이광수가 포함되지 않고 전영택이 포함된 10인이 선출되었으나 그 후 전영택이 병환으로 사임하고 김철수와 이광수가 추가되었다고 기술하고 있는 반면, 정치평론가 김삼웅 前 독립기념관장은 『김상덕 평전』에서 김도연 회고록에 기초하여 회의에서 11명이 대표로 선출되었다고 기술하고 있다. 그러나 김삼웅 관장도 곧이어 전영택이 사임함에 따라 이광수와 김철수가 추가되었다고 기술하고 있는 것으로 보아 아마도 김도연의 회고에 착오가 있었던 것으로 보인다.

이들 대표들에게 가장 시급한 일은 독립선언서(獨立宣言書)를 작성하는 일이었다. 대표들은 이 일을 추진하고 독립선언서를 발표하는데 '학우회'나 '유학생친목회'의 이름은 적합하지 않다고 판단하고 '조선청년독립단'을 조직하기로 결정하였으며[17] 근촌이 단장으로 추대되었다. 이광수가 문건을 작성하기로 하고 인쇄는 근촌이 맡고[18] 본국에 파견될 학생을 선발하는 일은 최팔용이 담당하기로 하였다.

2월 8일 도쿄기독교청년회관에서 역사적인 '2·8독립선언서'가 발표되었는데, 근촌이 독립선언서를, 김도연이 결의문을 낭독하였다. 이 사건으로 말미암아 이미 국내로 들어간 이광수를 제외한 서명자 10명 등 모두 17명이 검거되었고 6월 10일 재판부는 최팔용과 서춘에게 금고 1년, 근촌·김도연·김철수·윤창석에게 금고 9개월, 송계백·이종근·김상덕에게 금고 7개월 15일을 선고하였다.[19]

이듬해인 1920년 3월 근촌을 포함한 젊은 투사들이 출옥하였다. 2·8독립운동에 참여했던 청년유학생들이 출옥 후 일제의 탄압을 피해 대거 상하이를 비롯한 중국으로 망명한 것과는 달리 근촌은 1921년 메이지대학을 졸업하고 귀국 길을 택하였다.

---

17) 김삼웅, 『김상덕 평전』(서울: 책보세, 2011), p.31.

18) 이에 대해 윤재근 교수는 『芹村 白寬洙』에서 "문체나 문장의 내용 등으로 볼 때 '2·8독립선언서'를 이광수가 작성 하였다기보다는 근촌이 주도적으로 작성한 다음 이광수가 문장을 다듬었다고 하는 것이 사리에 맞다"고 주장하고 있으나, 여타의 여러 문건에서는 이광수가 문안을 작성하였다고 하고 있는 것으로 보아 '2·8독립선언서'는 두 사람이 함께 작업한 결과라고 하는 것이 타당하다고 하겠다.

19) 尹在根, 앞의 책, p.84.

귀국 후 근촌은 우익 진영의 지식인들이 중심이 되어 추진한 '물산장려운동'(物産奬勵運動)에 참여하였다. 1922년 봄 조만식(曺晩植)이 평양을 중심으로 한 관서지방의 각계 지도자들과 함께 논의를 시작하여 8월 평양에서 '조선물산장려회'가 발족되었고 1923년 1월에는 서울에서 '조선물산장려회'가 창립되면서 활기를 띄었던 이 운동의 근본 취지는 이미 2·8독립선언서에서도 명백히 언급될 만큼 근촌의 생각과도 일치하는 것이었기 때문에 근촌이 이 일에 동참하게 된 것은 극히 자연스러운 일이었던 것으로 보인다.

서울의 조선물산장려회에서는 1923년 5월에 들어와 소비조합(消費組合)을 설치하기도 하고 기관지 「산업계」(産業界)를 발간하기로 결정하였는데 이에 근촌은 송진우·고용환·설태희와 함께 그 설립준비위원에 선임되기도 하였다.[20] 그러나 근촌이 많은 관심을 기울였던 물산장려운동은 이 운동이 자본가들의 이익을 도모하는 것에 지나지 않는다는 비판과 1931년 만주사변 이후 더욱 강화된 일제의 민족운동에 대한 탄압으로 더 이상 활성화되지 못한 채 쇠퇴의 길에 접어들게 되었다.

근촌이 서울에서 물산장려운동에 참여하고 있을 무렵인 1925년 7월 미국의 하와이 호놀룰루에서 '민족기독교청년회'가 주최하는 제1회 '汎태평양기독교청년대회'가 열린다는 소식이 들려왔다. 태평양지역의 각 민족대표들이 모여 정치·경제·사회·교육

20) 이 무렵 일본에서 귀국한 후 동아일보사의 일에 참여하였던 송진우가 물산장려운동에 참여하였다는 사실은 그의 전기를 통해서도 확인되고 있다. 김학준, 앞의 책, p.177.

등 현안을 논의하기 위한 취지의 회의였는데, 미국·캐나다·일본·중국·필리핀·오스트레일리아 외에 조선도 초청되었다.

조선 측 대표로 국내에서는 근촌·신흥우·송진우·유억겸·김양수·김종철이, 그리고 미국에서는 서재필·김활란이 참석하였다.[21)] 회의 기간 중 근촌은 그곳에서 독립운동을 하고 있던 이승만과 사탕수수밭에서 일하며 살고 있는 많은 동포들을 만났다. 아마도 적지 않는 감명을 받았을 것이다. 이러한 연유였는지는 몰라도 근촌은 1927년의 제2회 대회와 1929년의 제3회 대회에도 계속 참가하였다.

이처럼 근촌이 제1회 대회 이래 제3회 대회에 이르기까지 汎태평양기독청년대회에 참가하면서 국제정세에 대한 시야를 넓히고 있을 무렵, 독립운동을 전개하던 지도층 그룹에서는 운동의 내용과 방법을 둘러싸고 심각한 내적(內的) 갈등이 전개되고 있었다. 1920년대 초 물산장려운동을 전개하였던 송진우·최원순·신석우·안재홍·최린·이승훈·조만식 등 온건우익진영에서는 민족경제의 진흥과 함께 민족을 계몽시키는 일이 시급하다는 인식 하에 1923년 이를 위한 조직을 만들었다. 연정회(硏政會)[22)]가 그것이다.

---

21) 尹在根, 앞의 책, p.119.

22) 3·1독립운동의 좌절과 민립대학설립운동 및 물산장려운동의 실패 후 도쿄제국대학법학부 요시노 사쿠조(吉野作造) 교수의 '조선 자치론'에 영향 받은 국내 지도층 일부에서 실력배양론에 근거하여 1923년 말부터 합법적 정치운동의 도모를 위한 조직으로 출범시킨 단체로서 송진우와 안재홍·조만식·이승훈 등 16~17명이 포함되었다. 오수열, "고하(古下) 송진우의 생애에 대한 소고(小考)", 『인간과 문화』 통권 제9호(2009), p.21.

연정회가 창립되기 전 상하이 임시정부 기관지인 「독립신문」의 주필로 활동하던 이광수가 1921년 3월 귀국하여 천도교의 월간지 『개벽』 1922년 5월호에 장문의 논설 '민족개조론'을 발표함으로써 사회 전반에 엄청난 충격을 던졌으며 이 논설로 인하여 이광수는 많은 사람들로부터 지탄을 받게 되었다.[23] 흥미로운 일은 이 무렵 송진우도 「개벽」 1924년 4월호에 '무엇보다도 힘'(最近의 感)이라는 논설을 게재[24]하여 약소민족으로서의 힘의 한계를 지적하고 이를 극복하기 위해서는 힘을 길러야 하고 전 민족이 단결해야 한다는 것을 강조하고 있었다는 것이다. 물론 송진우의 글 어디에서도 요시노의 자치론에 동조한 흔적을 찾아볼 수 없지만, '힘의 배양'을 강조하고 있다는 점에서 '점진적 독립론'에 가까운 논지라고 해석할 수도 있을 것이다. 따라서 이 무렵 일부 인사들이 제기한 '실력배양론'은 3·1운동의 실패로부터 도출된 하나의 사상적 경향이라고 보아야 할 것이다.

반면 상하이의 임시정부를 비롯하여 만주의 통의부·참의부·신민부·정의부 등 민족주의 독립군 단체들과 국내의 비타협적 민족주의자들은 '민족의 완전독립'을 절대 목표로 천명하고 온갖 어려움 속에서도 투쟁을 계속하고 있었던 바 이들에게 온건론과 점진적 실력배양론은 변절로 인식될 수밖에 없었고, 조선공산당(朝鮮共産黨)[25]과 고려공산청년회 등 독립운동에 대중의 참여

---

23) 李炫熙, 『韓國史大系(日本强占期)(서울: 三珍社, 1976), p.215-219.

24) 古下先生傳記編纂委員會, 『獨立을 향한 執念』(서울: 東亞日報社, 1990), pp.252-253.

25) 1920년부터 1946년까지 한국에 있었던 공산주의자들의 조직임. 1919년 3·1운동의 결과 평화적 방법으로는 민족독립이 불가능하다는 경험

를 강조하고 있던 사회주의 계열에게 있어서도 이들 온건론은 타협주의로 인식될 수밖에 없었다.

이처럼 독립운동을 놓고 대립현상이 나타남에 따라 이들 간에 좌우(左右)를 망라한 협동전선(協同戰線)을 구축해야 할 필요성이 제기되게 되었고, 근촌은 이 일에 관여하게 되었다. 1925년 이러한 목적으로 조직된 단체가 '조선사정연구회'(朝鮮事情研究會)로 여기에는 기왕의 연정회에 참여했던 인사들은 물론이고 근촌을 비롯하여 백남훈·백남운 ·박찬희·홍성하·김준연·안재홍·조병옥·홍명희·유억겸·최두선 등이 포함되어 있었다.[26]

여기에 참여한 인물들의 면면에서 조선사정연구회가 지향하는 목표가 분명해지고 있다. 즉 실력배양론을 주장한 연정회 측 멤버들 외에 소설 『임꺽정』의 작가로 유명한 홍명희[27]와 ML당의 멤버였던 김준연 그리고 맑시스트 사회경제학자인 백남운 등이 참여하고 있는 데에서 볼 때 이 조직은 좌우를 망라한 민족통합전선을 추구하였던 것이 분명해지고 있다. 그러나 이들이 9월 15일 돈의동 명월관 회동에서 합의한 다음과 같은 내용으로 볼 때 극단적 사회주의에 동조하지 않았던 것은 분명히 드러나고 있다.

을 토대로 제3인터내셔널이 민족독립운동은 계급투쟁과 결합함으로써만 가능하다고 결정함에 따라 해외로 망명한 한명길(韓明吉) 등이 1921년 4월 이르쿠츠크에서 공산당을 조직한 것이 그 출발임. 국내에서는 제3인터내셔널의 지도 하에 1925년 4월 조선공산당이 결성되었는데 이들은 일제 하에서 계급투쟁과 민족독립을 결합한 운동을 전개하였고 신간회(新幹會)를 통하여 전국적 조직을 갖추게 되었음. 편찬위원회, 『政治學大辭典』 (서울: 博英社, 1975), pp.1409-1410.

26) 李炫熙, 『韓國史大系(日本强占期)』 (서울: 三珍社, 1976), p.218.

27) 編纂委員會, 『北韓大辭典』 (서울: 공산권문제연구소, 1979), p.1473.

"극단의 공산주의를 주장하고 외국의 제도·문물·학설과 같은 것을 그대로 섭취하여 조선에 통용 실시코자 하는 등, 과격한 주장을 하는 이가 있으나 조선에는 조선의 역사가 있고, 독특한 민족성이 있으니 이러한 행위는 한국민족을 자멸케 함이 될 것임으로, 그 가부를 연구하여 장소(長所)를 취해 민족정신 보호에 노력하지 않으면 안 된다"[28)]

이 무렵 근촌은 조선일보에 몸담고 있었다.[29)] 이러한 노력으로 탄생한 것이 범민족독립운동단체로는 가장 규모가 컸고 사회에 미친 영향 또한 적지 않았던 신간회(新幹會)이다. 1927년 2월 15일의 창립총회에서 회장에는 이상재가, 부회장에는 홍명희(본인의 고사로 전형위원회에서 권동진이 선출됨)가 선출 되었고 근촌은 안재홍·신석우·김준연 등과 함께 35명의 간사 가운데 한명으로 선출되었다.[30)] 근촌은 1929년 6월 신간회가 간사

28) 李炫熙, 『韓國史大系(日本强占期)』, p.218.

29) 근촌이 조선일보에 몸담은 시기에 관하여 尹在根 교수는 그의 저서 부록(芹村年譜)에서 1926년 12월에 조선일보 편집인 겸 영업국장에 취임하여 1928년 9월 사임한 것으로 기록하고 있다. 그러나 許彬 선생이 쓴 『朗山 金俊淵』에서는 김준연이 1925년 11월 1일 독일 유학을 마치고 귀국 길에 상하이에 도착하였을 때 조선일보 이사인 근촌이 마중 나왔고 그의 제의에 따라 동년 2월 귀국하여 조선일보 논설위원이 되었다고 기록하고 있으며 더 나아가서는 근촌의 조선일보 입사에 관하여 1924년 9월 신석우가 회사를 인수한 후 사장에 이상재를 이사에 백관수·민태원·김동성·안재홍을, 주필에 안재홍을 그리고 편집국장에 민태원을 기용하였다고 상술하고 있다. 이로 볼 때 근촌이 조선일보에 이사(理事)로 입사한 때는 1924년 9월이지만 편집인 겸 영업국장에 임명된 것은 1926년 12월인 것으로 보인다. 許彬, 『朗山 金俊淵』(서울: 자유지성사, 1998), pp.56-58.

30) 李炫熙, 『韓國史大系(日本强占期)』, p.223.

제를 폐지하고 중앙집행위원제를 채택함에 따라 중앙집행위원이 되었고 후일에는 출판부장으로 임명되어 일하게 되었다.

근촌이 조선일보에 재직하면서 신간회 일에 열중하고 있을 때에도 일제의 언론탄압은 계속되었다. 1928년 9월 근촌은 조선일보에서 사임하였고, 잠시 동안의 휴식 후에 홍문사(弘文社)를 설립하여 1932년 4월 월간지(月刊誌) 「동방평론」(東方評論)을 창간하였는데, 이는 민중을 계몽하는데 일간지가 갖는 한계를 극복해 보려는 생각에서였던 것으로 보인다. 동방평론은 최린·서춘·신흥우·김병로 등 당대 논객들의 주옥같은 글들이 게재되었던 데에서 근촌의 의도가 잘 나타나고 있다. 이 무렵 근촌은 송진우와 함께 이충무공유적보존회(李忠武公遺蹟保存會)를 만들고 현충사와 제승당을 복원하는 등 민족정신을 앙양하는 데에도 힘을 기울였다.

이 무렵 근촌의 활동 가운데 특이한 것은 근촌이 여성교육에도 관심을 가졌다는 것이다. 즉 최초의 여성교육 기관이던 이화여자전문학교의 경영을 맡았던 감리교 주한여선교회(Korea Woman's Conference)가 3·1운동 이후 고조된 한국의 교육열을 감안하여 1932년 이화여전의 경영권을 한국인에게 넘기려고 할 때, 이를 수용하기위해 조직한 '이화여전후원회'에 유억겸, 신흥우, 여운형, 송진우 등과 함께 25명의 위원 중 한사람으로 참여한 것이다.[31] 이는 근촌이 매우 완고한 유학교육을 받았음에도 불구하고 남녀평등의 사고와 여성교육의 중요성을 인식하고

---

31) 양현혜, 「빛과 소망의 숨결을 찾아」(서울: 이화여자대학교출판부, 2005), pp.103-107.

있었음을 보여주는 것이다.

1937년 뜻밖의 일로 근촌은 동아일보의 사장에 취임하게 되었다. 그 전 해인 1936년 8월 동아일보가 베를린 올림픽에서 우승한 손기정 선수의 기사에서 일장기(日章旗)를 지운 사건으로 총독부로부터 정간(停刊)에 이어 폐간의 압력까지 받게 된 것이다. 이에 동아일보는 폐간을 면하기 위하여 사장인 송진우, 주필 김준연, 편집국장 설의식, 취체역 김성수가 일괄 사퇴하면서 근촌을 사장으로 영입한 것이다. 취임 초 근촌은 주필과 편집국장까지 겸직해야만 하였다.[32)]

1937년 5월 총독부의 속간 허가와 함께 제7대 사장에 취임한 근촌은 회사의 침체된 분위기를 살리기 위해 진력하였는가 하면, 일제의 압력으로 신문을 통한 민족정신 선양에 한계가 있자 스포츠·연극·음악 등 각종 행사의 개최를 통해 민족정기를 진작시키려고 노력하였다. 정구대회와 연극경연대회를 주최하였는가 하면 당대의 작곡가인 채동선과 박태준의 신곡을 성악가·연주가들로 하여금 발표토록 하였던 것이다.[33)]

이처럼 근촌이 동아일보에 심혈을 기울이고 있던 1940년 4월 1일 동아일보는 창간 20주년을 맞았다. 그러나 1940년의 시대적 상황은 일제의 발악이 그 도(度)를 더해가고 있는 가운데 총독부의 통치 역시 그동안 외양적으로 추진하여 왔던 문화통치(文化統治)의 굴레를 벗어 던지고 전시보국(戰時報國)을 기치로 내걸기 시작 하였다. 일제가 민족 언론을 말살하기 위하여 온

32) 金學俊, 앞의 책, pp.252-256.
33) 尹在根, 앞의 책, p.180.

갖 휼계를 총동원하여 언론 통폐합을 추진한 것도 이러한 맥락에서였다. 1940년 8월 동아일보도 더 이상 버티지 못하고 폐간을 받아들일 수밖에 없었다. 누군가 표현한 것처럼 '조선인의 심장'이 멈춘 것이다.

Ⅳ. 광복 이후의 활동

일제의 발악은 1941년 12월 7일 하와이 진주만 기습으로 이어졌고, 이는 일제의 패망을 재촉하는 길이 되었다. 마침내 1945년 8월 15일 일제는 항복을 선언하였다. 그러나 일본의 항복이 있기 전부터 조선의 정국(政局)은 '일본의 패망 이후 조선의 질서를 유지할 책임자로 누구를 세울 것인가'하는 문제를 두고 적지 않는 혼란에 직면해 있었다.[34]

우여곡절 끝에 여운형(呂運亨)에게 그 책무가 돌아갔으며, 여운형은 해방과 함께 이전부터 그가 관계해 오던 '조선건국동맹'을 동원하고 안재홍과 합작하여 8월 14일 '건국준비위원회'(建準)를 결성함으로써 정국 장악에 나섰다.[35] 이는 상하이의 '대한민국임시정부'의 정통성을 인정하고 임정의 귀국을 기다려야 한다고 주장하는 송진우·김성수 등 온건민족주의자들의 주장과는 매우 다른 것이었다.[36] 지도층의 분열상이 심각해진 것이다.

---

34) 오수열, 낭산(朗山) 김준연의 생애와 정치이념, 『서석사회과학논총』 제2집 2호(2009), p.14.

35) 위의 책, p.14.

이러한 상황에서 근촌은 김병로(金炳魯)·이병헌 등 옛 신간회 동지들이 발기한 고려민주당(高麗民主黨)에 참여하였고, 이 고려민주당은 원세훈·김용무·나용균·김약수·한상훈·이인·조병옥 등이 참여하여 조선민족당(朝鮮民族黨)으로 발전하였다.[37]

근촌은 김병로 등과 뜻을 같이하여 정당에 참여하기는 하였으나, 근촌의 근본 뜻은 민족진영이 대동단결하여 이미 민족국가 건설보다는 공산당의 집권을 위해 독자세력화의 길을 걷기 시작한 좌익을 견제하는데 있었다. 그리고 그러한 대동단결에는 여운형까지도 포함되어져야 한다는 것이 근촌의 생각이었다. 그러나 송진우는 건국준비위원회 내에서 여운형이 좌익을 견제하지 못할 것을 예상하고 있었고, 좌익에 편승해가는 여운형을 신뢰하지 않았다. 근촌이 추진했던 전민족의 대통합이 빛을 발하지 못한 것이다.

더욱이 건준이 출범한지 얼마 되지 않는 9월 6일 박헌영(朴憲永)을 중심으로 하는 좌익들이 경기여고 강당에서 '전국인민대표자대회'를 개최하고 소위 인민공화국(人民共和國)을 수립함으로써 건준에 참여했던 그들의 의도가 어디에 있었는지가 분명해졌다. '건준'은 그 다음날 '발전적 해체'를 선언함으로써 불과 20일 만에 그 운명을 다하고 말았다.

이때 보수우파(保守右派) 진영의 결집체로 출발한 조직이 한국민주당(韓國民主黨)으로 여기에는 근촌·김병로·이인·김용무·나용균 등이 참여한 조선민족당계와 원세훈·이병헌·송남헌·현동원 등의 고려민주당계, 송진우·김성수·장덕수·김준연 등

36) 李甲秀·宋建鎬, 『韓國史大系(現代)』(서울: 三珍社, 1976), pp.26-27.
37) 金玟河, 『韓國政黨政治論』(서울: 大旺社, 1983).

의 국민대회준비위원회계(國民大會準備委員會系), 백남훈·윤보선·윤치영·조병옥·유억겸 등의 한국국민당계 그리고 홍명희·김약수·조헌영 등의 사회주의계가 모두 포함되었다.[38] 근촌은 창당대회에서 '창당선언문'을 낭독하였고 1도(道) 1총무(總務)의 원칙에 따라 선출된 총 8명의 총무 가운데 전라북도를 대표한 총무에 선출 되었다.[39]

한민당이 창당된 후에도 좌우(左右) 간의 대립은 계속되었고 정당(政黨)이 우후죽순처럼 조직되면서 정국의 혼란은 계속되었다. 이러한 가운데 10월 16일 이승만이 미국으로부터 귀국하였고, 10월 21일에는 김구를 비롯한 임정요인들이 중국으로부터 귀국함으로써 정국이 새로운 단계에 들어서게 되었다.

근촌은 이승만과 임정의 귀국을 환영하면서 두 세력이 합심할 것을 기대하였다. 그러나 이승만은 이미 임정의 영향권을 벗어난 상태였고, 임정의 일부 인사들은 한민당을 멀리 하였다.

이 무렵에 들어와 근촌은 공개적으로 공산계열에 대한 비판을 마다하지 않았다. 12월 18일 근촌의 원남동 자택에 수류탄이 날아든 사건은 이와 무관하지 않는 것으로 알려지고 있다.

이 무렵 정국의 가장 큰 이슈는 모스크바에서 개최된 3상회의에서의 신탁통치 결정을 두고 전개된 논란일 것이다. 국론은 분열되었고, 정국은 혼란의 도를 더해갔다. 12월 30일 한민당의

38) 9월 16일 경운동 천도교 강당에서 거행된 창당대회에는 1,600여 명이 참석하였는데 여기에서 영수에 이승만·김구·서재필·이시영·문창범·권동진·오세창 7인을 추대하고 수석총무에 송진우를 선출하였다. 李基澤, 『韓國野黨史』 (서울: 백산서당, 1992), pp.11-14.

39) 위의 책, pp.11-14.

수석총무 송진우가 원서동 자택에서 암살당하는 불행한 사건이 발생하였다.

이처럼 신탁통치문제를 두고 대립이 격화되고 정국이 혼란하게 되자 미군정(美軍政)은 과도정부 수립을 위한 자문기관으로 민주의원(民主議院)[40]을 구성하였는데 근촌도 의원으로 참여하였다.

한편 소련군(軍) 점령 하에 있는 북한에서는 1946년 2월 발족한 '임시인민위원회'가 토지개혁을 포함한 강령을 채택하고, 8월에는 '북조선노동당'이 결성되는 등 소련의 지배가 구체화됨에 따라 하지(J·R. Hodge)장군은 자신의 권한 하에 법령을 제정할 권한을 갖는 입법기관을 한국인으로 구성하였다. '남조선과도입법의원(南朝鮮過渡立法議院)'[41]이 그것이다. 김규식이 의장으로 선출되었고, 근촌도 입법의원으로 참여하였다.

1947년 12월 2일 장덕수가 제기동 자택에서 피살당하였다. 송진우·여운형에 이어 또 다시 민족지도자 한 명이 암살당한 것이다. 정국은 혼란이 계속되었고, 이제 이슈는 단독정부(單獨政府) 수립으로 옮겨지게 되었다. 한민당은 남한만의 선거가 불가피하다는 것을 당론으로 결정하였고, 김구를 중심으로 한 임정계는 이를 반대하면서 '남북한연석회의'의 참가를 주장하였다. 그

---

40) 1946년 2월 14일에 설치된 주한미군 사령관의 최고자문기구. 이는 한인정부(韓人政府)의 수립을 위해서 한국인의 정치참여를 도모하는 수단으로 설치되었으며, 의장에 이승만, 부의장에 김구, 김규식, 의원에 원세훈·안재홍 등 28명이 위촉되었으며 주로 우익계 지도자들이 여기에 참여하였다. 편찬위원회, 『政治學大辭典』, p.628.

41) 金雲泰 外, 『韓國政治論』(서울: 博英社, 1989), p.285.

러나 1948년 5월 평양에서 개최된 회의에서 김구 일행은 아무런 성과도 올리지 못한 채 돌아왔다.42) 마침내 1948년 5월 10일 제헌국회를 구성하기 위한 선거가 남한에서 실시되었고, 근촌은 고향인 전북 고창군 을구(乙區)에서 당선되었다. 근촌은 제헌국회에서 법제사법위원회 위원장과 헌법기초위원회 위원으로 선출되었다.

제헌국회의 가장 큰 책무는 헌법을 제정하는 일이었고, 그 핵심은 권력구조를 정하는 것이었다. 제헌국회 내에서는 '내각책임제'가 지배적이었으나 사실상 대통령으로 내정된 이승만은 '대통령책임제'를 주장하였다. 근촌은 내각책임제를 주장하였지만 정부수립에 따른 시간상의 제약과 대안부재(代案不在) 등이 고려되어 이승만의 주장대로 대통령중심제가 채택되었다. 여기에서 근촌이 내각책임제를 주장한 것이 결국은 근촌이 이승만 반대세력으로 몰리게 되는 결과를 가져왔고 이는 1950년 5월 30일에 실시된 제2대 국회의원 선거에서 근촌의 낙선43)으로 이어지게 되었다.

근촌이 낙선의 충격 속에서 야인(野人)으로 돌아와 신생 조국

---

42) 解放二十年史編纂委員會, 『解放二十年史』(서울: 希望出版社, 1965), pp.228-231.

43) 제2대 국회의원선거에서 근촌은 고향에서 일제 시 유명한 비행사였던 신용욱과 경쟁하였으나 패배하였다. 신용욱은 해방 후 친일파로 지목되어 반민특위에서 조사를 받기도 했으나 근촌을 낙선시키려는 이승만의 전폭적인 지원을 받았다. 당시 민심은 이승만도 싫어하였지만 내각제 개헌을 외친 민국당도 외면하였다. 총 210석의 의석 가운데 여당이 56석, 민국당을 비롯한 야당계열이 26석인 반면 무소속 당선자가 128명에 이른 것이 이를 증명해주고 있다.

을 위하여 독재정권에 대한 항쟁을 다짐하고 있을 때 6월 25일 민족의 대비극인 6·25전쟁이 발발하였다. 서울 사수(死守)를 공언한 이승만을 비롯한 정부는 국민의 안위를 책임지지 않고 대전으로 후퇴하였다. 근촌도 피난을 위해 한강까지 갔지만 지도층이 국민을 버리고 떠날 수는 없다는 생각으로 집으로 되돌아왔다. 그러나 거기에는 북한 '정치보위부원'들이 기다리고 있었다. 납북된 근촌은 북한의 갖은 회유와 억압에도 지조를 지키면서 고난을 감수했던 것으로 알려지고 있다. 형언키 어려운 고난 속에서도 고향으로 돌아갈 수 있다는 희망을 잃지 않았던 근촌은 악화되어 가는 건강으로 1961년 3월 초 평안북도 선천의 결핵요양병원에서 숨을 거둔 것으로 알려지고 있다.

V. 백관수의 정치이념

이념(Ideology)의 사전적 의미는 "경험을 초월하여 순수한 이성(理性)에 의하여 얻어지는 개념으로 모든 경험을 통제하는 최고의 정신적·절대적 실재"를[44] 뜻하고 있지만 보편적으로는 가치체계를 뜻한다고 할 수 있다. 그러나 철학적으로 본다면 이념은 인간의 의식을 사회적·역사적 존재와 연관되어 있는 것으로 파악하고 있다.[45] 따라서 한 개인의 정치이념은 그가 걸어온 삶

44) 편찬위원회, 『국어대사전』, (서울: 民衆書館, 2000), p.1986.
45) 편찬위원회, 『政治學大辭典』, p.1160.

의 행로(行路)와 떼어서 생각할 수 없을 것이다.

이러한 측면에서 볼 때 근촌의 정치이념은 그가 태어나 성장했던 조선 말기의 시대적 혼란과 대부분의 삶을 살았던 일제 강점기 속에서의 인간적 고뇌와 깊이 연관되어 있다고 보아야 한다.

우선 근촌은 함께 교유하며 우정을 나누었던 동향의 김성수와는 달리 소농(小農)의 집안에서 태어나 신식교육을 받지 못한 채 서당(書堂)에서 한학(漢學)을 익히는 등 어린 시절을 가난하게 보냈다. 그리하여 근촌은 김성수·송진우와는 달리 29세라는 뒤늦은 나이에야 일본 유학길에 오를 수 있었던 것이다. 따라서 필자는 이처럼 근촌이 살았던 삶의 괘적과 그가 남긴 많지 않은 글 그리고 한시(漢詩) 등을 바탕으로 그의 정치이념을 살펴보고자 한다.

첫째, 근촌이 평생을 통하여 가장 중요하게 생각했던 가치는 조국의 독립이었다. 근촌과 비슷한 시대를 살았던 대부분의 독립지사들이 그랬던 것처럼 근촌에게 있어서 가장 가슴 아픈 일은 자신과 가정의 곤란이 아니라 근대화에 뒤진 조국이 일제에 식민지로 전락한 현실이었다. 이는 근촌이 태어나 성장한 1890년대의 시대적 상황 속에서 어린 근촌의 뇌리 속에 자연스럽게 자리 잡은 것으로 볼 수 있을 것이다. 즉 1890년 초 조선은 탐관오리에 대한 농민들의 저항이 각 지방에서 우후죽순처럼 발발하였고, 이는 마침내 근촌이 태어난 지 5년 뒤에 전봉준이 이끈 고부민란(古阜民亂)으로 나타났다. 이처럼 고부민란이 계기가 된 동학농민혁명을 진압하는 과정에서 조선정부가 끌어들인 외세(外勢)가 국권상실의 중요한 요인이 되었음은 여기에서 재론할 필요가 없을 것이다.

더욱이 근촌은 사리분별이 가능한 10대 중반에 이르러 러일전쟁을 겪었고, 이를 계기로 하여 일본의 조선침탈이 본격화 된 것을 목격하였다. 뿐만 아니라 이처럼 암울한 조국의 현실에 격분한 종형(從兄) 갑운(甲蕓) 백인수의 자결을 겪으면서 성장한 근촌의 뇌리 속에는 잃어버린 국권의 회복이 그의 평생 사명으로 자리매김 되었다고 할 수 있다.

그는 당시의 다른 선각자들과는 달리 29세라는 적지 않는 나이에 일본 유학길에 올랐다. 그럼에도 그는 만학도들에게서 찾아볼 수 있는 일반적인 현상 즉, 대의(大義)를 위한 일보다는 가정의 생계와 같은 개인적 일에 몰두하지 않았고 2·8독립운동에 앞장서는 등 유학기간 내내 조국의 독립을 위해 헌신하였던 것이다.

둘째, 독재에 저항하고 민주주의의 정착을 위해 헌신하였다는 것이다. 근촌은 신식교육을 받기 전에 유교에 토대를 둔 한학(漢學) 교육을 받은 사람이다. 근촌이 익힌 유교의 기본 정신은 민주적인 것 보다는 '장유유서'와 '봉건제' 등 기존 질서에 대한 존중에 있음에도 불구하고, 근촌은 대한민국정부가 수립된 후 이승만의 독재가 대두되기 시작하자 결연히 반대의 입장에 섬으로써 선비정신을 유감없이 보여 주었다. 그가 '내각제 개헌'에 앞장섰고, 이를 계기로 이승만에게 제거의 대상으로 인식되게 되었으며 마침내 1950년 5월 실시된 제2대 국회의원 선거에서 낙선의 고

배를 들게 되었다는 것은 알려진 바와 같다.[46)]

셋째, 근촌은 확고하게 공산주의에 반대하였다는 점이다. 근촌이 언제부터 공산주의에 반대하는 생각을 갖게 되었는지에 대해서는 정확하게 진단할 수 없다. 다만 그가 1930년 신간회의 중앙집행위원과 출판부장으로 활동하면서 독립을 위한 '전민족협동전선'으로 신간회(新幹會)에 많은 기대를 갖고 있었던 것은 분명하며 그럼에도 불구하고 소련의 사주를 받은 좌파들 때문에 신간회가 내분에 휩싸이게 되고 지리멸렬하게 된 것을 목격한 것이 중요한 계기가 되지 않았을까 생각한다.

뿐만 아니라 근촌이 공산주의에 대해 부정적 시각을 갖게 된 것은 이른바 해방정국(解放政局) 하에서 좌익들이 보인 분열적 책동에 대한 실망 또한 적지 않게 작용하였을 것으로 보인다. 사실 근촌은 해방정국에서 민족의 완전한 독립과 새 정부의 수립을 위해서는 좌(左)도 아니고 우(右)도 아닌 민족의 대단결이 필요하다는 입장이었다. 그리하여 근촌은 김병로 등과 함께 여운형이 주도한 건준(建準)에도 흔쾌히 참여하였다. 그러나 건준 내의 좌익계열은 민족의 대동단결을 통한 완전한 통일국가의 수립보다는 '인민공화국'의 수립에 급급하였고 심지어는 건준에서 여운형을 허수아비로 만드는 일마저도 서슴치 않았던 것이다. 대의명분을 중시하는 선비의 기질이 몸에 밴 근촌에게 이처럼 이

---

46) 이때 선거에서는 근촌 뿐만 아니라 이승만에 반기를 들었던 민국당(民國黨)의 간부들인 백남훈·조병옥·김준연·김도연·이영준 등도 모두 낙선하였다. 이승만 정부의 조직적인 낙선공작이 작용하였음을 증명해 주고 있다.

기적 행동을 마다하지 않는 좌익에 대한 반감은 당연한 일이었을 것이며, 이러한 그의 신념은 북한으로 납북된 뒤의 행적에서도 여실히 나타나고 있다. 그는 북한이 요구한 대남방송을 거부하였을 뿐만 아니라 북한의 배후조종으로 납북인사들로 구성된 재북평화통일촉진협의회(在北平和統一促進協議會)에 대해서도 비협조적인 태도를 견지한 것으로 알려지고 있다.[47)]

Ⅵ. 맺는말

지식인이 격동의 시대를 살아가는데 어찌 어려움이 없을 수 있겠는가. 더욱이 조국의 국권이 상실 당하는 참담함에 처하여 선비정신이 몸에 밴 근촌으로서 일제에 저항한다는 것은 너무나도 당연한 일이었을 것이다. 그리하여 그는 29세라는 늦은 나이에 유학길에 올랐음에도 나이를 뛰어 넘어 유학생들과 함께 '2·8독립선언서' 낭독을 주도하였고, 이러한 그의 항일정신은 일제 통치기간 내내 그의 사상과 활동의 근간을 이루었다.

1921년 메이지대학을 졸업하고 귀국한 근촌은 물산장려운동에 참여하고 하와이에서 개최된 「범태평양기독교청년대회」에 참가하는 등 민족자강(民族自强)을 위해 노력하다가 1926년 조선일

47) 북한은 정인보·이광수·최린·현상윤·조소앙·최규동·김용무 그리고 근촌 등 납북된 유명 인사들을 선전(宣傳)에 활용하기 위하여 대남방송에 내세우는 등 적지 않는 노력을 기울였다. 그러나 근촌은 대남방송에 나서지 않았으며 북한이 의도한 조직체의 결성에도 호의적이지 않았다. 尹在根, 앞의 책, pp.276-284.

보의 편집인 겸 영업국장에 취임함으로써 활동의 보폭을 크게 넓히게 되었다. 독일 유학에서 막 돌아온 김준연을 조선일보에 입사시켜 모스크바 특파원으로 파견한 것도 근촌이었다. 근촌이 파견한 김준연이 소련공산당 중앙위원회 확대회의를 참관하고 「이스베스차」에 게재된 부하린(N. I. Bukharin)의 논문 '농촌과 도시와의 관계'를 입수하여 조선일보에 연재한 것은 특이할만한 일이다.

근촌이 조선일보에 재직 중 독립을 위한 민족 역량의 결집을 위해 조직된 '신간회'에 참여했던 데에서 근촌의 이념적 스펙트럼이 잘 나타나고 있다. 즉 근촌은 일관되게 민족의 대동단결만을 생각하였을 뿐 좌(左)·우(右) 어느 쪽에도 편향되지 않았다. 그가 조선일보를 그만둔 후 발간한 월간지 「동방평론」을 통하여 이념을 떠나 당대의 기라성 같은 논객들의 글을 실었던 데에서도 그의 이념적 지향이 분명해지고 있다.

따라서 후일 그에게서 나타난 반공적 태도는 그의 본 모습이라기보다는 신간회에 참여했을 때와 해방정국에서의 활동을 통해 목격한 좌익인사들의 행동에 대한 실망에서 비롯된 것으로 보여 진다.

일제 시대와 해방정국 그리고 납북 이후의 북한의 행적에서 일관되게 찾아볼 수 있는 근촌의 특징을 들자면 어렸을 때부터 익힌 유학(儒學)에서 영향 받은 선비적 기질이 아닐까 생각된다.

그는 언제나 명분을 중시하였으며 자신의 공(功)을 내세우기보다는 뒤에서 남을 돕는데 만족하는 모습을 보였다. 뿐만 아니라 직위의 고하(高下)를 가리지 아니하고 그에게 주어진 일에는 최선을 다하는 모습을 보였다. 그가 제헌의회에서 법제사법위원장으로 재임 시 정부수립에 기초가 되는 각종 입법과정에서 보여준 태도가 이를 증명해주고 있다.

근촌의 선비적 모습은 그가 '동유음(東幽吟)이란 이름의 한시집을 통해 남긴 한시(漢詩)를 통해서도 잘 나타나고 있다. 근촌은 이러한 한시를 통해 독립을 잃은 강토의 지식인으로서의 심회를 표현하였으며 조국의 독립을 소망하기도 하였다.

1945년 일제의 패망으로 조국은 광복을 찾았지만 조국은 분단되지 않으면 안 되었으니 과연 그가 오언절구(五言絶句)에서 기대했던 '봄빛'은 왔다고 할 수 있을 것인지 착잡했을 것이다.

송 진 우

■ 독립운동가

- 호 고하(古下)
- 출생-사망 1887. - 1945.
- 출생지 전라남도 담양군
- 대표공직 동아일보 사장, 한국민주당 수석총무

▲고택 사진

고하(古下) 송진우

I. 머리말

사람이 세상에 태어나 한 평생을 살면서 어떻게 사는 것이 보람 있는 삶이라고 할 수 있을까. 이는 어느 때부터인가 필자의 뇌리 속을 떠나지 않는 명제(命題) 가운데 하나가 되었다. 이후 필자는 시간이 나는 대로 앞서 살다간 선인(先人)들에 대한 기록들을 들춰보기 시작하였고, 동시에 그들이 살았던 현장을 찾아보려고 노력하였다.

아무래도 필자가 정치학을 공부하는 사람인만큼 관심의 주된 대상은 정치·사회적으로 우리 사회에 커다란 족적을 남긴 사람들일 수밖에 없었으며, 필자는 이 분들에 대한 나름의 단상(斷想)을 기록으로 남겨보고 싶은 생각을 갖게 되었다. 고하(古下) 송진우(宋鎭禹) 선생에 대한 이 글도 이러한 동기에서 비롯된 필자의 지속적인 작업 가운데 하나이다.

고하 선생에 대해서는 필자가 일찍이 한국정치사를 공부할 때 단편적으로 접한 바가 있는데, 특히 그의 태생지가 광주(光州) 인근인 담양군인 관계로 때때로 담양을 지나칠 때면 해방정국 하에서의 그의 커다란 역할과 함께 뜻을 펴지 못한 채 생을 마감한 것에 대한 아쉬움에서 언젠가는 좀 더 깊이 살펴보아야 하겠다는 생각을 간직하여 왔다.

그러던 중 연전에 낭산(朗山) 김준연에 관한 글을 쓰게 되면서 김준연 자신의 글을 포함한 여러 자료에서 고하에 대한 기록이 있었는데 특히 김준연 자신이 고하에 대해 대단한 존경과 흠모의 정을 표현하고 있는 데에서 필자가 고하에 대해 재인식하는 동기가 되었다.

다만 필자가 사학을 전공하는 사람이 아니기 때문에 이글을 쓰는 데에는 「古下先生傳記編纂委員會」에서 간행한 「古下宋鎭禹全集」을 비롯한 여러 기존 문헌을 참고하여 고하의 정치활동에 초점을 맞추어 독자들이 읽기 쉽게 재구성하였음을 밝혀 둔다.

Ⅱ. 송진우의 출생과 성장

고하(古下) 송진우(宋鎭禹)는 서양제국주의 세력의 동양침략이 본격화된 가운데 조선(朝鮮)이 이에 효과적으로 대응하지 못하고 있던 1890년(高宗 20年) 5월 8일 전라남도 담양군 고지면 손곡리(潭陽郡 古之面 巽谷里) 즉, 현재의 담양군 금성면 대곡리(金城面 帶谷里) 2구 손곡부락에서 부친 훈(壎)과 모친 양(梁)씨의 8남매 중 다섯째로 태어났다.

고하는 충청남도 홍성군 신평을 본관으로 하는 신평(新平) 송씨로서 신평 송씨는 고려조에서 봉익대부(奉翊大夫) 서운관정(書雲觀正) 겸 습사도감판관(習射都監判官)을 지낸 송구진(宋丘進)을 시조로 하는데, 송구진의 6대 손인 송희경(宋希璟)은 조선 태종 2년 문과에 급제하여 사간원(司諫院) 정언(正言)과 헌납(獻納) 및 예문관(藝文館) 수찬(修饌)을 지낸 후 벼슬을 그만두고 담양에 은거함으로써 담양군 금성면의 신평 송씨 집성촌을 이루게 되었고 고하는 이 송희경의 19세손이다.

고하의 부친 송훈(宋壎)은 유학을 공부한 선비로써 과거에 응시하기도 하였으며, 훗날 넉넉한 가산으로 담양에 신학문을 가르치는 「담양학교」를 세우기도 한 것으로 보아 개화사상에 눈뜬 인물인 것으로 보인다.

고하의 어릴 때 이름은 옥윤(玉潤)이었고 애칭은 '금가지'였는데, 금가지란 애칭은 그의 모친이 채소밭에서 '금빛 나는 가지'를 한 아름 따는 태몽에서 비롯되었다고 한다.

유복하고 학문을 숭상하는 집안에서 태어난 고하는 만 3세 때부터 글을 배우기 시작하였는데, 그는 6세 때까지는 이웃 마을 여문심(呂文心) 선생에게서 한문의 초보를 배웠고 7세 때부터는 장성(長城) 출신으로 성리학자이자 애국자인 기삼연(奇蔘衍)에게서 글을 배웠다.

기삼연은 조선조의 손꼽히는 성리학자인 노사(盧沙) 기정진

(奇正鎭)의 친족으로 1895년 8월 명성황후시해사건이 일어나고 이듬해 1월부터 각지에서 의병이 일어났을 때 호남창의회맹소(湖南倡義會盟所)를 조직하고 스스로 대장이 되어 항일투쟁을 전개했던 인물인데, 그가 일인(日人)에게 쫓기는 몸이 되어 피신하다가 담양 송씨 댁에 기식(寄食)하게 되면서 몇 년 간 고하를 가르치게 된 것이다. 고하가 기삼연에게서 수학하는 동안 그로부터 받은 영향은 결코 적지 않았다.

애국지사였던 기삼연은 어린 제자에게 충의(忠義)의 중요성을 가르쳤고 "사람이란 소아(小我)를 버리고 대아(大我)에 살아야 하며 남아답게 죽을 줄 알아야 한다."고 역설하였으며 고비산[1)] 밑에서 낳고 자랐으니 고비산 같이 꿋꿋하게 살라는 뜻으로 고하(古下)라는 아호를 지어 주기도하였다.

고하의 학문적 진도가 빨라지면서 기삼연은 고하에게 유학의 경전들을 차례로 가르쳤는데, 10세 안팎의 고하가 화담(花潭) 서경덕(徐敬德)과 퇴계(退溪) 이황(李滉) 그리고 율곡(栗谷) 이이(李珥)를 비롯한 거유(巨儒) 등의 학문을 배웠다는 것은 실로 놀라운 일이 아닐 수 없다.

이처럼 고하가 기삼연 선생으로부터 학문을 배우고 있는 동안 내외의 정세는 급변해가고 있었다. 1897년 고종(高宗)은 러시

---

1) 고하(古下)라는 호의 밑바탕이 된 고비산은 두 가지 견해가 있다. 고하의 여러 전기에는 고비산을 '古比山'으로 적고 古下라는 호가 거기에서 연유한 것으로 서술하고 있는데, 다른 자료에서는 담양의 주산인 고비산(462m)을 '高飛山'으로 적고 있는 바 이에 관하여는 추후 좀 더 상세한 고찰이 필요하다고 하겠다.

아 공사관에서 환궁하여 국호를 대한제국으로, 국왕을 황제로 바꾸고 국정의 쇄신을 꾀하였으나 진전을 보지 못하였고, 반면 열강들의 침탈은 더욱 심각해졌다.

이처럼 역사의 파고가 높아지자 기삼연은 현실을 외면하지 못해 송씨마을(손곡마을)을 떠났는데, 이때가 1902년으로 고하가 만 12살 때였다. 기삼연이 손곡마을을 떠난 후 고하는 잠시 숙부 육(堉)으로부터 가르침을 받았으며, 러일전쟁이 발발한 해인 1904년 당시 조혼의 관습에 따라 전북 정읍(井邑)의 고흥유씨(高興柳氏)와 혼례[2])를 치렀는데 이때가 14살 때의 일이다.

조혼과 딸의 죽음 등 여러 가지 이유에서 고하의 부부간 금슬이 좋지 않는 가운데, 국운쇠망에 대한 울분은 그로 하여금 가정에 머물지 못하게 하였고 마침내 그는 장성군(長城郡) 북하면(北下面)에 있는 백양사(白羊寺)를 찾게 되었고 거기에서 김직부(金直夫)라는 선비를 만나 잠시 가르침을 받게 되었다.

이처럼 고하가 백양사에서 수학하고 있넌 중 1905년 11월 을사조약이 체결되었고, 대한제국은 외교권과 재정권을 박탈당한 채 일본의 피보호국으로 전락하게 되었는데, 이러한 충격적인 소식을 접한 고하는 하산을 결심하고 귀가하였다.

---

2) 고하는 고흥유씨(高興柳氏)와의 사이에서 딸 하나를 얻었으나 세살 때 죽어 후손이 끊겼기에 후일 舍伯(맏형 鎭杓)의 아들 英洙를 양자로 받아들였고, 英洙의 아들이 국제형사재판소장을 역임한 서울대학교 법과대학 명예교수 송상현(宋相現)이다. 송상현의 아내는 인촌의 조카로 고려대학교 총장과 국무총리를 역임한 김상협(金相浹)의 장녀 김명신(金明信)이다. 고하와 인촌 간에 혼맥으로 이어진 것이다.

고향집에 돌아온 고하는 국권상실이후 대두된 '실력배양론'과 '자강운동론'에 깊은 감명을 받게 되었고, 스스로도 신학문(新學問)을 배워야 한다는 생각을 갖게 되었다. 그가 1906년 그의 마을에서 그다지 멀지 않는 창평(昌平) 인근에 세워진 영학숙(英學塾)에 입학한 것은 이러한 연유 때문이었는데, 창평은 평안도(平安道) 정주(定州), 충청도(忠淸道) 산동(山東)(현재의 충북 청원군 낭성면)과 함께 근대의 3대 인물 배출지로 꼽히는 곳이다. 그가 영학숙에서 공부하던 중 있었던 일 가운데 특기할 것은 이때 평생의 벗인 인촌 김성수[3]를 만나게 되었다는 것이다.

여러 기록에 의하면 고하와 인촌의 성격이나 생활 태도는 사뭇 대조적이었다고 한다. 고하가 공부보다는 나라의 앞날을 걱정하는 지사적(志士的)이고 이상주의자였던 데 반해 인촌은 착실한 학구파였고 현실주의적이었다.

영학숙에서 인촌과 동문수학하고 있는 동안 고하는 황성신문(皇城新聞)과 대한매일신문(大韓每日新聞) 등 신문을 열독하였는데, 특히 을사조약을 통박한 장지연(張志淵)의 시일야방성대곡(是日也放聲大哭)은 고하에게 적지 않는 영향을 미쳤으며, 이는 고하가 '신문'의 중요성을 인식하게 된 계기가 되기도 하였다.

영학숙에서의 수학 후 고하는 다시 인촌이 공부하고 있던 전북 부안군 내소사(來蘇寺)의 청연암(靑蓮庵)에서 공부하게 되었는데 특기할 것은 여기에서 인촌의 소개로 백관수(白寬洙)[4]라는

---

3) 그가 만난 인촌은 고하보다 한살 아래인 1891년생이었다.

4) 백관수의 호는 근촌(芹村)으로 전북 扶安郡 興德面 출생으로 고하보다는

또 하나의 친구를 얻게 되었다는 점이다.

얼마 후 이들 세 명은 고하의 제의에 따라 일본 유학에 의기투합하는데, 백관수가 집안의 반대에 봉착함에 따라 고하와 인촌 두 사람만 군산에서 화륜선 시라까와마루(白川丸)을 타고 일본으로 떠나게 되었다. 이때가 1908년 10월의 일로 고하의 나이 만 18살 때였다.

1908년 10월 고하와 인촌은 군산을 출발하여 부산을 거쳐 시모노세키에 도착하였고, 이어 목적지인 도쿄에 도착하였다. 두 사람은 언젠가 군산에서 만난 적이 있는 일본 유학생 홍명희(洪命熹)[5]의 하숙집을 찾아가 도움을 청하였는데, 그때 홍명희는 대성중학교(大成中學校) 학생이었다.

두 사람은 홍명희의 권유에 따라 사립 세이소쿠(正則) 영어학교에 입학하였고, 다음해(1909년) 4월 긴죠(錦城)중학교 5학년에 편입하여 공부를 계속하게 되었는데, 이해 가을 경천동지 할 안중근(安重根)의 '하얼빈 의거'소식을 접하게 되었다.

이러한 가운데에도 대한제국의 국운은 더욱 기울어져서 1910년에는 국권이 일제에 병탄되는 비극이 나타나게 되었다. 이러한 상황에 고하는 일본에서의 공부를 단념하고 귀국 채비를 차리기

한살 위, 인촌보다는 두 살 위인 1889년생이다.

5) 홍명희의 호는 벽초(碧初)로 1888년 충북 괴산에서 출생함. 일본의 다이세이중학(大成中學)을 졸업 후 오산학교, 휘문학교에서 교편을 잡았고, 동아일보 편집국장, 시대일보 사장을 지냈고 신간회 부회장을 역임함. 광복 후 좌익운동에 가담하여 조선문학가동맹의 중앙집행위원장이 되었고 곧 월북하여 북한에서 부수상을 역임하기도 하였음. 소설 『임꺽정(林巨正)』의 작가로 유명함.

시작하였는데, 김성수를 비롯한 친구들이 이를 만류하였고 이러한 친구 가운데는 고국에서 유학 온지 얼마 되지 않는 김병로(金柄魯)[6]도 있었다.

친구들의 만류에 귀국을 포기한 고하는 1910년 봄 인촌과 함께 와세다(早稲田)대학 고등예과에 입학하였는데, 이 무렵 고하는 김성수와 김병로를 통하여 장덕수(張德秀)[7], 현상윤(玄相允) 등과도 교유하였다.

그러나 마음을 다잡고 공부를 계속하겠다는 고하의 의지도 1910년 8월 한일합방(韓日合邦) 즉, '경술국치'가 임박했다는 소식에 이르러서는 다시 흔들리게 되었다. 절망감에 젖은 그는 김성수를 포함한 누구에게도 말하지 않고 귀국길에 올라 8월 24일 부산에 도착하였고 이틀 뒤 고향인 손곡마을에 당도하였다.

8월 29일 마침내 치욕의 경술국치가 현실화 되자 고하는 며칠간의 두문분출을 접고 조상의 산소에 성묘한 후 그의 정신적

---

6) 김병로는 전라북도 순창(淳昌)태생으로 호는 가인(街人)이며 昌平高氏의 큰 인물인 春江 高鼎柱가 세운 昌興義塾이 발전한 창평보통학교에서 수학하였기 때문에 고하와 동문인 셈이었다. 후일 고하의 셋째 누이동생이 街人의 집안으로 출가하여 그 인연이 이어졌다. 김병로는 초대 대법원장을 역임하면서 이승만 독재에 맞서 사법권 독립을 지켜내는데 크게 기여하였다.

7) 호를 설산(雪山)이라고 하며 황해도 재령(載寧)출신으로 1895년생이다. 와세다 대학 정경학부를 졸업하고 상하이로 건너가 독립운동에 투신, 1918년 신익희와 함께 임시정부 수립을 위해 국내에 잠입했다가 검거되었다. 1920년 동아일보 초대 주간이 되었고 보성전문학교 교수를 역임하였으며 미국으로 건너가 콜롬비아대학에서 수학하여 철학박사학위를 받고 귀국하여 동아일보 부사장을 지냈다. 해방 후 송진우·김병로 등과 함께 한민당을 창당하는데 참여하였으나 좌익분자에게 암살당하였다.

지주인 기삼연 선생을 찾아 나섰다. 그러나 이미 고인이 된 기삼연 선생을 만날 수 없었으리라는 것은 너무나 당연한 일이다.

Ⅲ. 일제 하에서의 고하의 활동

고하가 나라의 위급에 처해 고민하고 있을 때 그의 부친이 그에게 준 따뜻한 격려와 가르침은 고하에게 또 다른 개안(開眼)의 계기가 되었다. 즉 일본을 극복하기 위해서는 실력을 길러야 한다는 것이다. 겨울 내내 손곡 마을에 칩거하던 고하가 학업을 계속하기 위해 다시 도쿄로 건너간 것은 1911년 봄이다.

다시 일본에 돌아온 고하는 학교를 와세다 대학에서 자유민권운동이 활발한 메이지(明治)대학으로 옮겼다. 메이지 대학으로 학교를 옮긴 고하는 지난날의 은둔 사색형에서 벗어나 활달한 행동가형으로 변모 되었고, 당시 메이지대학에 재학 중이던 유학생 상당수가 법률가를 꿈꾼 것과는 달리 유학생들을 조직화하는 일에 매진하였다. 이 무렵 고하가 교유한 친구들로는 해공(海公) 신익희, 설산(雪山) 장덕수, 그리고 동향인 무송(撫松) 현준호와 낭산(朗山) 김준연 등이 있었다.

마침내 1912년 4월에 그동안 산발적으로 존재하던 여러 유학생 모임의 연합체격인 조선유학생연합친목회(朝鮮留學生聯合親睦會)가 결성되었는데 김병로가 회장격인 간사장에 선출되었고 고하는 총무를 맡았으며 호남유학생다화회(湖南留學生茶話會)

의 회장도 겸하였다.

이 무렵 고하는 조선유학생연합친목회가 확대 발전된 재일본동경조선유학생학우회(在日本東京朝鮮留學生學友會)에서 발간한 학지광(學之光) 등에 글을 게재하는 등 활발히 활동하였는데 「학지광」 제1권 제1호에 기고한 '인생의 가치'를 통해 그의 인의(仁義)에 근거한 생활철학을 피력하였고, 「학지광」 제3권 제1호에 실린 '사상개혁론'(思想改革論)에서는 대학 졸업을 앞둔 25살 청년의 열정이 잘 나타나고 있다.

고하는 사상개혁론을 발표하고 난, 두 달 뒤인 1915년 7월 메이지대학을 졸업하고 귀국하였는데, 동향으로 메이지대학 동문인 김병로도 같은 달에 귀국하였다.

귀국한 고하는 우선 고향으로 가서 몸을 돌보고 있었는데, 오래 지나지 않아 먼저 귀국하여 서울에 학교를 설립하기 위해 동분서주하고 있던 김성수를 돕기 위해 서울로 떠나게 되었다. 김성수는 양부(養父) 김기중(金祺中)과 생부(生父) 김경중(金暻中)의 후원으로 경영난에 봉착해 있던 '중앙학교'(中央學校)를 인수하기 위해 노력하고 있었던 것이다.

중앙학교에서 김성수는 평교사로 재직하였으며 고하는 '교무'를 맡았고 교장에는 덕망 있는 민족지도자였던 석농(石儂) 유근(柳瑾)을, 학감으로는 와세다 대학 동창인 민세(民世) 안재홍(安在鴻)을 모셨다. 얼마 후 유근의 사임으로 김성수는 교장직을 맡아 교사확장사업을 마무리 하였으며, 학교가 안정단계에 접어들자 1918년 3월 1년여 재직하던 교장직을 고하에게 넘기고

자신은 다시 평교사로 복귀하였으니 이때 고하의 나이 28살이었다.

교장에 취임한 고하는 학감으로 안재홍을 다시 불러들이고 백관수를 옆에 두면서, 교장직을 사임하기까지 1년 반을 숙직실에서 기거하면서 수업을 그대로 맡는 등 학교일에 진력하였는데, 그는 기회 있을 때마다 조선의 운명을 이야기하고 기회가 올 때를 대비하여 실력을 길러야 한다고 강조하였다.

마침내 고하가 그토록 고대하던 '기회'가 다가 왔으니, 그것이 곧 제1차 세계대전에서 독일이 항복하고 파리에서 '평화회의'가 열리게 되었으며 윌슨 미국 대통령의 '민족자결주의'(民族自決主義)가 제창된 것이다. 이때를 계기로 하여 국내외에서 독립 쟁취를 위한 운동이 본격화 되었고, 고하도 중앙학교 학생을 조직하여 독립운동을 결행할 준비에 착수하였으니 이는 곧 3·1독립운동으로 이어진 것이다.

마침내 기회가 오고 있음을 감지한 고하는 김성수 및 학감 현상윤 등과의 긴밀한 협의 아래 준비를 진행하였고, 이 과정에 당시 보성법률학교 교수로 있던 해공 신익희와도 함께 만나 독립운동을 계획하였다. 이들의 도모는 당시 커다란 세력을 지닌 천도교(天道教)와 협력관계가 형성됨에 따라 완연 활기를 띠게 되었으며, 이 두 세력의 연결과정에서는 메이지대학 법학과 출신으로 당시 보성학교(普成學校) 교장이던 최린(崔麟)[8]의 역할이

---

8) 함경도 함흥 태생으로 호를 고우(古友)라 하며 3·1운동 때 민족대표 33인 중 한사람임. 1904년 한국황실특파유학생으로 일본에 유학하였으며

적지 않았다.

이처럼 국내에서의 독립운동 거사를 준비하고 있을 무렵 도쿄에서는 유학생들을 중심으로 「2·8 독립선언운동」이 진행되고 있었고 이 두개의 운동은 고하와 인촌의 막연한 친구로서 바로 얼마 전 중앙학교를 그만두고 일본으로 유학 간 근촌 백관수(白寬洙에) 의해 상호 연결되게 되었다.

천도교와의 협력관계 형성과 일본 유학생들에 의한 거사 움직임 등으로 고무되어 가던 독립선언운동은 독립선언을 맡을 민족대표를 선임하는 과정에서 커다란 장애를 맞게 된다. 이른바 국민들에게 신망 받는 명망가들로 구성하려던 계획이 천도교 교주 손병희씨 이외에 박영효(朴泳孝: 哲宗의 부마), 한규설(韓圭卨: 대한제국의 참정대신 역임), 윤치호(尹致昊: 독립협회장 역임)와 이상재(李商在) 등의 거절에 직면하게 된 것이다.

현상윤의 회고에 의하면 이러한 난관에 직면하여 최린이 "민족대표를 다른 데에서 구할 것이 아니라 손병희 선생을 필두로 우리 4인(최린, 송진우, 최남선, 현상윤)이 자진 참가하자고 하여 먼저 최남선에게 물으니 그는 가업(家業)관계로 승낙할 수 없다고 하였고, 다음에 송진우에게 물으니 그는 '하겠다'고 대답하였다. 그러나 이에 최린이 "최남선이 승낙하지 않으면 나도 참가 할 수 없다, 또 천도교만으로는 이 운동을 진행할 수도 없으니 이 운

1909년 메이지대학(明治大學) 법과를 졸업함. 1910년 귀국하여 손병희의 권유로 천도교(天道敎)에 입교. 보성전문학교의 교장에 취임함. 1950년 6·25전쟁 때 납북 됨.

동을 중지하자"고하여 부득이 중지하기로 결정하였다고 한데에서 볼 때 고하의 올곧은 성품이 여기에서도 잘 나타나고 있다.

이처럼 국내에서의 독립선언운동이 난관에 직면하고 있는 것과는 달리 국외에서는 활발히 전개되고 있었다. 즉, 만주와 연해주 일대의 독립운동단체들이 중심이 되어 대한독립선언서를 발표했는가 하면 도쿄에서도 유학생들을 중심으로 2·8 독립만세운동이 있었던 것이다.

상황이 이에 이르자 국내에서의 독립선언운동도 더 이상 미룰 수가 없게 되었다. 고하는 현상윤과 협의하여 다시 천도교와의 협의를 진행하는 한편 기독교와도 대화를 개시하였다. 기독교계와의 협의는 오산학교(五山學校) 설립자로서 관서지방에서 신망이 높은 남강(南岡) 이승훈(李昇薰)의 참여로 급진전 되었다.

그러나 천도교 측과 기독교 측이 함께 참여하는 독립선언운동이 말처럼 쉬운 것은 아니었다. 고하의 역할은 여기에서도 빛을 발하여 최린의 재동 집에서 이른바 '2·21 재동회담'을 성사시킴으로써 양측이 함께 참여하고 불교계까지 함께하는 독립만세운동이 현실화될 수 있었던 것이다.

이러한 과정을 거쳐 1919년(己未) 3월 1일 드디어 '3·1독립운동'이 전국 방방곡곡에서 울려 퍼질 수 있었다. 그러나 이러한 감격과 기쁨도 잠시 뿐이었다. 3·1운동에 대한 일제의 즉각적인 대응은 전국적인 검거와 무자비한 살상 그리고 원시적인 고문 등 노골적인 탄압의 형태로 나타났다.

일제는 무엇보다도 3·1운동을 주도한 민족대표자들을 체포하였는데, 여기에는 민족대표 33인 가운데 이미 상하이로 망명한 김병조(金秉祚)를 제외한 32인과 고하를 포함한 민족대표 제2진 17명 등 모두 49명이 포함되었다. 체포이후 고하가 겪어야 했던 고통에 대해서는 더 이상 상세한 서술이 필요치 않을 것이다.

경기도 경찰부 고등계에서의 취조에 이은 경성지방법원 검사국 검사의 취조, 그리고 경성지방법원 예심에 이은 조선고등법원으로의 이송에 이어 또다시 경성지방법원에서의 심리라는 지루한 과정을 거쳐 1920년 10월 30일 경성복심법원은 피고인 대부분에 대해 유죄판결을 내렸는데, 고하는 현상윤 등 11명과 함께 증거불충분으로 무죄판결[9]을 받았다. 이들이 무죄판결을 받게 된 데에는 이들이 3월 1일 당일 집회와 시위에 참가하지 않았을 뿐만 아니라, 관련자들에게 적용한 보안법과 출판법에 모의나 획책에 가담한자를 처벌할 조항이 없었기 때문이다. 고하는 체포된지 1년 7개월 만에 서대문 감옥을 나서게 되었다.

출옥 이후 수감 중 별세한 모친의 묘소를 참배하기 위해 잠시 고향에 다녀온 이후 고하의 삶은 거의 동아일보(東亞日報)와 함께 하고 있다. 3·1운동 이후 민족의 장래를 고민하던 김성수가 물산(物産) 진흥을 위하여 '경성방직주식회사'를 세우는 한편 민

---

9) 심리과정에서 고하는 '3·1독립운동'에 있어서의 자신의 역할을 항상 주동적인 것이 아닌 수동적인 것으로 특히 상세한 내용에 대해서는 '오래되어 잊어버렸다'고 진술하였는데, 결과적으로 이것이 고하가 무죄판결을 받는데 작용했을 것으로 보인다. 후일에도 고하는 3·1운동 당시의 일에 대해 완전히 침묵을 지킴으로써 민족지도자로 항일투사로 자처하는 사람들의 명예가 손상되지 않도록 노력하는 모습을 보였다.

족의 언론기관을 세우기 위하여 창간한 것이 동아일보였는데, 1920년 1월 6일 총독부로부터 신문발행의 허가[10]가 나왔던 것이다.

고하가 아직 서대문형무소에 수감되어 있던 1920년 1월 발행허가를 받아 신문을 발행하고 있던 동아일보는 초기부터 일제와 자주 충돌하게 되었고, 정간 조치 등의 수난에 직면해 있었다. 이때 고하는 상경하여 중앙학교에서 강사로 학생을 가르치고 있었는데 동아일보가 주식회사로 체제를 개편하면서 고하가 그 사장[11]에 취임하게 된 것이다. 이때가 고하의 나이 31세였다.

사장에 취임한 고하는 회사의 체제정비에 착수하여 종래의 2국(편집-영업) 1공장체제에 서무경리국을 신설하였는가 하면, 해외 특파취재에도 많은 관심을 기울였다.

이처럼 고하가 동아일보 일에 신력하고 있을 무렵 시대적 상황과 흐름에는 미묘한 변화가 나타나기 시작하였다. 3·1운동의 반작용으로 이른바 '대일타협론'(對日妥協論)이 고개를 들기 시작한 것으로 이는 총독부의 방침과도 연계된 것이었다. 이 시기에 조선인상업대회(朝鮮人商業大會), 이광수의 수양동맹회(修養同盟會), 박영효의 민우회(民友會) 등이 나타난 것이 이를

---

10) 이 무렵 동아일보를 포함한 조선일보, 시사신문, 문예동인지 「폐허」, 천도교기관지 「개벽」 등의 발간이 허가된 데에는 3·1운동으로 무단통치를 폈던 하세가와 요시미치 총독이 퇴진하고 새로 총독에 취임한 사이토 마크토 총독의 문화통치방침과 연관된다.

11) 고하는 박영효, 김성수에 이은 동아일보의 제3대 사장이며, 동아일보가 주식회사로 바뀐 후의 초대 사장이 된다.

반영하고 있다.

이러한 가운데 고하는 민립대학(民立大學) 설립에 관심을 갖게 되고 적극 참여하게 된다. 민립대학 설립운동의 효시는 1910년 '경술국치' 직후로 거슬러 올라가는데, 대한제국 말기인 1906년 일본정부로부터 도입한 차관 1천 3백만 엔의 상환이 어려워지자 전국에서 국채보상운동이 일어나게 되었고 여기에 6백만 엔의 큰돈이 모아졌던 것이다. 그러나 '한일합방'(경술국치)으로 이 돈의 용처가 없어지게 되었고 이때 이를 각 개인에게 환불하기보다는 민립대학을 세우는 기금으로 활용하자는 의견이 제시된 것이다. 그리하여 '민립대학기성회'가 조직되었고, 총독부가 3·1운동 이후 문화통치를 표방하게 되면서 당초의 완강한 반대와는 달리 설립에 호의적 태도를 보임에 따라 이상재, 한용운, 이승훈 그리고 고하를 포함한 40여 명으로 '민립대학기성준비회'가 조직되었던 것이다.

그러나 이 운동은 크게 두 가지의 장애에 직면하게 되었다. 첫째, 총독부의 방해인데, 이 운동이 가시화되자 총독부는 조선에 관립대학을 설립한다는 방침을 발표하고 '경성제국대학'을 개교한 것이다. 둘째, 사회주의자들이 민립대학도 결국 일제 식민지 교육을 돕는데 그칠 뿐이라면서 이미 모인 돈을 노동자와 농민을 위한 강습소를 세우는 일에 쓰자고 주장한 것이다. 그리하여 결국 이 운동은 좌절되고 말았다.

자신의 사생활을 외면한 채 오직 동아일보를 위해 민족의 자강(自强)을 위해 노력하던 고하에게도 시련이 닥쳐왔다. 그것은 자치론(自治論)[12]과 연정회(硏政會)[13]와의 관련 속에서 시작된 지식인 내부의 분열과 갈등에서 비롯되었다. 더욱이 이 무렵 춘원 이광수가 동아일보에 발표한 '민족적 경륜'을 비롯한 글들이 세간에 파문을 일으키면서 고하의 입장 또한 어려워지게 되었다. 이러한 연장선상에서 식도원(食道園) 폭행사건[14]이 발생하게 되었다. 이 사건들이 내외에 파문을 일으키고, 마침내 편집국 기자들이 고하와 김성수의 퇴진을 요구하기에 이르자 고하와 김성수를 포함한 대부분의 이사들이 1924년 4월 25일 사퇴하게 되었다. 그러나 동아일보는 10월 21일 다시 김성수를 사장으로 선출하고 고하와 이승훈을 고문으로 추대하였으며, 다음 해인 1925년 4월 고하는 홍명희의 뒤를 이어 주필에 취임하게 됨으로써 동아일보는 사장에 김성수, 주필에 고하라는 안정적 지도체제를 갖추게 되었다.

이 무렵인 1925년 7월 고하는 '만국기독교청년회' 주최로 미국 하와이에서 개최된 제1회 '汎태평양기독교청년대회'에 참가

---

12) 도쿄대학 법학부의 요시노 사쿠조(吉野作造)의 朝鮮自治論에 뿌리를 두고 있는 것으로 그가 「中央公論」 1916년 6월호에 쓴 '滿韓을 사찰하고'에서 피식민지(조선·만주)의 장래를 거론하면서 "참고 기다리며 평화 속에서 실력을 길러서 적당한 해결방안을 일본에서 구하는 것이 좋은 방책"이라고 조선의 자치를 거론한 것이다.

13) 3·1독립운동의 좌절과 그리고 민립대학설립 및 물산장려운동의 실패 후 요시노의 자치론에 영향 받은 국내 지도층 일부에서 1923년 말부터 합법적 정치운동의 도모를 위한 조직을 결성한 것인데, 여기에는 고하와 안재홍, 최린, 이승훈, 조만식 등 16-17명이 포함되었다.

14) 친일 폭력배 朴春琴이 고하와 인촌을 식도원으로 유인하여 동아일보가 그를 비판한 데 대해 사과문을 쓸 것과 돈을 요구한 사건이다.

하게 되었는데 여기에서 특기할 것은 고하가 여기에서 서재필(徐載弼)을 처음 상면하였고 이승만을 15년 만에 다시 만난 것이다. 어떻든 하와이 방문을 통하여 고하는 많은 견문을 넓힐 수 있었고, 저명한 교수 및 언론인들과도 접촉할 수 있었다. 그가 귀국 후 회의 참석을 통해 얻은 정보와 그의 평소 지론에 토대하여 동아일보에 10회에 걸쳐 「세계대세와 조선의 장래」를 연재한 것은 커다란 소득이었다.

범태평양회의에서 돌아와 고하는 동아일보 일에 전념하였는데, 그에게 다시 시련이 닥치기 시작한 것은 기이하게도 1926년 3월 3·1운동 제7주년을 맞이하여 소련의 '국제농민회본부'가 조선농민에게 보내는 전문을 동아일보가 게재한 데에서 비롯되었다. 결국 일제는 동아일보에 대해 무기정간을 내리고 고하는 보안법 위반으로, 발행인 겸 편집인 김철중(金鐵中)은 신문지법 위반으로 불구속 기소되었다.[15)]

고하가 출옥한 직후인 1927년 3월 30일 민족진영의 원로인 월남(月南) 이상재의 별세 소식을 접하게 되었다. 월남은 별세하기 전인 2월 15일에 출범한 범민족적 독립운동 조직인 신간회(新幹會)[16)]의 회장으로 선출되었다. 조선민족의 유일적 통일독

---

15) 이 사건에서 고하는 징역 6개월의 실형을, 김철중은 징역 4개월의 실형을 선고받았다.

16) 1922년 이후 우리나라에서도 사회주의 사조가 침투되어 서울청년층, 화요회, 북풍회, 조선노동충동맹, 조선청년동맹, 고려공산청년회 엠엘(ML), 조선공산당 등이 조직되어 민족주의자들과 대립하였는데 민족주의자들이 이에 대비하여 민족 단일전선을 결성하기로 하고 1927년 李商在를 회장으로 추대하여 신간회를 조직하였다. 당시 간부로는 안재홍·조병옥

립단체로서의 신간회는 신속히 민족적 지지를 획득해 갔지만 내부적 문제점 또한 적지 않게 드러나게 되었다.

이러한 과정에서 고하는 1928년 1월 신간회 경성지회에 입회하였는데, 고하의 입회에 대해 신간회 내부적으로 논쟁이 없지 않았다.

1927년 2월 출옥 후 동아일보를 위해 진력하던 고하는 8개월 뒤 김성수의 사장 임기가 다함에 따라 다시 제6대 사장에 취임하게 된다. 이 때 특이할 것은 그가 취임하자마자 낭산(朗山) 김준연(金俊淵)[17]을 편집국장에 임명한 것이다.

1929년 3·1운동 10주년을 맞이하여 고하는 무언가 뜻있는 일을 해야 한다는 생각으로 마침 인도의 시성(詩聖) 타고르가 일본을 방문한다는 소식을 접하고 도쿄지국장 김태로(金泰魯)를 시켜 타고르의 조선 방문을 타진케 하였다. 그러나 일정상 조선 방문이 불가능하게 된 타고르는 초청에 대한 고마움의 표시로

·홍명희·허헌(許憲) 등이었고 전국에 200여 지회가 성립되어 약 3만 명의 회원이 있었다. 신간회는 대표 및 주요 간부급에는 주로 민족진영 쪽 인사들이 많았고, 실무책임자급에는 공산주의나 소장파 논객들이 많았기 때문에 결국 좌우익간의 갈등과 내분으로 4년 후 해산되었다.

17) 1895년 全南 靈巖 태생으로 東京帝國大學 法學部를 졸업하고 독일 베를린대학 법학과에서 정치·법률을 공부하였음. 1925년 귀국하여 조선일보사 특파원으로 모스크바를 취재하였고 1926년 신간회 조직에 참여함. 1928년 동아일보 편집국장으로 있을 때 제3차 공산당(ML)사건에 관련되어 7년간 투옥됨. 1934년 동아일보 주필에 취임하였고, 1936년 손기정 선수 '日章旗 말살사건'에 관련되어 동사를 사임함. 1945년 해방 후 고하와 함께 국민대회준비회를 창립하고, 1946년 민주의원에 선임. 1950년 법무부장관이 되었고 이후 제3대·제4대 민의원에 당선됨.

그 유명한 ‘동방의 빛’이라는 시를 써 주었고, 이 시는 동년 4월 3일자 동아일보에 게재되었다.

1930년대에 접어들면서 내외의 정세에는 커다란 변화가 초래되었다. 이제 국제관계는 지난날의 양육강식이라는 밀림의 법칙 대신에 국제협조주의가 대세를 이루게 되었고, 일본의 대외정책 역시 이에 부합되는 방향으로 바뀌게 되었다. 이러한 국제정세의 변화는 일본의 국내정치에도 영향[18]을 끼쳤고, 동시에 식민지정책에도 영향을 미쳤다.

그러나 정당내각(政黨內閣)의 실정이 잇따르고 특히 세계적 경제공항의 여파가 일본을 휩쓸게 되면서 그동안 억눌려 지내오던 군부세력의 반격이 시작되었다. 1931년 3월 군부를 중심으로 한 쿠데타가 일어난 것이다. 쿠데타가 실패하고, 거기에 가담했던 군인들이 대거 식민지 주둔의 관동군(關東軍)으로 옮겨가게 되면서 만주와 조선의 정세는 또 다른 변화를 맞이하게 되었으니, 이른바 ‘만주사변’이 일어나게 되었고 이어서 ‘남경대학살’이 발발하게 된다.

이러한 주변정세의 변화는 조선에도 커다란 영향을 미치게 되었다. 일본의 대 조선정책은 ‘대륙침략을 위한 병참기지’로서의 역할로 규정되었고, 이를 위하여 일제는 조선 내에서의 저항을 철저히 무력으로 진압하였다. 즉 기존의 ‘문화통치’라는 가면을

18) 그때까지 대륙팽창을 주도해온 군부(軍部)의 지위가 흔들리게 됨과 동시에 明治 이래 정치를 좌우해온 藩閥 세력이 후퇴하고 그동안 이들과 대립해온 정당세력이 힘을 얻게 됨으로써 ‘大正데모크라시의 시대’가 개막되게 된 것이다.

벗어버리고 ‘내선일체’(內鮮一體)라는 미명하에 조선말과 조선 글자의 사용을 금하는가하면 ‘창씨개명’(創氏改名)을 도모하는 등 조선민족으로서의 의식 자체를 없애버리려 하였다.

이러한 상황에서 조선 민중의 독립 투쟁은 새로운 활로를 뚫어야 하였다. 즉, 해외에서의 투쟁이 활발해진 것이고, 특히 일본 요인에 대한 폭탄 투척 등 그 방법이 더욱 극력성을 띄게 된 것이다.

이러한 때에 고하의 시국관과 행동은 어떠했던가. 우선 고하는 기본적으로 그가 이미 1925년 8월에 발표했던 「세계대세와 조선의 장래」에 나타나고 있는 것처럼 일본이 언젠가는 중국문제를 둘러싸고 열강들과 전쟁을 벌이게 될 것이며 그렇게 될 경우 조선의 지정학적 위치로 보아 조선 문제의 해결은 열강들 간의 중요한 문제로 대두될 것이라고 보았다.

이러한 시국관에 기초하여 고하는 적어도 1930년대 초까지만 해도 ‘기회론’과 ‘실력배양론’에 따른 온건한 투쟁을 그의 노선으로 지녔던 것으로 보인다. 그러나 고하가 고대했던 일본과 열강 간의 전쟁에서 일본의 패망은 쉽게 다가오지 않았고, 일제의 극렬한 탄압책 속에서 그의 실력배양론이 설 자리를 잃게 됨에 따라 그는 적극적인 활동을 접고 은둔생활로 들어가게 되었다.

Ⅳ. 해방정국 하 고하의 활동

고하가 이처럼 은둔과 칩거로 일제의 감시와 회유에 소극적으로 대처하고 있는 가운데 정세는 급진전되고 있었다. 그 가운데 하나가 1943년 11월 27일에 발표된 '카이로선언'으로 이 선언에서 연합국 영수들은 종전 후 적당한 시기에 '조선의 독립'을 약속하였고 이러한 약속은 1945년 7월의 '포츠담선언'에서도 재확인되었다. 1945년 5월 독일이 무조건 항복하였고, 8월에는 일본의 무조건 항복이 선언되었다.

일본의 패색이 짙어질 무렵, 지도층을 포함하여 조선인 대부분은 일본이 패망하게 되면 우리는 즉각 자주 독립을 쟁취할 것으로 믿었던 것이 사실이다. 그러나 연합국 측의 생각은 이와 달랐으니 그것은 이미 카이로선언에서 조선의 독립을 약속하면서도 '적당한 시기에'라는 단서를 붙인 데에서도 잘 나타나고 있다.

상황이 긴박해지자 조선총독부의 고위 관리들은 몇몇 조선 지도자들과 접촉하여 일제 패망 후의 '사태관리'에 대해 협의하기 시작하였는데, 이 가운데 고하도 포함되었다. 총독부가 제일 먼저 접촉한 사람이 누구인가에 관해서는 견해가 일치하지 않고 있다. 이른바 '先古下 後夢陽說'[19]에 의하면 총독부 관리들이 맨 먼저 접촉한 사람은 고하이며, 고하가 거절함에 따라 여운형에게 제의하였고 여운형이 이를 수락하였다고 한다.

어떻든 고하는 ① 권력을 일제(日帝)로부터 이양 받아서는 안 되며, ② 이양 받는 주체는 임정 또는 해외의 독립지사여야 한다

19) 先古下後夢陽說을 맨 먼저 제기한 사람은 낭산(朗山) 김준연이며, 미주리대학교 교수인 趙淳昇 박사의 「Korea in the World Politics」(1967)에서도 이를 받아들이고 있다.

는 등의 이유로 총독부의 제의를 거절했던 것이 분명하다고 볼 때 여기에서도 고하의 담백한 성품이 잘 나타나고 있다.

총독부의 제의를 받아들인 여운형은 8월 16일 고하를 비롯한 민족진영의 불참 속에 독자적으로 '건국준비위원회'(建準)[20]을 발족하였다. 그러나 건준은 금방 내외의 도전에 직면하게 되고 내홍을 겪게 되면서 결국 여운형의 비극으로 이어지게 된다.

좌익세력이 건준을 중심으로 결집되어 가는 상황에서 고하를 중심으로 하는 세력은 '임시정부'의 환국을 기다리는 것을 기조로 하였으나, 이러한 노선에 모든 우익이 동의하고 있지는 않았다. 예컨대 가인(街人) 김병로와 애산(愛山) 이인 등은 건준의 좌편향을 막기 위해서라도 건준에 참여하는 것이 옳다고 주장하였다. 그러나 건준은 이미 이들의 참여 여부가 어떠한 영향을 미칠 수 없을 만큼 좌익세력에 의해 움직여지고 있었다.

이 무렵 우익세력에서도 정치세력화의 필요성을 인식하게 되었고, 그 결과 8월 하순 '고려민주당'이 발족되었고 이는 '조선민족당'으로 개편되었으며, 또 9월 1일에는 '한국국민당'이 발족되었는데 여기에서 중요한 것은 고하가 여기에 참여하지 않았다는 점이다. 그는 여전히 임시정부의 환국을 기다리는 입장을 견지하였던 것이다.[21]

---

20) 8월 15일부터 桂洞에 본부를 두고 활동을 개시한 건준은 위원장에 여운형, 부위원장에 안재홍이 취임하였는데, 9월 6일 경기여고 강당에서 전국인민대표회의를 개최하고 이승만을 주석, 여운형을 부주석, 허헌을 국무총리, 김구를 내무부장으로 하는 朝鮮人民共和國을 탄생시켰다.
21) 고하의 이러한 태도에 대해서는 여러 비판들이 제기되었다.

그러나 미군의 진주가 가시화되고, 임시정부 요인들의 환국이 가까워짐에 따라 고하를 비롯한 우익인사들은 9월 7일 '국민대회준비회'를 결성하게 되었고, 이어 고하는 김성수, 김준연, 서상일, 김동원, 안동원 등과 함께 한민당(韓民黨) 창당에 참여하게 된다. 이들의 참여로 한민당 창당은 단연 활기를 띠게 되었고 마침내 9월 16일 천도교 강당에서 1천 6백여 명의 발기인이 참석한 가운데 창당대회가 개최되었다.[22)]

사실상의 당수인 수석총무로 추대된 고하 중심의 한민당의 노선에 대해서는 상론이 필요치 않을 것이다. 무엇보다도 이미 상당한 정치세력으로 위치를 확보하고 있던 여운형의 인민공화국(人民共和國)을 견제하는 데 그 활동의 중심이 모아졌고, 그 노선은 반공에 기반을 두고 있었다는 점이다. 그리고 이는 결과적으로 해방이후 극심한 민족분열의 한 원인이 되었다는 것도 부인할 수 없는 사실이었다.

광범위한 좌익세력이 인공(人共)으로 결집되고, 우익세력이 한민당으로 결집되어 대결국면에 진입하는 시점에서 미점령군 맥아더의 포고령 제1호가 발표되었다. 미군정을 실시하겠다는 것과, 그들만이 남한에서 유일한 합법정부라고 밝힌 이 선언을 통하여 일본 패망 후 독립정부 수립을 꿈꾸고 있던 인민공화국

---

22) 정통야당의 효시로 간주되고 있는 한민당은 당수제(최고위원제)를 채택하지 않고 총무제를 채택하였는데 1도(道) 1총무의 원칙에 따라 함경도 원세훈, 전북 백관수, 경북 서상일, 경기 김도연, 경남 허정, 충남 조병옥, 황해 백남훈, 평안도 김동원 등 8명의 총무가 선출되고 고하는 수석총무로 추대 되었다.

은 물론이고 임정의 환국이후 그들과의 연대를 통해 정부를 수립할 계획이던 우파 모두 커다란 타격을 입게 되었다.

그러나 타격의 정도에 있어서 인공과 한민당 간에는 커다란 차이가 있었다. 왜냐하면 바로 이 시기에 한민당과 미군정간에는 대화의 통로가 개설되고 우호적 분위기[23]가 형성된 반면, 인공(人共)과 미군정간의 대결양상은 더욱 커지게 되었기 때문이다.

이러한 때에 미국에서 이승만 박사가, 중국에서는 김구 선생을 필두로 한 임시정부 요인들이 환국하게 되었다. 이승만 박사의 귀국은 인공(人共)의 세력 팽창과 이에 맞설 우익진영의 세력 부족을 감지한 하지(John Hodge) 사령관의 계책이라는 분석이 많은데, 고하 또한 국민적 명망이 높은 이들이 환국하여 국민통합을 도모할 수 있기를 바라는 입장이었기 때문에 미군청에 이들이 조속히 환국할 수 있도록 주선하여 줄 것을 요칭하였다.

고하는 먼저 환국한 이승만 박사를 위하여 돈암동에 고급주택을 빌려 그에게 제공한 다음 그를 방문하고 한민당의 총재에 취임하여 줄 것을 간청하였으나 이승만은 "어느 한 정당의 총재가 될 수 없다"며 거절함으로써 뜻을 이루지 못하였다. 이승만 박사에 대해서는 좌파세력에서도 모시고자 하였는데, 이는 이승만을 이미 그들이 조직한 인공의 주석으로 추대하였기 때문에 당연한 일이였다. 그러나 이승만이 이 역시 거절함에 따라 좌파와 우파의

---

23) 이러한 분위기 속에서 미군정청은 한민당의 추천으로 김성수, 김용무, 김동원, 李容卨, 全用淳, 吳泳秀, 강병순, 윤기익, 여운형, 조만식을 군정고문으로 임명하고, 이어서 警務部長에 조병옥, 學務部長에 유억겸을 기용하게 된다.

지도자들은 '독립촉성중앙협의회'(獨促中協)를 만들고 이승만을 이 기구의 지도자로 추대하였다. 그러나 이승만과 좌파 간의 관계는 곧 냉각되었다. 이승만이 반공적(反共的)·반소련적(反蘇聯的)·반좌파적(反左派的) 입장을 분명히 했기 때문이다. 반면 이승만과 한민당 간의 유대는 매우 확고해지게 되었다.

이러한 가운데 임정 요인들의 환국이 이루어지게 되었다. 김구 주석과 김규식 부주석, 신익희 내무부장 등 요인들이 귀국함에 따라 고하는 이들의 뒷바라지에도 최선을 다하였다. 고하는 이미 해외의 독립지사들이 귀국할 때를 위하여 금융계와 실업계 인사들로부터 9백만 원이라는 거금을 모금해 놓았기 때문에 임정요원들에게 이를 전달하였다. 그러나 임정요인들이 '이 돈 가운데 깨끗하지 않는 돈이 들어있다'하여 반환하는 사태가 발생함으로써 오히려 고하와 임정 간에 마음의 간극이 생기는 요인이 되었다.

이처럼 국내에서 활동하던 고하를 중심으로 한 우파정치세력과 임정 간의 관계가 매끄럽지 못하게 진행되고 있는 가운데 국제정세는 또 다른 방향으로 전개되고 있었다. 이른바 한국문제 처리를 위한 '모스크바 3상회의'가 12월 16일부터 개최되었고 여기에서 한국에 대한 신탁통치가 결정되었는가 하면 '미·소공동위원회' 설치가 결정된 것이다. 이후 한반도의 정세가 이른바 찬탁(贊託)과 반탁(反託)의 격렬한 대립으로 나타나게 된 것은 주지의 사실이다.

미래의 전개를 예단하여 단정하는 것처럼 무모하고 위험한 일은 없을 것이다. 해방 후 민족이 분단되고 6·25를 겪으며 분단이 고착되어 온 것을 생각한다면 신탁통치를 놓고 전개되었던 찬탁과 반탁 대립도 어느 것이 현명 했을까에 대한 생각이 다를 수도 있기 때문이다. 어떻든 당시 남한에서는 신탁통치가 모스크바3상회의 결정의 전부인 것으로, 그리고 신탁통치를 일제의 식민통치가 연장되는 것으로 받아들여졌던 것이 사실이다.

당초에 좌우파를 가리지 않고 반탁을 외쳤던 정치 지도자들 간에는 그들의 이해 관계에 따라 곧 분열이 나타났다. 일반적으로 좌파는 모스크바의 합의를 지지하였고, 우파는 중심인물 가운데 한 사람인 고하가 미군정을 받아들이는 연장선상에서 모스크바 결정을 지지하는 것으로 비친 것은 그에게 불행을 가져온 결정적 계기가 되었다.

Ⅴ. 고하의 서거

한민당의 수석총무로서 동아일보의 사장으로서 바쁜 나날을 보내고 있던 고하는 미군정과의 협력을 통한 정국의 안정을 도모하고 환국한 임정 요인들에 대한 뒷바라지 및 그들과의 이견 조정에 연말을 정신없이 보내고 있었다.

12월 28일에도 경교장(京橋莊)에서 임정 요인들과 함께한 회의가 29일 새벽 4시가 되어서야 끝났다. 김준연과 함께 귀가한 고하는 두어 시간쯤 눈을 붙였다. 아침 7시 무렵 낭산이 집을 나간 후 찾아온 손님들과 아침을 함께한 뒤 한민당사로 출근하였다. 오후에도 임정이 주재한 회의에 참석했고, 다시 당사에 들려 반탁 시위 행렬 때 부상한 변희용(卞熙鎔)[24]의 위문을 원세훈에게 부탁한 후 자택으로 귀가하였다.

고하가 잠자리에 든 것은 밤 열시쯤이었다. 양아들 영수(英洙)[25]가 문을 안으로 잠그는 것이 어떻겠느냐고 물었지만 고하는 "문을 왜 거느냐, 내버려 두라"고 말한 채 잠자리에 들었다. 이튿날(12월 30일) 새벽 고하의 침실 밀창문을 여는 소리와 함께 총소리가 들렸다. 담장을 넘어온 여섯 명의 괴한이 연속해서 열세 발을 쏘았는데 여섯 발이 심장과 복부 등에 명중한 것이다. 영수와 호위경관 정종근이 황급히 뛰어 갔을 때는 고하는 이미 운명한 상태였다. 일제와 해방정국을 주도한 우리 정치의 거목이 쓰러진 것이다.

조병옥, 김성수 등이 황망히 달려왔고 이승만도 달려와 통곡하였다. 이승만은 울음을 참으며 다음과 같은 輓詩를 짓고 썼다.

義人自古席終稀　의인은 자고로 명대로 사는 것이 드물고
一死尋常視若歸　죽음을 제집 찾아가듯 대수롭지 않게 여기네
擧國悲傷妻子哭　온 나라가 슬퍼하고 처자도 우는데
臘天憂里雪霏霏　섣달그믐 망우리에는 눈발만 날리네

---

24) 제3공화국 시기 제1 야당이던 新民黨의 박순천(朴順天) 여사의 부군으로 후일 성균관대학교 총장을 역임하였다.

25) 앞에서 서술한 것처럼 고하에게 후사가 없어 맏형의 아들 英洙를 養子로 받아 들였다. 英洙는 김현수 여사와 결혼하여 아들 상현(相現: 서울대학교 명예교수·국제형사재판소장)을 얻었다.

김 성 수

■ 독립운동가

- 호 인촌(仁村)
- 출생-사망 1891. - 1955.
- 출생지 전라북도 고창군
- 대표공직 경성방직 사장, 동아일보 사장,보성전문학교 교장, 제2대부통령

▲생가 사진

인촌(仁村) 김성수

I. 머리말

범인(凡人)의 경지를 벗어나 나름대로 세상에 족적을 남긴 사람에 대한 평가는 결코 쉬운 일이 아니다. 더욱이 그가 삶을 살았던 시대(時代)가 평시(平時)가 아닌 경우에는 그의 삶 또한 시류(時流)로부터 영향을 받지 않을 수 없었을 터이니 더욱 그러할 수밖에 없을 것이다.

바로 인촌(仁村) 김성수(金性洙)가 그 대표적인 경우에 해당되지 않을까 싶다. 비교적 오랫동안 일제 시대의 대표적 애국지사 가운데 한 사람으로, 그리고 이 땅에 산업과 교육을 진흥시킨 공로자로서, 뿐만 아니라 정부수립 이후에는 이승만 독재에 맞선 민주지사(民主志士)로 존경 받아 왔던 인촌이 과거사 재평가의 시류 속에서 친일분자로 낙인찍히게 되고 급기야는 친일인명사전(親日人名辭典)에 등재되는 불명예를 안게 되었기 때문이다.

필자는 정치학을 공부하는 학도로서 호남의 대표적 정치지도자 가운데 한 사람이었던 인촌에 대해 오래 전부터 관심이 없지 않았다. 그러나 그에 대해 보다 깊이 탐색해 보고 싶은 학문적 욕심이 일기 시작한 것은 필자가 고하(古下) 송진우에 대한 글을 쓰면서 부터였다.

주지하다시피 인촌과 송진우는 관포지교(管鮑之交)에 비유할 수 있을 만큼 막연한 친구사이로 두 사람은 평생을 통하여 변함없는 우정을 간직하였을 뿐만 아니라 정치적 동지(同志)로서 뜻을 함께 하였다.

아무리 친한 친구사이라도 때에 따라서는 견해가 충돌될 수도 있고, 특히 정치적 이해관계에 따라서는 우정에 변함이 있을 수도 있는 것이 상례이건만 이 두 사람은 변함없는 상호 신뢰 속에 평생을 동지로서 지냈으니 이는 결코 쉬운 일이 아니다.

필자가 송진우에 대한 글을 쓰면서 느꼈던 것은 인촌이 송진우의 삶에 끼친 영향이 결코 적지 않았다는 점이다. 송진우에 비해 경제적으로 유족했던 인촌의 부조와 배려가 없었다면 송진우의 삶은 적지 않게 달라졌을 수도 있을 것이기 때문이다. 그럼에도 불구하고 인촌은 항상 송진우의 입장을 먼저 배려하였고, 그를 뒤에서 후원하는 것을 마다하지 않는 대인(大人)의 풍모를 보였다.

민주화의 과정을 거치면서 권위주의 시대에 잘못 기록되고 잘못 평가되어온 지난 역사에 대한 재평가 작업이 진행되어온 것은 지극히 당연하고 다행스러운 일이 아닐 수 없다. 그럼에도 불구하고 한 인물(人物)의 생애에 대한 평가는 전체적인 맥락에서 검토되어야 하며 한 부분이 곧 전체의 것으로 매도되거나 폄훼

되어서는 안 될 것이다.

필자는 인촌에 대한 이 글에서 지금까지 인촌에 대해 이루어져 온 두 가지의 극단적 주장을 어떠한 편견 없이 객관적으로 재평가해 보고자 한다. 이 글은 그 성질상 기존에 간행된 인촌에 관한 여러 기록들을 근거로 하되, 인촌과 같은 시대를 살면서 그와 교유했던 여러 사람들의 기록을 함께 검토함으로써 논지의 객관성을 유지하고자 한다.

Ⅱ. 김성수의 출생과 성장

인촌(仁村) 김성수는 1891년 10월 11일(음력 9월 9일) 전라북노 고칭군 부안면 인촌리에서 부친 김경중(金暻中)과 모친 장흥 고씨(長興高氏) 사이의 4남으로 출생하였다.[1] 인촌이 태어난 때는 조선 말기로서 이미 정치의 문란과 함께 사회 기강이 극도로 피폐해졌고 전국에 걸쳐 민란(民亂)이 빈번하게 일어나고 있었다. 이는 인촌이 태어난 지 3년 후인 1894년(高宗 31년)에 인촌의 고향과 멀지 않는 곳에서 부패한 관리[2]의 탐학에 저항하여 동학농민혁명이 일어난데에서도 분명해지고 있다.

1) 인촌의 형제관계에 대해서는 자세한 기록이 없으나 위로는 그가 태어나기 전에 이미 요절한 3명의 형(兄)들과 누님(壽男)이 있었고, 밑으로 아우 연수(秊洙)와 함께 큰누이 영수(榮洙)와 작은누이 점효(占效)가 있는 것으로 보아 5남 3녀 중의 넷째인 것으로 보인다 .

2) 고부군수 조병갑(趙秉甲)이 자행한 탐학과 수탈 내용에 대해서는 노태구 엮음, 『동학혁명의 연구』(서울: 백산서당, 1982), pp.27-34를 참고할 것.

이처럼 시국이 혼란스러워지고 있는 상황에서 인촌은 평야지대인 고창군 부안면 일대의 지식인이자 재력가 집안의 실질적 장남으로 태어났으니 실로 집안의 기대를 한 몸에 받을 수밖에 없었을 것이다. 더욱이 그가 3살 때 후사가 없던 그의 백부 김기중의 양자로 입적하게 됨에 따라 그는 가문의 대(代)를 잇는 대들보로서 더욱 총애를 받게 되었고, 이후 그의 삶에는 생부(生父)[3]와 양부(養父)[4] 두분 부친의 뒷받침이 크게 작용하게 되었다.

인촌의 삶에 커다란 영향을 미친 생부와 양부 두 사람은 인촌이 태어날 무렵에 인촌리(仁村里) 앞뒷집에 거주하였는데, 인촌이 18세 때인 1908년 줄포(茁浦)로 이거한 이후에도 울타리를 사이에 두고 앞뒷집에 살만큼 형제간의 우애가 지극하였다. 이러한 가풍(家風)은 인촌의 성격 형성에 적지 않는 영향을 미쳤을 것으로 보여 진다.

인촌은 13세 때 창평(현재의 담양군)의 명문가이자 선각자인 고정주(高鼎柱)[5]의 딸로 그보다 5살 연상인 고광석(高光錫)과

---

3) 생부 김경중(金暻中)은 1863년 생으로 호를 지산(芝山)이라 하였으며, 경릉참봉, 비서승, 봉상시 부제조와 진산(현재의 금산)군수를 역임하였다. 조선사(朝鮮史) 17권을 저술할 만큼 역사에도 해박하였으며 1945년 卒하였다.

4) 양부 김기중(金祺中)은 1859년 생으로 호를 원파(圓坡)라 하였으며, 의령원 참봉을 거쳐 용담(현재의 진안군), 평택, 동복(현재의 화순) 등지의 현감과 군수를 역임하였다. 1908년 줄포로 이거한 이후에는 그곳에 영신학교(永信學校)를 세워 운영하기도 하였으며 1933년 卒하였다.

5) 1863년 생으로 1884년 과거 복시(覆試)에 합격하여 진사가 되었으며, 1893년 승정원 부정자(副正字), 주서(注書, 正7品)가 되었다. 1905년 홍문관 시독(侍讀, 正5品)에 제수되었으나 고사하고 을사보호조약체결을 지켜보면서 이를 배척하는 상소를 올렸으나 가납되지 않자 고향으로 낙향

결혼 하였다. 이리하여 인촌은 처가 동네에 그의 빙장이 설립한 영학숙(英學塾)에서 손위 처남인 고광준과 함께 공부하게 되었는데 여기에서 평생 동안 우정과 뜻을 함께한 송진우(宋鎭禹)[6]를 만나게 되었다.

창평과 이웃한 고지면 손곡리(현재의 금성면 대곡리)에서 태어난 송진우는 그의 부친과 인촌의 빙장인 고정주 간의 친교에 의해 학문을 배우기 위해 영학숙에 입학하게 되었는데, 여기에서 인촌을 만나게 된 것이다.

온화하고 활달한 인촌과는 달리 자존심이 강하고 과묵하면서도 비분강개형이었던 송진우는 성격차이에도 불구하고 인촌과 허교(許交)하게 되었고, 이후 두 사람은 위급지경에 처한 나라의 장래 등을 놓고 밤새 토론을 벌이는 등 학업에 전념하였다. 그러나 두 사람의 동문수학은 송진우가 3개월 만에 영학숙을 그

하였다. 낙향한 그는 향리에 창흥의숙(昌興義塾: 창평고등학교의 전신)을 세워 청년들에게 신학문을 가르쳤는가 하면 계몽단체인 호남학회(湖南學會)를 설립하기도 하였으며, 인촌을 사위로 맞이한 후에는 아들 고광준(高光駿)과 사위를 위해 영학숙을 열어 신한문을 가르치기도 하였다. 1934년 卒하였으며, 후일 동아일보 사장을 역임한 고재욱(高在旭)이 손자이다.

6) 1889년(高宗 26年) 전남 담양에서 출생하였음. 일본 메이지(明治)대학을 졸업하였으며 귀국 후 김성수와 함께 민족독립운동에 투신하였음. 1917년~1919년 중앙학교 교장을 맡았으며, 3·1운동 때에는 그 배후인물로 지목되어 1년 간 복역하였다. 1921년 동아일보사 사장에 취임하였으나 일제의 압력에 의해 사직하였고, 1945년 해방 후 한국민주당을 창당하여 당수격인 수석총무에 취임하여 활동하던 중 같은 해 12월 28일 자택에서 한현우에게 암살당했음. 편집부 편, 『政治學大辭典』 (서울: 博英社, 1995), p.877.

만 두고 뒤이어 인촌도 처가를 떠나 친가로 돌아옴으로써 오래 지속될 수 없었다.7)

그렇지만 두 사람의 인연은 1907년 봄 고하가 전북 부안으로 인촌을 찾아 감으로써 다시 이어지게 되었으며 두 사람은 인촌이 공부하고 있던 내소사(來蘇寺)에서 반갑게 재회하였는데, 이때 송진우는 인촌과 함께 공부하고 있던 백관수(白寬洙)8)를 만나게 되었다.

이처럼 세 젊은이가 내소사에서 공부하고 있을 때인 1907년 네덜란드의 수도 헤이그에서 개최된 만국평화회의에 고종의 밀사로 참석했던 이준(李儁)이 단식 자결했다는 소식이 내소사에까지 전해졌다. 이에 성격이 비분강개형인 송진우는 통곡으로 나날을 보냈고 인촌과 백관수는 이를 달래며 안정시키기 위해 노력하였다.

헤이그에서의 소식과 함께 뒤이은 일제의 침략으로 말미암은 정국의 격동은 이들 세 청년 중 인촌과 송진우 두 사람으로 하여금 조국을 위해 일하기 위해서는 큰 곳에 가서 공부해야 한다는 결심을 하게 만들었다. 마침내 이들은 부모님의 반대 등 숱한 난관을 이겨내고 군산에서 시모노세키(下關)행 화륜선 시라카와마

7) 古下先生傳記編纂委員會, 『獨立을 향한 執念』 (서울: 동아일보사, 1990), pp.50-52.

8) 호는 근촌(芹村) 1889년 전북 고창에서 출생함. 경성법전(京城法專)을 졸업하고 YMCA간사로 일본에 유학, 도쿄에서 조선청년독립단을 조직, 학생대표 11명 중 한사람으로 2·8독립선언서를 발표하였으며 일경에 체포되어 1년간 복역함. 1921년 메이지대학을 졸업하고 귀국하여 조선일보 상무 겸 영업국장을 맡았고, 1937년 동아일보 사장에 취임하였음. 8·15 후 한국민주당 총무, 입법의원, 제헌의원으로 활동하였으나 6·15 때 납북됨. 편찬위원회, 『韓國史大辭典』 (서울: 豊文社, 1974), p.557.

루(白川丸)에 몸을 싣고 장도에 올랐으니, 이때가 1908년 10월 중순으로 인촌이 18세, 송진우가 19세 때의 일이다.

두 사람은 군산에서 공부할 때 잠시 만난 적이 있는 대성중학교(大成中學校) 학생 홍명희(洪命喜)[9]의 권유로 중학교 입학 준비를 위해 세이소쿠(正則) 영어학교에 입학하였는데, 인촌은 고향의 부모님에게 무사히 도착했다는 소식과 함께 허락도 없이 도일(渡日)을 감행한데 대해 사죄하는 편지를 올렸다. 이들은 세이소쿠 영어학교에서 중학교 입학준비과정을 마치고 다음해인 1909년 4월 긴죠(錦城) 중학교 5학년에 편입하여 공부를 계속하여 대학교 입시를 준비하였는데 이해 10월 안중근 의사가 동양침략의 원흉인 이토히로부미(伊藤傳文)를 중국의 하얼빈 역에서 저격 살해한 대사건이 발발하였다.

이처럼 격변기 속에서 학업에 정진한 인촌과 송진우는 1910년 4월 일본에 건너온 지 3년 만에 긴죠중학교를 수료하고 와세다(早稻田) 대학 예과에 입학하게 되었는데, 같은해 5월 일본은 육군대신 데라우찌 마사다케(寺內正毅)를 조선통감으로 겸임 발령하고 조선을 병탐하기 위한 온갖 술책을 동원한 결과 마침내

---

9) 호는 벽초(碧初)로 1888년 충북 괴산에서 출생함. 도쿄의 다이세이(大成) 중학교를 졸업하였으며, 연희전문학교 교원을 역임하고 1924년 동아일보 편집국장, 1927년 신간회(新幹會) 조직부장, 오산중학교 교장 등을 지냈음. 1945년 조선문화협회 회장, 조선문학가동맹 중앙집행위원회 위원장, 1946년 서울신문사 사장 등을 역임하였으며 1946년 민주통일당을 조직하였고 1948년 4월에는 남북연석회의 남측 대표로 참가하였다가 북한에 잔류하였음. 북한에서 최고인민회의 대의원 등 요직을 역임하였으며 1968년 3월 사망한 것으로 알려짐. 역사소설 '임꺽정'(林巨正)의 작가로 유명함. 編纂委員會, 『北韓大辭典』(서울: 공산권문제연구소, 1979), p.1473.

8월 29일 강제로 합병조약을 체결함으로써 우리의 국권(國權)은 상실되게 되었는데 이는 일본에 유학 중이던 400여 조선학생들에게는 엄청난 충격이었다.[10)]

이때 송진우는 비분강개형인 그의 성격대로 철야하며 통곡하다가 결연히 학업을 중단하고 고향으로 돌아가겠다고 선언하였고, 이에 인촌은 실력을 배양해야 일본을 이길 수 있다며 만류하였지만 그의 고집을 꺾을 수는 없었다. 이리하여 인촌은 송진우를 떠나보내고 1911년 혼자서 와세다 대학 정치경제학과에 입학하였으니 이때가 21세 때였다.[11)]

인촌은 와세다 대학에서 3년간 수학한 다음 24세 때인 1914년 7월 마침내 와세다 대학을 졸업하였는데 이곳에서의 3년 동안 그는 소중한 친구들을 만나게 되었다. 송진우를 제외하고도 장덕수(張德秀), 현상윤(玄相允), 최두선(崔斗善), 김준연(金俊淵), 조만식(曺晩植), 김병로(金炳魯), 현준호(玄俊鎬) 등 셀 수 없을 만큼의 인재들이 그들이니 이들은 그 후에도 인촌과 직간접적 인간관계를 지속하며 국가와 민족을 위해 일한 사람들이었다.[12)]

뿐만 아니라 인촌은 와세다대학에서의 수학을 통하여 이 대학의 설립자인 오쿠마 시게노부(大隈重信)의 교육을 통한 국가발전이라는 경세사상에 대해 깊은 관심을 갖게 되었는데, 이는 그가 귀국 후 중앙학교를 인수 경영하게 된 배경이 되었다. 잘 알려진

10) 權五琦, 『仁村 金性洙』 (서울: 東亞日報社, 1987), pp.69-70.
11) 이현희, 『인촌 김성수연구』 (서울: 나남, 2009), pp.64-65.
12) 權五琦, 앞의 책, p.75.

것처럼 오쿠마는 규슈의 하급무사(下級武士) 출신으로 메이지유신에 참여하여 자유민권 운동가로 정계에 투신하였고, 헌정당(憲政黨)의 당수로 메이지(明治)와 다이쇼(大正)시대에 외무대신과 두 번에 걸쳐 내각총리대신을 지낸 입지전적 인물로 국가의 원대한 발전에는 국가 권력으로부터 학문의 자유가 보장되어야 한다는 신념하에 와세다대학을 설립하여 자유로운 학풍(學風)을 지닌 일본의 대표적 사학으로 발전시킨 장본인이다.[13]

여기에서 특기할 사항은 인촌이 졸업을 앞둔 전해인 1913년 10월 와세다대학 설립 30주년 기념행사[14]를 계기로 그의 양부(養父)인 원파와 생부(生父)인 지산 두 분을 일본에 초청하여 조선과는 비교할 수도 없을 만큼 발전한 일본의 모습을 직접 목격하도록 배려했다는 것이다. 인촌은 이 기회에 일본이 이처럼 발전하는 데에는 개화(開化)와 함께 교육(敎育)이 그 토대가 되었음을 설명하였는데, 이는 후일 그가 귀국 후 교육 사업을 진행하는데 필요한 두 부친의 지원을 사전에 도모하는 원모지계(遠謀之計)였다.

Ⅲ. 일제와 해방정국에서의 활동

13) Waseda University(2010), p.28.

14) 와세다대학은 1882년 동경전문학교(東京專門學校)라는 이름으로 창설되었고, 20주년이 되는 1902년 「와세다대학」이라는 이름으로 개칭되었기 때문에 창설 30주년은 1912년이지만 그해에 메이지(明治) 천황의 서거로 기념행사가 1년 연기되어 1913년에 치러지게 된 것이다.

일본에서의 유학을 마치고 귀국한 인촌은 향리인 부안 줄포에서 잠시 휴식을 취하였다. 6년 전 부모님의 반대 속에 선각자 한승리(韓承履)의 도움 속에 화륜선에 몸을 싣고 군산을 떠났던 시골뜨기가 일본의 명문사립대학을 졸업한 지식청년(知識青年)이 되어 돌아온 것이다.

고향에 돌아오니 그가 일본에 체류 중일 때 때어난 장남 상만(相萬)이 이미 5세가 되어 있었다. 그러나 큰 포부를 안고 귀국한 인촌으로서 오랫동안 떨어져 지낸 가족에 대한 미안함과 가족적 분위기에 더 이상 젖어 있을 수만은 없었다. 그의 포부를 실현하기 위해서는 불가피 서울로 갈 수밖에 없다는 생각으로 같은 해 여름 집을 나섰다.

인촌이 귀국할 무렵 한국의 상황은 참혹한 일제의 통치에 신음하고 있었다. 1905년 11월 강제 체결된 을사조약(乙巳條約)에 의해 통감부(統監府)가 설치되었고, 한국은 비단 외교권 뿐만 아니라 모든 내정(內政)에까지 일본의 지휘·감독을 받는 처지에 놓이게 된 것이다.[15)]

한말(韓末)에 우리나라에는 전도를 목적으로 선교사들에 의해 현대식 학교가 설립되기 시작하였는데, 1885년 미국인 아펜젤러(H·G·Appenzeller)에 의해 세워진 배재학당(培材學堂)을 효시로 하여 정신여학교, 숭실학교(평양), 정명학교(목포) 등이 그것이다.[16)]

이처럼 서양 선교사들에 의해 세워진 현대식 학교들이 한국의

---

15) 元裕漢 외, 『韓國史大系(朝鮮末期)』,(서울: 三珍社, 1976), pp.138-151.
16) 위의 책, p.186.

근대화에 기여하고 있는 동안에도 일제의 침략 야욕이 더욱 노골화 되어 간 1900년대 초에 이르러서는 국권(國權)을 수호하기 위해서는 서양식 교육에 민족적 내용을 담아야 한다는 선각자들에 의해 적지 않는 사립학교들이 설립되었다.[17] 1895년 민영환(閔泳煥)이 설립한 흥화학교(興花學校)를 효시로 1896년 민영기(閔泳綺)의 중교의숙(中橋義塾), 1901년 서세광(徐世光)등이 설립한 보광학교(普光學校), 1904년 엄주익(嚴柱益)의 양정의숙(養正義塾), 이용익(李容翊)의 보성학교(普成學校)등이 여기에 속한데[18], 1905년부터 1910년까지 설립된 근대 사학은 모두 5,000여 곳에 달하였다.

이처럼 사학을 통한 민족교육이 활발하게 전개되자 일제는 이를 억압하기 위하여 1908년 8월 '사립학교령(私立學校令)'을 공포하여, 기존 사립학교들도 학부대신의 인가를 받게 함으로써 사학에 대해 통제장치를 마련하였다.[19] 이처럼 사립학교령이 제정된 결과 서양 선교사들이 신청한 종교계 학교 778건은 모두 인가된 반면, 조선인이 신청한 학교는 1,217건 중 42건만 인가되고 나머지 1,175건은 불인가된 데에서 일제의 의도가 어디에 있었던가 하는 것이 분명히 증명되었다.[20]

이처럼 한국의 교육현실은 고향에서 병상에 누워있던 송진우와의 약속대로 교육을 통한 민족의 자각과 실력배양이라는 포부

---

17) 車錫基, 『敎育史敎育哲學』(서울: 集文堂, 1991), p.199.
18) 南宮勇權, 『敎育史新論』(서울: 敎育硏究社, 1990), p.247.
19) 車錫基, 앞의 책, pp.220-222.
20) 위의 책, p.222.

를 펴겠다고 상경한 인촌에게 너무나도 절박하게 인식되었다. 이러한 가운데 사립학교를 경영하겠다는 의욕에 찬 20대 청년의 이야기는 곧 서울 시내에 회자되었고, 경영난에 직면해 있던 학교들로부터 교섭이 들어오기 시작하였다. 이 가운데 하나가 기호흥학회(畿湖興學會)가 1908년 설립하여 운영하다가 재정난에 봉착하여 기호흥학회 외에 흥사단, 호남학회, 교남학회, 관동학회 등이 공동 지원으로 유지되고 있던 중앙학교(中央學校)였다.[21]

인수에 필요한 재원을 마련하는 일은 결코 쉬운 일이 아니었다. 결국 단식투쟁도 마다하지 않는 끝에 양부와 생부를 설득하는데 성공함으로써 인수에 필요한 재원을 확보할 수 있게 되었다. 마침내 1915년 4월 인수절차가 마무리 되었고, 교육자이자 선각자인 석농(石儂) 유근(柳瑾)을 교장으로 추대하고, 안재홍(安在鴻)을 학감으로 임명하였으며 인촌 자신은 평교사가 되었다. 같은 해 7월 송진우가 메이지대학을 졸업하고 귀국하였기 때문에 인촌은 그를 교무담당으로 영입하였는데, 이듬해인 1916년 안재홍이 학감직을 사임하였기 때문에 송진우가 그 자리에 취임하였고,[22] 1917년 3월에는 유근 교장도 용퇴함에 따라 인촌이 그 직에 취임하여 약 1년간 재임하였다.

인촌의 중앙학교 인수와 경영은 인촌이 일본으로부터 귀국하여 조국에서 활동한 내용의 알파이자 오메가라고 할 수 있을 만큼 중요한 부분을 차지한다고 할 수 있다. 인촌은 중앙학교를 위해 모든 것을 던졌다. 그 결과 1917년 6월 계동(桂洞) 1번지에

21) 이현희, 앞의 책, pp.87-88.
22) 古下先生傳記編纂委員會, 앞의 책, pp.91-92.

4,300여 평의 대지를 구입하여 붉은 벽돌 2층으로 교사(校舍)를 신축하였고, 당초 80여 명이었던 학생도 300여 명으로 늘어났는가 하면 일본 유학에서 귀국한 송진우, 최두선, 현상윤, 이강현 등이 중앙학교에서 교편을 잡음으로써 중앙학교의 명성은 곧 전국적인 것이 되었다.

인촌이 이처럼 중앙학교에 전심전력하였던 목적은 다름 아닌 중앙학교에서의 교육을 통하여 학생들에게 민족 혼(魂)을 고취하는데 있었음은 당시 중앙학교를 다녔던 많은 사람들에 의해 확인되고 있다.[23] 그리고 이러한 인촌의 의중은 1919년 3월 '기미독립운동'(己未獨立運動)의 발단과 전개과정에서의 중앙학교의 역할에서 잘 나타나고 있다.

제1차 세계대전 후의 세계평화 정착에 중요한 역할을 했던 윌슨(Woodrow Wilson)[24]의 민족자결주의에 영향 받아 천도교, 기독교, 불교 및 다양한 민족주의 세력들이 결합하여 일으킨 운동이 '3·1독립운동'이지만 그것을 조직하고 연결하는 등의 핵심적 역할은 다름 아닌 중앙학교가 맡았다.[25] 그리고 그 산지(産地)가 곧 중앙학교의 숙직실이었다. 여기에서 중앙학교의 숙직

---

23) 權五琦, 앞의 책, pp.110-118.

24) 미국의 제28대 대통령으로 1856년 출생함. 프린스턴·버지니아·존스 홉킨즈대학에서 수학했으며 프린스턴 대학의 교수 및 총장을 역임하였음. 1912년 대통령에 당선되어 상원의원의 직선, 금주법, 여성참정권 허용 등 혁신정책을 단행함. 1917년 재선되어 1918년 민족자결원칙을 포함한 14개조(條)를 발표함. 국제연맹의 창설을 위해 진력하였고, 1919년 노벨평화상을 수상함. 편집부 편, 『政治學大辭典』, p.116.

25) 金重洵 저, 柳錫春 역, 『문화민족주의자 金性洙』(서울: 一潮閣), pp.82-83.

실이 3·1독립운동의 연락 중심지로서의 기능을 맡았다는 사실은 중요한 의미를 지닌다고 할 수 있다. 왜냐하면 실질적 교주(校主)였던 인촌의 허락과 도움이 없이는 불가능 했을 것이기 때문이다.

인촌은 3·1운동에 실질적으로 참여[26]하였으면서도 중앙학교의 장래를 걱정한 송진우와 현상윤 등 동지들의 배려로 향리인 줄포로 피신한 덕분에 일제의 검거 선풍에 걸려들지 않았고 중앙학교 또한 무사할 수 있었다.

3·1독립운동이라는 격동 속에서 중앙학교를 무사히 지켜낸 인촌이 다음으로 시작한 일은 민족기업을 일으키는 것이었다. 인촌이 민족기업으로 「경성방직」(京城紡織)을 세우게 된 동기에는 중앙학교의 교사 이강현(李康賢)의 제안이 크게 작용하였다. 이강현은 인촌이 일본에 유학 중일 때 구라마에(藏前)공업고등학교에서 방직을 전공한 학생으로 귀국 후 언론에 상공업과 기술의 중요성을 강조하는 글을 쓰는 등 계몽활동을 하던 중 인촌에 의해 중앙학교 물리교사로 초빙되었다.[27]

당시 중앙학교의 교복은 인촌의 방침에 따라 일제 광목(廣木)이 아닌 조선의 무명베로 되어 있었는데, 그 품질이 떨어질 뿐만 아니라 세탁상의 불편 등으로 학생들의 불만이 적지 않다는 것을 이강현이 인촌에게 설명하고, 우리 손으로 광목을 만들자고

---

26) 인촌이 독립운동에 참여한 것은 비단 「3·1독립운동」 뿐만 아니라 그가 와세다 대학에 재학 중일 때의 「2·8독립선언」 과정에서도 분명한 사실로 나타나고 있다. 李炫熙, 『韓國史大系』 (서울: 三珍社, 1976), pp.72-76.

27) 이현희, 『인촌 김성수 연구』 , pp.141-142.

제안했던 것이다. 이에 따라 인촌은 1917년 운영난에 봉착해 있던 경성직뉴(京城織紐)를 인수하였고, 이를 토대로 보다 대규모의 방직회사를 구상하게 되었는데 이에 필요한 엄청난 재원조달과 애국운동의 전개라는 차원에서 주식회사(株式會社)[28] 형태의 경성방직을 창립한 것이다.

1919년 10월 5일 창립총회가 개최되었고, 여기에서 취체역 7명, 감사역 5명을 선임하였는데 인촌은 취체역 중 1인으로 선임되었다. 후에 개최된 중역회의에서 박영효(朴泳孝)[29]를 사장으로, 박용희를 전무로, 이강현을 지배인으로 선임함으로써 회사의 진용을 완비하였는데, 친일파 박영효를 사장으로 선임한 것은 회사와 총독부와의 관계를 고려했기 때문으로 보인다.[30] 그럼에도 불구하고 경성방직이 민족 산업을 진흥시킨다는 당초의 목적과 또 회사경영에 있어서 민족주의적 성신을 견지하려고 노력했다

28) 일제에 의해 1919년 10월 설립이 허가된 경성방직은 1주당 50원 짜리의 주식 2만주가 발행되었는데 당시 50원은 쌀 네 가마 값을 상회한 금액이었다. 동년 10월 5일 7개월 전 3·1독립선언서가 낭독되었던 '태화관'에서 창립총회가 개최되었는데, 이때 31명의 주주가 참석하였고, 99명의 주주가 출석을 위임하였다.

29) 1861년(哲宗 12年) 태생으로 철종의 사위, 김옥균·홍영식·서광범 등과 개화당을 조직하여 정치적 혁신을 도모하였고 일본세력을 이용하여 청(淸)의 간섭과 러시아의 침략을 억제하려 하였음. 1884년 갑신정변으로 집권세력이 되었으나 정변의 실패 후 일본에 망명하였다가, 1894년 갑오경장(甲午更張) 때 귀국하여 제2차 김홍집 내각 때 내무대신이 되었음. 후일 이완용 내각 때 궁내대신(宮內大臣)이 되었으며 한일합방 후 일본으로부터 작위를 받고 중추원 고문이 되고 일본의 귀족원(貴族院) 의원이 되는 등 친일파로 활동하다가 1939년 卒하였음. 편집부 『政治學大辭典』, p.643.

30) 金重洵 저· 柳錫春 역, 앞의 책, pp.105-106.

는 점은 1945년까지 전체 주식 26만주 가운데 일본인 주식의 비율이 5.6%에 그쳤다는 데에서도 분명해지고 있다.[31)]

이무렵 일제는 3·1독립운동의 후유증을 치유하기 위한 정책의 일환으로 1919년 8월 사이또(齋藤實)가 새로운 총독으로 부임한 것을 계기로 식민통치의 방식을 무단통치(武斷統治)에서 문화통치(文化統治)로 변화시키면서 한국인에게 신문발행을 허용하는 등 유화적 태도를 보이기 시작하였다.[32)]

인촌이 이처럼 경성방직을 설립하여 동분서주하던 때인 1919년 10월 7일 부인 고광석이 산고(産苦) 끝에 34세를 일기로 유명을 달리하였다.[33)]

인촌은 상배(喪配)의 슬픔 속에서도 일제의 정책 변화와 함께 그가 평소에 꿈꾸어 왔던 민족자강(民族自强)을 위한 3대 과제 가운데 이미 실천한 2개 분야 이외에 마지막 분야인 민족 언론 창달에 관심을 기울이기 시작하였다. 주변에서 신문 발행을 권유한 인사들이 늘어난 것도 그의 결심에 영향을 미쳤다.

당시 국내에는 기존의 총독부 기관지 「대한매일신보」가 개편된 「매일신보」만이 발행되고 있었고, 중국 봉천(奉天: 지금의 沈陽)에서 발행되는 친일적 신문 「滿洲日報」의 한글판이 국내에 배포되고 있는 실정이었음으로 민족적 정서를 대변할 신문의 필요성은 절대적이었다. 그럼에도 불구하고 총독부의 불허로 조

---

31) 위의 책, p.107.

32) 李炫熙, 『韓國史大系(日本强占期)』, 앞의 책, pp.93-102.

33) 첫부인 고광석은 담양의 선각자 고정주의 딸로 인촌과 결혼하여 상만(相萬)·상옥(相玉)·상기(相琪)·상선(相善)·상흠(相欽)의 4남 1녀를 두었다.

선인이 발간하는 신문이 전무한 가운데 실제로는 비공식적 지하 신문이 29개나 됨으로써 일제로서는 차라리 이들을 양성화해주고 통제를 가할 필요성을 느끼게 된 것이다.[34]

인촌이 민족 신문의 필요성에 공감하고 있었음에 불구하고, 그것을 결심하도록 하는 데는 최두선(崔斗善)과 유근(柳瑾) 등 여러 사람이 민족의 장래와 연결 지어 진지하게 설득하였기에 가능한 일이었다. 왜냐하면 그 당시 인촌은 이미 경성방직을 설립하여 그 경영에 겨를이 없었기 때문이다. 여기에서도 일신의 안위 보다는 대의명분을 중시하는 인촌의 일면을 찾아볼 수 있을 것이다. 인촌이 신문발행을 결심함에 따라 제호(題号)는 유근의 제의에 따라 동아일보(東亞日報)로 하기로 하였다.

1920년 1월 신문 발행 허가가 나왔고 1월 14일 발기인 총회를 개최하였는데 빌기인은 전국의 유명인사 78명이 참여하였다. 인촌은 동아일보 역시 경성방직처럼 전국 각 지역의 인사들이 광범위하게 참여하여야 명실 공히 민족의 신문이 될 수 있다고 생각하였고, 그 때문에 발기인 역시 전국의 유지들이 참여하도록 하였던 것이다. 경영진으로는 사장에 박영효, 편집감독에 유근과 양기탁, 주간에 장덕수, 편집국장에 이상협 등이 선임되었는데 이때에도 사장에 박영효를 선임한 것은 경성방직의 경우와 같은 이유였던 것으로 보인다.

1920년 4월 1일 고고성을 울린 동아일보는 3대 주지(主旨) 가운데 첫 번째로 "조선민중의 표현기관으로 자임(自任)하노라"

34) 金重洵 저·柳錫春 역, 앞의 책, pp.119-120

라고 표방하는 배짱을 보였고, 장덕수(張德秀)[35]가 쓴 창간사 또한 민족의 광명(光明)을 언급함으로써, 그 활동 방향을 분명히 하였다.[36]

1920년 7월 박영효가 사장직을 사임함에 따라 인촌이 제2대 사장에 취임하였다. 동아일보가 창간 직후부터 기사 삭제, 발매금지, 압수, 게재 중지 등 온갖 핍박을 받는 등 어려움에 직면하게 됨에 따라 책임경영에 나서게 된 것이다. 이후에도 동아일보의 시련은 그치지 않았다. 마침내 9월 25일 제1차 무기정간 처분이 내렸는가 하면 취재차 중국 훈춘(琿春)을 방문한 장덕준 기자가 현지에서 일본군에게 살해당한 사건이 발생한 것이다.

우여곡절을 겪으면서 인촌은 송진우(1921. 9 - 1924. 4)와 이승훈[37](1924. 5 - 10)에 이어 다시 제5대 사장에 취임하였다. 제6대 사장에 송진우가 취임하고 장덕수가 부사장에, 김준연이

---

35) 1895년 황해도 재령(載寧)에서 출생함. 일본 와세다 대학 정치경제학부를 졸업하고 상하이에 망명하여 독립운동에 투신함. 1919년 여운형(呂運亨)과 함께 일본 정부를 방문해 독립의 타당성을 역설하였음. 1920년 동아일보 초대 주간에 취임하였고, 후일 보성전문학교의 교수를 지냄. 1928년 미국 컬럼비아대학에서 철학박사 학위를 받고 귀국하여 1936년 동아일보 부사장을 역임함. 해방 후 송진우·김성수·김병로 등과 한민당(韓民黨)을 창당하여 활동하던 중 1947년 암살당함. 편집부, 『政治學大辭典』, pp.1269-1270.

36) 이경남, 『설산 장덕수』(서울: 동아일보사, 1981), pp.115-119.

37) 호는 남강(南岡)으로 1864년 평안북도 정주(定州)에서 출생함. 평양에 오산학교(五山學校)를 세웠고, 신민회에 가입하여 활동하였음. 1911년 신민회사건으로 제주도에 유배 중 '105인 사건'에 연루되어 10년형을 받고 복역 중 4년 2개월 만에 가출옥함. 1919년 3·1운동에 민족대표 33명 1명으로 참여하여 투옥됨. 1922년 가출옥 후 민족의식과 독립정신 고취에 힘쓰다가 卒함. 편집부, 『政治學大辭典』, p.1173.

편집국장으로 일하던 시기에 '일장기 말소사건'이 일어나게 됨으로써 동아일보는 제4차 무기정간을 당하게 되었다. 1937년 6월 정간이 해제되어 신문은 다시 발행될 수 있었으나 이후 긴박한 정세 속에서 신문은 1940년 8월 강제 폐간 되었고, 1943년 1월 주주총회에서 회사의 해산이 결의되는 운명에 처하게 되었다.[38)]

이처럼 동아일보가 수난을 겪는 동안 인촌은 오래전부터 마음에 두고 있던 한 차원 높은 민족교육 진흥에 고민하다가 결국 경영난에 봉착해 있던 보성전문학교(普成專門學校)를 인수하게 되었다. 1932년 3월의 일로 이후 인촌은 같은 해 6월 이 학교의 제6대 교장에 취임하여 1945년 8·15 해방 때까지 잠시 동안을 제외하고 교장으로서 학교 일에 매진하였다.[39)] 수년전 민족문제연구소의 「친일인명사전」 이 발간을 계기로 본격적 시비에 휘말리게 된 인촌의 친일행위는 곧 인촌이 보전 교장으로 재임 중이던 이 시기의 활동과 관련되고 있다.

1945년 8월 일제의 무조건 항복으로 한민족은 광복을 맞게 되었다. 일제의 패망에 따른 돌출 행동에 따른 신변안전을 염려한 송진우의 충고에 따라 인촌이 연천의 농장에 내려가 있는 동안 일인(日人)의 신변안전을 염려한 총독부는 송지우 등에게 치안유지와 함께 정권 인수를 제안하였다.[40)] 송진우 등 민족진영이 이를 거절한 반면 몽양(夢陽) 여운형이 이에 응하여 '건국준비위원회'가 결성된 것은 잘 알려진 사실이다. 이에 대해 송진우와 인촌

38) 古下先生傳記編纂委員會, 앞의 책, pp.397-408.
39) 이현희, 『인촌 김성수 연구』, pp.243-244.
40) 古下先生傳記編纂委員會, 앞의 책, pp.425-434.

등 우익진영 인사들은 한민당(韓民黨)[41]을 결성하고 중국에서 귀국하는 「임시정부」의 법통을 존중해야 한다는 주장으로 맞서게 되었다. 각자의 성향과 정치적 이해관계에 따라 항일지사(抗日志士)들의 분열이 나타난 것이다.

민족정당의 필요성을 절감한 백관수, 김병로, 원세훈 등 우익인사들이 중심이 되어 8월 28일 '조선민족당'이 발기되었고, 9월 4일에는 김도연, 장덕수, 백남훈 등이 '한국국민당'을 발족하였는데, 이들은 공산진영의 활발한 활동에 맞서기 위해 9월 6일 '한국민주당'으로 통합되어 우익진영의 집결체로 거듭나게 되었다.

이러한 가운데 9월 8일 미군(美軍)이 인천에 상륙하였고 다음날 서울에 들어와 38도선 이남지역에 대한 군정을 실시하게 되었다. 군정의 실시와 함께 김성수, 김용순(金用淳), 김동원(金東元), 김용무(金用茂), 고하, 강병순(姜炳順) 등이 미군정 고문으로 추대되고 경무부장에 조병옥, 학무부장에 유억겸 등 한민당 인사들이 기용됨으로써 우익진영의 활동은 완연 활기를 띠게 되었다.[42]

10월 16일 이승만이 미군용기 편으로 귀국하였고, 11월 23일에는 김구(金九) 등 임시정부 인사들이 중국에서 귀국함으로써 해방정국은 완연히 활기를 띠기 시작하였다. 해외에서 독립지사들이 환국함에 따라 이들을 환영하고 국내에서의 정착과 활동을 돕기 위한 국내 인사들의 조직이 결성되었는데, 이것이 다름 아닌 임정·연합군 환영준비위원회가 개편된 '국민대회준비회'였고

41) 金玟河, 『韓國政黨政治論』(서울: 大旺社, 1983), pp.48-49.
42) 위의 책, p.49.

여기에는 송진우, 인촌, 김준연, 서상일, 장택상 등 우익인사들이 적극적으로 참여하였다.[43)]

이러한 가운데 12월 1일자로 '동아일보'가 복간 되었다. 송진우가 제8대 사장에 취임하여 회사 일과 함께 한민당 수석총무로서 동분서주하던 중 12월 30일 자객의 흉탄에 암살당하는 비극을 맞이하게 되었다. 송진우의 암살 후 인촌은 한민당의 위원장과 동아일보사의 제9대 사장으로 막중한 임무를 떠맡게 되었다. 인촌이 이처럼 해방정국에서 동분서주하였음에도 정국은 안정되지 않았고, 입법의원 구성문제[44)] 등을 둘러싸고 좌익과 우익의 대립 속에서 혼란이 지속되었다. 이러한 가운데 또 다시 인촌의 최측근이던 장덕수가 1947년 12월 2일 암살당하였다. 고하와 여운형에 이은 세 번째 암살사건인 것이다.

해방정국에서 가장 크게 기억될 사건은 아마도 '남북협상'과 '단독정부 수립'이 아닐까 한다. 미·소공동위원회의 결렬 등으로 통일정부의 수립이 난망해짐에 따라 미국은 1947년 9월 한국문제를 유엔에 제기하게 되었고, 유엔은 동년 10월 28일 "한국인 스스로가 남북한에서 다 같이 자유·비밀선거에 의하여 임시정부를 세우며, 그 총선거를 감시하기 위하여 유엔은 '한국위원단'을 설치하기로 결의하였다."[45)]

이러한 유엔의 결의에 대해 김구·김규식은 정면으로 반대하였고 통일정부 수립노선을 고수하는 우익세력 일부와 중간세력은

---

43) 許彬, 『朗山 金俊淵』 (서울: 자유지성사, 1998), pp.109-110.
44) 정경환, 『해방전후사 연구 I』 (부산: 세종출판사, 2000), pp.132-138.
45) 宋建鎬, 『韓國史大系(現代)』 (서울: 三珍社, 1976), pp.48-49.

총선거 거부를 선언하였으며, 김구와 김규식은 1948년 2월 6일 민족자주연맹(民族自主聯盟)의 이름으로 남북협상을 호소하는 서한을 김일성(金日成)에게 발송하였다. 이에 대해 김일성은 남북연석회의(南北連席會議)를 4월 14일 평양에서 개최하고자 회답하였다.

4월 19일부터 28일까지 평양에서 개최된 연석회의는 예상되었던 것처럼 아무런 성과를 거두지 못했지만 '남한의 단독선거를 반대한다'는 공동성명을 발표함으로써 결과적으로 북한의 놀음에 장단을 맞춘 격이 되었다. 이처럼 혼란한 정국과 남한 정치지도자들의 분열에도 불구하고 총선거[46]를 실시하고 정부수립이 가능하도록 정국을 주도한 그룹이 미국에서 귀국한 이승만과 인촌을 중심으로 한 한민당 계열이었다. 그럼에도 불구하고 정부수립 이후 정·부통령 선거와 국무총리 및 각부 장관 인선에서 이승만과 한민당간에 전개되었던 알력은 이미 알려진 바와 같고 이승만은 그의 독재적 성향을 노골적으로 드러냈다.

6·25전쟁의 와중에 발생한 '국민방위군사건'[47]과 그 처리과정에서의 정부의 독선적 태도에 항의하여 초대 부통령 이시영이 사임함에 따라 1951년 5월 16일 국회 본회의에서 후임 부통령 선거가 실시되었고, 2차 투표에서 인촌이 이갑성을 누르고 제2

46) 1948년 5월 10일 민군정법령 제175호에 따라 실시된 선거로 북한에 배정된 100석을 제외한 200석을 선출하려 했으나 제주도에서의 4·3사건으로 2석을 뺀 198명이 선출되었다. 유권자 총수의 96.4%가 선거인 명부에 등록하고 전 유권자의 95.5%가 투표에 참가하였다. 金雲泰, 『韓國政治論』(서울: 博英社, 1989), pp.294-295.

47) 편찬위원회, 『解放二十年史』(서울: 希望出版社, 1965), pp.574-577.

대 부통령에 당선되었다. 인촌의 부통령 재임시절이 결코 순탄할 수 없었던 것은 그의 취임 직후부터 이승만에 의한 대통령 직선제 구상이 드러나고, '부산정치파동'[48] 등 이승만의 독재화 경향 속에서 불가피한 것이었다. 결국 인촌은 재임 1년여 만에 장문(長文)의 사퇴이유서를 발표하고 그 직을 사임하였으니, 1952년 5월 29일의 일이다.

인촌의 사임 이후 더욱 기승을 더한 이승만의 독재와 인촌을 중심으로 한 민국당의 당세 약화 속에 인촌의 건강은 악화되기 시작하였고, 마침내 그는 1955년 2월 18일 세상을 떠났다. 일제시와 해방을 전후한 시기에 민족의 지도자로서 큰 역할을 맡았던 인촌은 그의 소원이었던 민족의 통일과 민주정치의 정착을 보지 못한 가운데 한 평생을 마감한 것이다.

Ⅳ. 인촌의 친일행적 논란

지금까지의 고찰을 통하여 인촌이 일제 시대에는 조국의 독립을 위하여, 해방정국에서는 통일을 바라지만 그것이 불가능해지자 남한만의 민주정부 수립을 위하여 그리고 정부수립 이후에는 이승만 정부의 독재화 경향을 막는데 많은 노력을 기울인 지도자였다는 것을 알 수 있다.

그러나 사회의 민주화와 함께 학계를 중심으로 독재시대에 묻혀

48) 위의 책, pp.598-601.

버렸던 과거사(過去事)에 대한 규명과 재평가의 필요성이 제기되었고 이러한 필요성이 국민적 호응을 얻으면서 2009년 11월 민족문제연구소에서 「친일인명사전」(親日人名辭典)이 발간되었다. 문제는 인촌이 여기에 친일인사로 등재된 것이다.

뿐만 아니라 정부 차원에서 과거사를 정리하기 위해 발족한 대통령 소속 「친일반민족행위진상규명위원회」의 보고서에서도 인촌의 행위에 대해 친일반민족행위로 규정함으로써 인촌의 일제말기 행위는 친일 행위에 속한다는 것이 공식화되기에 이르렀다.

이러한 결정에 대해 인촌의 후손과 (재)인촌기념회 등의 관련 인사들은 이의를 제기하였고 특히 인촌이 일제 시 조국의 광복을 위해 헌신한 공로로 1962년 수상한 건국훈장의 서훈 취소에 반대하는 소송을 서울행정법원에 제기하였다.[49]

민족문제연구소의 「친일인명사전」과 친일반민족행위진상위원회의 「친일반민족행위진상규명보고서 Ⅳ-3」에서 친일행위로 인정한 인촌의 행위를 중요한 것만 적시하면 ① 언론에 학병(學兵) 동원을 독려한 사실, ② 국민정신총동원조선연맹, 흥아보국단 등 관변조직에 이사, 참사로 참여한 사실, ③ 시국강연대(時局講演隊)의 강사로 일제의 침략정책을 선전한 사실, ④ 군용기 제작비로 기금을 희사한 사실로 요약할 수 있다.[50]

첫째, 언론에 학병 동원을 독려한 것에 대해 살펴보면, 인촌은 『매일신문』 1942년 5월 24일자에 '진충보국을 굳게 맹서, 감

49) 『한겨레 신문』, 2010. 12. 10.

50) 친일반민족행위진상규명위원회, 『친일반민족행위진상규명보고 Ⅳ-3』(2009), p.47

격과 감사의 奔流'라는 제목으로, 『매일신문』 1943년 8월 5일자에 '大弱의 痼疾을 버리고 尙武氣風 助長하라'는 제목으로, 『春秋』 제11권 제9호(1943. 9)에 '徵兵制實施와 朝鮮靑年'이라는 제목으로, 『경성일보』 1944년 1월 19일자에 '思勇無雙刀皇兵左友'라는 제목으로 징병을 당연시하고 조선청년의 징병참가를 독려하는 글을 발표하였는바, 이 자체는 그 누구도 부인할 수 없는 엄연한 사실이라고 하겠다.

이에 대해 (재)인촌기념회 등 인촌 관계자들은 인촌의 징병독려 글을 인촌이 직접 썼다고 단정할 수 없다고 주장하고 있다. 우선 인촌의 글이 실린 매일신문과 경성일보가 총독부의 기관지였으며[51], 그 신문들은 당시의 상황에서 징병독려를 위해 유력 한국인들을 동원하여 과장, 왜곡, 허위, 날조, 거짓보도 등 온갖 노력을 다하고 있었다는 점과 관련 글이 당시 총독의 훈시 내용과 너무 비슷하다는 점을 지적하고 있다.[52] 즉 명의를 차용(借用)했을 가능성이 높다는 것이다. 일제의 잔학성과 술책으로 보아 충분히 있을 수 있는 일이라고 할 수 있다. 그리고 인촌이 자기가 발간하는 동아일보 등에 그러한 독려 글을 쓴 사실이 없다는 것은 인촌기념회가 주장하는 명의차용의 가능성을 높게 볼 수 있는 근거가 될 수 있다고 하겠다. 그렇지만 이러한 주장을 인정한다고 할지라도 그러한 명의 차용에 대해 인촌이 어떠한 이의를 제기하지 않았다는 점은 여전히 문제로 저적될 수 있다.[53]

---

51) 인촌기념회, '사전편찬위에 대한 이의 제기'(2008. 7. 31), p.1.
52) 위의 문건, p.1.
53) 이에 대해 인촌 관계자들은 서울행정법원에 제기한 '친일반민족행위결정

둘째, 국민정신총동원조선연맹, 흥아보국단, 조선임전보국단 등 친일관변단체의 임원으로 참여한 것에 대해 살펴보면, 국민정신총동원조선연맹은 “지나사변(支那事變)은 동아(東亞)의 화근인 항일정권을 타도하고 빛나는 황도정신을 발양함으로써 세계 평화에 공헌하고자 하는 성전(聖戰)으로 … 이에 우리는 진충보국의 정신을 앙양하고 … 관민협력 내선일체의 국책에 순응하자”는 취지로 1938년 7월 창립된 단체로 인촌은 여기에 이사(理事)로 참여하였다.

흥아보국단은 “숭고 존엄한 동아공영권(東亞共榮圈) 확립의 성업완수”를 위해 황국정신의 앙양 등을 사업목적으로 1941년 8월 발족한 단체로 구체적 활동을 전개하지는 못한 가운데 같은 해 10월 임전대책협의회와 함께 조선임전보국단으로 통합된 단체이다. 인촌은 이 단체에 60명의 ‘준비위원’ 중 한사람으로 참여하였다.

조선임전보국단은 대동아공영권 확립이라는 성업과 국운(國運)의 진전에 정신적, 물직적 또는 노무적(勞務的)으로 전력을 기울여 황은에 보답하자는 취지로 1941년 10월 흥아보국단과 임전대책협의회가 통합되어 조직된 단체로 인촌은 이 단체에 ‘감사’로 참여하였다.

처분취소’ 소송에서 “인촌은 매일신보에 자신의 이름으로 게재된 기사에 대해 모르고 있었다.”고 주장하고 있다. 그러나 동아일보와 중앙고보, 보성전문 등을 경영하고 있던 인촌에게 신문 게재 사실이 보고되지 않았다는 것은 쉽게 수긍되지 않는다. 다만 인촌의 성격으로 보아 학교경영과 사업을 위해 총독부와 맞서지 않고 모른체 했을 가능성이 높다고 할 것이다.

관련단체의 임원명단 및 창립총회 소식을 보도한 신문기사 등을 종합할 때 인촌이 이들 단체에 임원으로 이름이 올랐다는 것은 모두가 사실로 인정된다. 이에 대해 (재)인촌기념회는 "인촌이 이들 단체에 발기인 및 임원으로 이름을 올리게 된 것은 본인의 의사(意思)와는 무관한 일로서 보성전문학교 교장이라는 직책상 포함된 것에 불과하며 인촌은 그러한 단체에서 구체적인 활동을 한 사실이 없다"고 주장하고 있다.[54] 그리고 그 증거로 일제협력단체사전에도 "당시 조선의 모든 주요 학교장들이 간부로 이름이 올라있다"는 것과 "국민총력조선연맹의 경우 각 전문학교 교장들이 거의 모두 이사 등으로 이름이 올라있다"는 것을 제시하고 있다.[55]

이 준비서면은 당시 이러한 분위기 속에서 "조선임전보국단은 조선인 유력자들을 최대한 동원한 결과 그 발기인에 한용운, 여운형, 오세창, 김병로, 조병옥, 백인제, 손기정, 홍명희, 허헌, 백남훈 등 300여 명의 이름이 거명되고 있다"고 지적하고 있다.

생각하건데 이러한 주장은 충분히 검토할 가치가 있다고 하겠다. 왜냐하면 당시의 시대 상황 속에서 전쟁 수행을 위해 전국의 모든 가용 인력과 자원을 총동원하고자 했던 일제로서는 그를 위한 단체를 조직하면서 조선인의 거국적 참여를 위해 모든 유력인사들이 지지하고 참여한 것처럼 포장할 필요성이 있었을 것이기 때문이다."[56] 일제가 침략을 범한 지역에서 자행한 수법에

54) 위의 소송에서 원고 측이 법원에 제출한 준비서면.
55) 위의 준비서면.
56) 1980년 조선대학교에서 전개되었던 학원민주화 과정에서 문건작성의

대해서는 다른 어떠한 제국주의국가와도 비교할 수 없을 만큼 잔혹하고 교활했으므로 이 정도는 아무것도 아니었을 것이다. 실제로 일제는 1937년 중국에서 남경(南京)을 침공할 때 이른바 '남경대학살'[57]이라고 불리 우는 대규모 인명살상을 자행하였으며, 이른바 '731부대'[58]를 만들어 인체(人體)를 대상으로 비인륜적 세균실험까지 마다하지 않았던 것이다.

(재)인촌기념회를 비롯한 인촌 측 관계자들은 인촌이 자발적으로 학생의 학병 동원을 독려하지 않았다는 것을 증명하기 위해 당시 보성전문학교에 재학 중이던 학생을 비롯한 적지 않는 사람들의 증언을 첨부하면서 "당시 보전 출신으로 학병 대상자는 260여 명이었고, 그 가운데 160여 명이 학병으로 끌려갔지만 해방 후 살아서 돌아온 학생은 70여 명에 불과했다"며, 만일 인촌이 정말로 학병을 독려했다면 목숨을 걸고 나갔다 살아 돌아온 학생들과 사망한 학병의 가족들이 인촌에 대해 가만히 있었겠는가라고 주장하고 있다. 이 대목은 상당히 의미 있는 부분이 아닐까 생각한다. 왜냐하면 만약 인촌이 학병을 독려했다면 좌우대립이 극심했던 해방 후의 혼란기에 인촌에 대한 항의 등이 끊

역할을 맡았던 필자도 민주화에 참여한 교수의 숫자를 늘려야 할 필요성 때문에, 민주화와는 상관없이 개인적 이유에서 대학을 떠난 사람들까지도 넓은 의미의 해직교수에 포함시킨 바 있다.

57) 1937년 12월 13일 남경을 점령할 때부터 10여 일 동안에 이루어진 대규모 살상으로, 전후 행하여진 '동경극동군사재판' 판결에 살해된 자가 11만 9천명이라고 기록되었지만 실제로는 30여 만 명에 이른다는 것이 정설이다.

58) 楊玉林 外 主編, 『細菌戰』(哈爾濱: 黑龍江人民出版社, 2002)을 참고할 것.

임없었을 것이기 때문이다.[59)]

또 하나 친일인명사전편찬위원회와 친일반민족행위진상규명위원회가 인촌을 친일인사로 규정한 중요한 단서 가운데 하나가 인촌이 매일신보 등에 발표한 글의 내용인 바, 여기에서 중요한 것은 과연 그 글들이 인촌이 직접 쓴 것이지 아니면 매일신문 등의 기자들이 대필 또는 인촌의 동의 없이 임의로 작성하여 명의를 도용한 것인지가 판단의 중요한 준거라는 것이다.

이에 대해 편찬위원회나 진상규명위원회는 그 글의 사실적 존재에 가중치를 두어 인촌의 친일행적을 인정하고 있는 반면 인촌 측 관계자들은 당시의 상황과 인촌의 글 쓰는 습관 등을 들어 이 글들은 인촌이 직접 쓴 것이 아니라 총독부에서 인촌의 동의 없이 명의만 차용한 글이라는 정황론을 주장하고, 그를 뒷받침할 수 있는 많은 증언을 제시하고 있다.

이처럼 상방된 주장에 대한 판단은 결코 쉽지 않는 일이다. 편찬위원회는 수록대상자를 선정하면서 나름대로의 원칙을 가졌고, 인촌의 경우 이들 원칙가운데 8-3. 친일·전쟁협력단체에 대표자 급으로 참여한 자. 18. 교육·학술단체의 책임자(운영자)로서 전쟁동원을 독려한 자. 18-5. 기고·저술·좌담·강연 등을 통

59) 김상훈(金尙勳)이 문화일보 1947. 7. 7-6일자에 게재한 '김성수여 복죄하라!'는 친일인명사전편찬위가 인촌의 학병동원 독려를 인정하는 데 중요한 자료로서 제시되고 있다. 그러나 김상훈은 허호(許壕)와 함께 해방 후 조선공산당의 외곽단체인 '조선학병동맹'에서 활동한 사람이며, 인촌이 반공·민족진영의 지도자였다는 점을 고려하면 '과연 그의 글이 객관적이라고 할 수 있을까'하는 의문이 제기될 수 있을 것이며, 이념대립에서의 적대감이 더욱 크게 작용했을 수도 있을 것이다.

해 일제의 식민통치와 침략전쟁에 적극 협력한 자에 해당된다고 밝히고 있다.[60]

편찬위원회는 친일인명사전에서 규정하는 친일의 개념에 대해 '친일반민족행위진상규명특별법'에서 규정한 반민족행위와 함께 "일제의 식민통치와 침략전쟁에 기여한 부일협력자를 포함하는" 넓은 의미임을 밝히면서 여기에의 수록은 단죄의 성격보다는 역사적·학문적·도의적 평가에 가깝다고 밝히고 있다.

인촌의 일제 시 친일행위와 관련된 학문적·법률적 평가는 민족문제연구소의 친일인명사전에의 등재, 친일반민족행위진상규명위원회의 보고서에서의 등재, 독립유공자에 대해 수여했던 건국훈장의 서훈 취소 등 세 가지로 나누어 살펴볼 수 있는데 이들의 조치가 각각 다른 목적 하에 이루어졌거나 진행되고 있다는 점에서 사안의 본질이 서로 중첩되고 있지만 각기 분리하여 고찰하는 것이 보다 합리적이 아닐까 생각한다. 즉 학문적·역사적 평가 성격이 짙은 친일인명사전에의 등재와 법률적 단죄의 성격이 짙은 친일반민족행위진상규명보고서에의 등재 및 서훈 취소를 같은 범주에 넣고 고찰하기가 쉽지 않기 때문이다.

이렇게 본다면, 친일인명사전의 경우 친일의 범주를 폭넓게 인정하고 있다는 점에서 비록 친일적 행위가 자의(自意)가 아니고 적극성이 없었다고 할지라도 등재 행위의 정당성을 인정할 수밖에 없을 것이며, 반면 진상규명보고서와 서훈 취소의 경우는 일

60) (재)인촌기념회가 사전편찬위원회에 제기한 이의신청에 대해 사전편찬위원회가 (재)인촌기념회에 보낸 회신(2009. 11. 16) 내용.

제 시 행위의 공(功)과 과(過)를 함께 비교하여 판단하는 것이 옳지 않을까 생각한다.

인촌의 일제 시 친일행적에 대한 판단은 친일인명사전과 진상규명보고서의 경우 이미 '인정'으로 판단되었고, 1962년 독립유공자로 인정되어 정부로부터 받은 서훈(건국훈장 대통령장)에 대한 취소만이 현재 행정소송이 진행 중이어서 보류되고 있는 실정이다.[61] 그러나 최근 들어 국가보훈처가 과거 독립유공자에게 수여했던 서훈에 대한 취소를 결정하는 경향을 보면 1920년대까지 독립운동을 했더라도 중일전쟁이 시작된 1930년 이후, 즉 일제의 잔학성이 기승을 부리기 시작한 후 친일로 전향한 사람들에 대해 친일행적을 인정하는 추세를 보이고 있다.[62] 이러한 추세는 보훈처 뿐만 아니라 법원 또한 비슷한 경향을 보이고 있다.

예컨대 방응모(1884-1955 사망 추정) 전 조선일보 사장의 후손이 서울행정법원에 제기한 방사장에 대한 친일반민족행위 결정 처분 취소 청구소송에서 재판부(행정11부)는 방사장에게 적용한 세 가지 조항 가운데 하나를 제외한 나머지 두 가지 조항을 인정하는 판결을 내렸다.[63]

즉 재판부는 "방 전 사장이 자신이 운영하던 잡지 '조광'에 일제의 침략 전쟁에 적극 동조하고 내선일체를 강조하는 문예물을

61) 『한겨레신문』, 2010. 12. 10.

62) 최근 보훈처가 서훈을 취소한 장지연(황성신문 주필), 윤치영(초대 내무부장관), 이종욱(조계종 총무원장), 김용순(목사), 윤익선(보성전문학교 교장) 등 19명의 경우 대부분이 이 경우에 속한다. 위의 신문.

63) 위의 신문, 2010. 12. 23.

게재하는 등 일본 제국주의의 내선융화 또는 황민화(皇民化)운동을 적극 주도해 일제 식민통치 및 침략 전쟁에 적극 협력한 것으로 봄이 상당하다" 그리고 "1938년부터 1944년까지 지속적으로 국민정신총동원조선연맹 등에서 이름만 등재한 게 아니라 발기인, 평의원 및 참사 등으로 활동해 일제에 적극 협력한 것으로 볼 수 있다"고 밝혔다.

또 다른 재판부(행정14부)도 조선 왕족 이해승(1890-?)에 대한 친일반민족행위자 결정에 대해 그 후손이 제기한 처분 취소 소송에서 그가 일본으로부터 후작의 작위와 16만 8000원의 은사금을 받은 행위, 이토 히로부미의 묘소를 참배하고 쇼와대례기념장을 받은 행위, 조선임전보국단의 발기인으로 참여하고 징병제 실시 감사헌금을 벌인 행위 등을 모두 친일행위로 인정하였다.[64]

그러나 법원(행정11부)은 방 전 사장이 1934년 조선총독부 군수회사로 지정된 '조선항공업'의 설립 발기인으로 참여하고 감사를 지낸 것에 대해서는 "일제의 전쟁수행을 돕기 위한 목적에서 군수품 제조업체를 운영했다고 보려면 적어도 의사결정에 실제 관여했어야 하는데, 방 전 사장은 회사 설립 뒤 감사로 등재됐으나 의사결정에 관여해 회사를 운영했다고 보기 어렵다"고 판단했다.

이러한 법원의 판결에 비추어 본다면, 인촌에 대해서도 인촌이 관변 단체에 이름을 올렸느냐 보다도 실제로 회의에 참석했는지, 그리고 회의에서 어떠한 내용의 발언을 했는지와 각종 강연회에

64) 위의 신문, 2010. 12. 27.

참석했느냐 보다는 실제로 참석하여 참전 권유의 연설을 했는지가 판단의 기준이 되어야 한다고 할 수 있다.

Ⅴ. 맺는말

해방 이후 상당히 오랜 기간에 걸쳐 독립운동가로 그리고 정부 수립에 크게 기여한 '민족의 지도자'로 추앙받아 온 인촌 김성수 선생이 친일인사로 이름이 오르내리기 시작하고 결국 친일인명사전에 등재되는가 하면, 정부의 공식기관에서 발행한 보고서에도 친일인사로 이름이 오르고, 더 나아가 그에게 수여된 건국훈장이 서훈 취소단계에까지 이르게 된 것은 그 원인과 과정을 불문하고 대단히 불행스러운 일이 아닐 수 없다.

일제(日帝)라는 암흑기를 살아오면서 조국의 광복을 위해 몸을 바친 애국지사들이 있었기에 해방이라는 감격을 누릴 수 있었다고 할 때, 그 분들에 대한 존경과 예우는 아무리 강조해도 부족함이 없을 것이다. 뿐만 아니라 후일을 위해서라도 어려웠던 시기에 '멸사봉공'의 자세로 조국의 독립을 위해 헌신한 분들의 공을 기리는 작업 또한 더욱 확대되어야 할 것이다.

그러나 그동안 열악한 조건 속에서 과거사에 대한 연구가 미진할 수밖에 없었고, 그러다 보니 진실과 거짓이 함께 혼재될 수밖에 없었던 것도 부인할 수 없는 사실이다.

이러한 측면에서 최근에 들어, 과거사에 대한 연구가 활발해지고, 자료에 대한 접근이 용이해지면서 많은 성과들이 나오고 있는 것은 매우 다행스러운 일이 아닐 수 없다. 이러한 과정에서 지난날 잘못 평가되어 온 인사(人士)들에 대한 재평가가 이루어지고 있는 것 또한 반길 일이다.

그러나 긴 안목에서 보면 35년이라는 짧지 않는 기간에 한 인간이 행한 행위에 대해 그 옳고 그름을 가려내는 것이 결코 쉬운 일이 아닐 것이며, 더욱이 그것이 일제라는 잔학하기 이를 데 없는 제국주의의 횡포 하에서의 일이라는 점을 고려할 때 그러한 억압을 이겨내는 것은 결코 용이한 일이 아닐 것이다. 특히 학교, 회사 등을 경영하는 등 평범한 인간이 아닌 경우 일제의 회유와 억압의 칼날은 더욱 세게 날아들었을 것이기 때문이다. 인촌의 경우가 그러한 경우가 아닐까 생각된다.

학교를 세우고 신문사와 방직회사를 세워 민족의 장래에 대비하려고 노력했지만, 중일전쟁 이후 일제의 억압에 견디지 못하고 사업을 지켜내기 위해 친일로 생각될 수 있는 행위를 거절치 못했을 수 있을 것이다.

우리 국민들 입장에서 보면 인촌 정도의 인물이라면 설혹 학교와 신문사 등이 문을 닫는 한이 있더라도 일제의 마지막 억압과 회유에 굴하지 않고 항거했더라면 하는 아쉬움이 남는 것이 사실이라는 생각으로 이 글을 맺고자 한다.

유 혁

■ 독립운동가

- 호　　　　　　우석(友石)
- 출생-사망　　1893. - 1966.
- 출생지　　　　전라남도 영암군

▲생가 유화 그림

우석(友石) 유혁

I. 머리말

국가와 사회발전에 기여한 호남 인물에 관한 글을 쓰기 위하여 자료를 찾고 정리하는 과정에서 어떤 사람은 그 이름을 세상에 널리 알린 경우가 있는가 하면, 어떤 사람은 자신이 활동한 분야와 지역에 국한되어 그 졸후(卒後)에 거의 잊혀진 존재로 남아 있는 경우가 없지 않았다. 서재필 · 김성수 · 송진우 · 김병로 등의 경우가 전자(前者)에 속한다면, 일강(一江) 김철과 여기에서 서술하고자 하는 우석(友石) 유혁(柳赫)의 경우가 후자(後者)에 속한다고 할 수 있을 것이다.

사실 우석(友石)은 지리적으로는 영암(靈巖)과 목포(木浦)를 중심으로 한 전라도 지역에서 활동하였고, 분야로는 소작농의 권익증진과 같은 농민운동에 종사하였던 관계로 활동에 비하여 그 공(功)이 과소평가된 측면이 없지 않다.

뿐만 아니라 해방 이후 여운형 중심의 건국준비위원회(建國準

備委員會)에 참여하였고, 6·25 전쟁 발발 이전 북한으로 간 때문에 그에 대한 연구나 조명이 쉽지 않았던 현실 속에서 그는 거의 잊혀져왔다고 하여도 과언이 아니다.

다행히 정치·사회적 환경의 변화와 함께 국가에서도 독립유공자를 포상함에 있어서 이념을 떠나 객관적 사실에 근거하는 입장을 취함에 따라 과거 사회주의에 경사되었던 인물에 대해서도 재평가가 이루어지고 있고 이러한 과정 속에서 2000년대 들어 우석에 대해서도 단편적 글들이 발표된 바 있다.

필자가 우석에 대해 관심을 갖게 된 동기는 평소 한국 현대사에 깊은 관심을 가져온 한 후배에게서 그에 대한 이야기를 들은 데에서 비롯되며 특히 광주광역시 부시장을 역임한 우석의 장손(長孫) 유수택(柳秀澤)씨로 부터 조부에 대한 존경심과 함께 후손으로서 그를 충분히 재조명하지 못한 데 대한 송구함을 들었던 데에 있다.

기왕에 발표된 간헐적인 자료와 글들을 상독(祥讀)하였지만, 이러한 자료들만으로 우석의 행적(行蹟)과 그가 지녔던 이념을 충분히 고찰할 수 있을지 염려가 없지 않으나 부족한 부분은 관련 자료의 검토를 통해 보완해 가면서 정치학을 공부하고 있는 사람으로서 객관성을 잃지 않는 가운데 고찰해 보고자 한다.

Ⅱ. 우석의 출생과 성장

우석은 1893년(高宗 30年) 10월 16일 전라남도 영암군 신북면(新北面) 모산리(茅山里)에서 부친 유흥인(柳興仁)과 모친 거창신씨(居昌愼氏) 사이의 1남 2녀 중 첫째로 태어났다.[1] 우석이 태어날 때 어머니 신씨는 덕진면 영보리의 친정에서 출산을 위해 요양 중이었는데 본가(本家)에 머물고 있던 부친이 큰 용(龍)이 집안으로 들어오는 꿈을 꾸었기 때문에 큰 인물이 될 것이라는 기대를 가졌고 그리하여 이름도 용의(龍義)[2]라고 지었다고 한다.

우석이 태어난 때는 조선 말기로 삼정(三政)[3]의 문란으로 민란(民亂)이 전국적으로 확대되고 동학(東學)이 제2세 교주 최시형(崔時亨)의 지도하에 그 교세를 확대하고 있던 시기이다.

특히 우석이 태어나기 1년 전인 1892년(高宗 29年)에는 충청도 신임 관찰사 조경식(趙京式)의 동학교도에 대한 탄압이 동기가 되어 충청·전라도 지역에서 일대 시위가 전개되었고[4], 우석이 두 살 때인 1894년(高宗 31年)에는 전라도 고부군수(古阜郡守) 조병갑(趙秉甲)의 탐학으로 전봉준(全琫準)이 거느리는 농민군이 동학농민혁명을 일으키기도 하였다.

우석의 부친 흥인은 나주(羅州) 향교의 전교(典敎)를 지낼 만

1) 우석의 출생년도에 대해「한국사회주의인명사전」등에서는 1892년으로 기록하고 있으나 그 가족의 제적등본에 단기 4226년 10월 16일로 기록되어 있기 때문에 그에 따르기로 한다.
2) 용희(龍羲)로 쓰고 있는 곳도 있는데 가문의 족보에 용의(龍義)로 기록되어 있다.
3) 나라의 중요한 정사(政事) 가운데 세 가지로 전부(田賦)·군정(軍政)·환곡(還穀)을 가리킨다.
4) 元裕漢 外,『韓國史大系(朝鮮末期)』(서울: 三珍社, 1976), p.72.

큼 한학(漢學)과 유교에 정통했다고 한다. 사실 부친의 이러한 학식은 집안의 전통과도 연관된다고 볼 수 있다. 우석은 문화유씨(文化柳氏) 30세로 참판공파(參判公派)[5]의 후손이다. 참판공파는 문화유씨 17세인 유희정[6](柳希汀)을 파조로 하고 있는데 유희정은 여말선초(麗末鮮初)의 명신(名臣)이자 청백리로 유명한 하정(夏亭) 유관(柳寬)[7]을 파조(派組)로 하는 하정공파의 현손(玄孫)[8]이므로 참판공파는 하정공파와 같은 집안인 것이다.

우석의 집안은 부자(父子) 정승 집안으로도 유명하다. 즉 하정의 10세손인 약재(約齋) 유상운(柳尙運)이 숙종조에 영의정을 두 차례나 역임하였고 그의 아들 만암(晩菴) 유봉휘(柳鳳輝)가 영조조에 좌우정을 역임하였기 때문이다[9].

---

5) 일명 영암공파(灵岩公派)라고도 한다.

6) 유희정은 1472년(成宗 3年)에 태어나 27세에 무과에 급제하였고 선전관·함평현감·공조좌랑·남원판관 등을 거쳐 형조정랑을 지낸 후 중종조(中宗朝)에 3년여 동안 영암현감을 지냈고, 그가 사후 병조참판에 증직된 까닭에 '참판공파'를 '영암공파'라고도 한다.

7) 조선조 세종 때의 문신으로 1346년(고려 忠穆王 2年)에 태어남. 1371년(고려 恭愍王 20年) 문과에 급제하여 내직(內職)을 거쳐 봉산군수를 역임함. 조선건국 후 태조로부터 개국원종공신(開國原從功臣)의 호를 받고 대사성·이조전서(吏曹典書) 등을 거쳐 강원·전라도 관찰사를 역임함. 1406년(太宗 6年) 판공안부사(判恭安府事)로 정조사(正朝使)가 되어 명나라를 다녀옴. 1409년 예문관 대제학과 지춘추관사(知春秋館事)를 겸직하고 태조실록 편찬에 참여함. 이후 대제학·형조판서·대사헌을, 그리고 세종조에 참찬·찬성으로 있다가 우의정에 이르러 고려사(高麗使)를 참진 하였음. 청빈한 삶으로 유명하였으며 시호는 문간공(文簡公)이다. 편찬위원회, 『韓國史大事典』(서울: 豊文社, 1974), p.964.

8) 손자의 손자로 고손(高孫)을 가리킴.

문화유씨가 영암군 신북면 모산리에 정착하게 된 동기는 하정(夏亭)이 전라도 관찰사로 재임 중이던 때 지방 순찰 도중 모산리의 뛰어난 지세(地勢)와 풍광에 감탄하여 이조참판인 큰아들 유맹문(柳孟聞)[10]에게 모정(茅亭)을 짓게 한 데에서 비롯된다.

그 후 중종조에 이르러 문화유씨 17세인 유희정이 영암 현감을 지내면서 그의 5남 유용강(柳用剛)을 경주이씨와 결혼시켜 모산리에 거주시키면서 세거(世居)하기 시작하였고 오늘날 신북면 모산리는 전국에서도 손꼽히는 문화유씨 집성촌이 되었다.

우석은 어릴 때부터 매우 총명했으며 가풍을 이어받아 일찍부터 학문을 연마한 것으로 알려지고 있다.

이와 같은 가세(家勢) 속에서 실제로 우석의 부친 유흥인(柳興仁) 또한 천성이 강직하고 사람을 대함에 있어서 귀천을 가리지 않았고 학문에 힘쓴 결과[11] 나주향교(羅州鄕校)의 전교(典敎)를 지낸 것으로 알려지고 있다[12].

---

9) 文化柳氏夏亭公派宗中, 『柳寬』(2007), p.6.

10) 하정의 장자(長子)로 태종 원년(1401年)에 문과에 급제하였고, 정언(正言)·이조좌랑(吏曹佐郞)·사간원 사간 등을 역임하였으며, 1432년에 이조참판에 오름. 사후 이조판서에 증직(贈職)되었음. 영암신문(2005. 7. 8)과 문화유씨 참판공파보(1995)에는 그가 이조참판을 지낸 것으로 되어 있는 반면, 위의 문화유씨 하정공파 종중에서 발간한 『柳寬』에는 예조참판을 지낸 것으로 기록되어 있다. 이는 조상의 행장을 기록하는 데 족보가 가장 신뢰도가 높다는 점을 감안할 때, 이조참판이 옳은 것으로 여겨진다.

11) 가문의 전통적 서재인 분비재(憤悱齋)를 서당으로 개방하여 인근의 학동(學童)들에게 글을 가르쳤다고 함. 「영암신문」, 2005. 6. 24.

12) 영암군 신북면은 영암군의 가장 북쪽에 위치하여 나주군과 접경하고 있는 지역으로 당시에 신북면의 유지들은 영암읍 보다는 나주 쪽으로의 출

이러한 환경 속에서 외아들로 태어난 우석은 정규교육을 받지는 못하였으나 총명과 성실을 바탕으로 유년 시절 조부와 증조부로부터 한학을 배웠고, 소년기에 들어서는 외가(外家)[13]인 거창신씨(居昌愼氏) 집성촌인 덕진면 영보리[14]와 진외가인 해주최씨(海州崔氏)[15] 집성촌인 군서면 구림리에 머물며 수학하였다.

우석의 부친 유흥인은 일제 시대에도 그의 집 울타리에 무궁화나무를 심었고, 아들과 관련되어 일본경찰이 동태를 살피러 올 때면 한복을 단정히 차려입고 망건을 쓴 모습으로 꼿꼿하게 앉아 있었던 것으로 전해질 만큼 강단 있는 선비적 기질을 지녔다고 한다.[16]

우석은 17살 때인 1909년부터 21살 때인 1913년 까지 3년여 간을 일본에 체류한 것으로 알려지고 있는 데 그가 공부를 목적으로 일본에 머물렀는지는 확인할 수 없다. 우석이 일본에 체류한 그 무렵에 도쿄에는 선각적 생각을 가졌던 한국 청년들이 대거 공부하고 있었다. 메이지(明治)대학에는 조만식(曺晩植)·김병로(金炳魯)·현준호(玄俊鎬)·조소앙(趙素昻)·정노식(鄭魯

입이 잦았던 것으로 보인다.

13) 외조부는 통정대부(通政大夫)인 신종관(愼宗瓘)임.

14) 우석의 외가인 영암군 덕진면 영보리는 비단 영암군 뿐만 아니라 인근 지역에서 널리 알려진 유서 깊은 동네로 거창신씨의 집성촌이다. 당시 이곳 송내마을에는 영암에서 가장 권위 있던 열락제(說樂齊)라는 큰 서당이 있었는데 이곳에는 면암 최익현의 문하생들이 많이 모여 들었다. 「영암신문」, 2005. 6. 24. 참고로 영보리는 '교보생명' 창업주 신용호의 고향이기도 하다.

15) 진외조부는 문과(文科) 사간(司諫)인 최전(崔琠)임.

16) 「영암신문」, 2005. 6. 24.

植)·이인(李仁) 등이 재학하고 있었고, 와세다(早稻田)대학에는 최남선(崔南善)·송진우(宋鎭禹)·김성수(金性洙)·신익희(申翼熙)·안재홍(安在鴻)·현상윤(玄相允)·최두선(崔斗善)·양원모(梁源模)·김철수(金綴洙)·장덕수(張德秀) 등이 재학하고 있었으며, 게이오(慶應)대학에는 김도연(金度演)·김연수(金秊洙) 등이 있었는가 하면 도쿄(東京)제국대학에는 박용희(朴用喜)·김준연(金俊淵)·유억겸(兪億兼)·김우영(金雨英) 등이 있었다.[17)]

따라서 이 시기에 우석이 대학 또는 고등학교에 재학하고 있었다면 이들의 활동을 조명한 저작물 가운데 우석에 관한 언급이 없지 않을 터인데도 이들 어디에도 우석에 관한 언급을 찾아볼 수 없다. 그러나 우석의 장손(長孫)이 국가보훈처에 제출한 자료에는 우석이 1909년 1월부터 1913년 10월까지 메이지(明治)대학 전문부를 중퇴하였다고 기록하고 있는바[18)], 당시 일본에서 대학 전문부의 입학은 그다지 어렵지 않았고 그 학적 관리 또한 엄격하지 않았던 것으로 알려지고 있다.

따라서 우석이 3년여 기간을 일본에 체류한 것이 사실이고, 그의 장손이 메이지대학 전문부에 재학하였다고 함에도 불구하고 유관 인사들의 자료에서 그에 관한 언급이 전혀 나타나고 있지 않는 것은 다소 의문이 아닐 수 없다. 이에 대해 필자는 다음과 같은 유추가 가능하다고 생각한다. 첫째, 우석이 일본에 체류한

---

17) 김진배, 『가인 김병로』(서울: 가인기념회, 1983), p.30.

18) 柳秀澤, 『友石 柳赫先生 獨立運動資料』(2006.2.20)의 平生履歷書 참조.

동안의 나이와 우석의 국내에서의 학력으로 볼 때 우석이 정규대학에 입학하기는 쉽지 않았을 것이며 따라서 대학 입학 자격을 얻기 위해 비정규 학교에 등록했을 가능성이 높고[19], 이 경우에도 물가와 학비가 저렴한 시골을 거주지로 택함으로써 도쿄를 중심으로 한 유학생 사회와 교유가 없었을 수 있다는 점이다.

둘째, 우석이 일본에 도착한 나이가 17세 때인 것을 감안할 때, 그가 유학생 사회에 적극적으로 참여하기는 쉽지 않았을 것이라는 점이다. 실제로 김성수가 일본에 도착했을 때는 18세, 송진우와 김준연이 일본에 도착했을 때는 19세, 김병로가 일본에 도착했을 때는 22세였으며, 우석처럼 사회주의의 길을 걸었던 조봉암은 23세 때에 일본에 도착하였다.

셋째, 그가 일본에서의 체류를 마치고 귀국한 후의 행적과 관련지어 볼 때, 우석은 일본에서도 사회주의(社會主義)에 심취했을 가능성이 없지 않고 이러한 이유로 자연스럽게 도쿄를 중심으로 형성된 유학생 사회와의 교유가 소원했을 것이라는 점이다.

일본은 1868년 메이지유신(明治維新)을 계기로 근대화에 성공하였지만 그 과정에서는 적지 않은 모순도 경험해야 했다. 비

---

19) 예컨대 김성수와 송진우 그리고 김준연, 김상덕(金尙德), 조봉암의 경우, 일본에 도착하여 세이소쿠(正則) 영어학교에 입학하여 어학을 공부한 후 김성수와 송진우는 긴죠(錦城) 중학교로, 그리고 김준연은 오카야마(岡山) 제6고등학교로 입학하여 졸업한 다음 각기 대학에 입학한 반면 김상덕은 곧바로 와세다대학에, 조봉암은 주오(中央)대학 전문부에 입학하였으며 김병로의 경우는 일본에 도착한 후 니혼(日本)대학 전문부 청강생으로 등록한 후 3-4개월에 걸쳐 전 과목 강의록을 독파한 다음 후일 메이지대학에 입학하였다.

록 명치유신 이후 농업 분야에 있어서의 생산성이 꾸준히 증대됨으로써 도시민의 식량문제 등이 원만하게 해결되었고, 이로 말미암아 농민층의 불만을 이용하여 체제를 전복시키려는 도시층 내부의 부르주아적 세력이 크게 득세하지 못했다고 할지라도[20] 근대화 과정에서 나타난 급격한 권력구조의 변화와 생산수단의 소유관계 변화는 불가피하였기 때문이다.

근대화에는 산업자본의 형성과 사회의 효율적이고 합리적인 조직·운영이 그 전제가 된다. 그러나 이 과정에서 자유와 권리를 추구하는 개인주의(個人主義)와 이를 지키려는 책임 있는 시민의식이 성장하고 이에 따라 국민국가(國民國家)가 등장하는 근대화의 흐름이 있는 반면, 이 보다는 나라가 처한 특수한 여건으로 말미암아 기능적 합리성과 효율성이 우선시 되는 흐름도 있을 수 있는 것이다.[21] 따라서 김용덕 교수는 "일본의 근대화 과정은 모순구조 속에서 진행되었다"고 진단하고 있다.[22]

일본은 이러한 내부적 모순을 1894년의 청일전쟁과 1904년의 러일전쟁 그리고 조선침략 등 대외적 분출을 통해 해결하고 이를 바탕으로 강력한 군사력과 경제력을 갖춘 국가를 건설하려고 하였다. 그러나 메이지유신 초기부터 나카에 초민(中江兆民) 같은 자유민권사상을 지닌 지식인들은 힘의 강약에 의한 국제질서보다는 국가 간의 자격이 동등하게 인정되는 평화로운 선린협조

20) 韓培浩 外, 『現代日本의 解剖』(서울: 한길사, 1978), p.52.
21) 김용덕, "모순 속의 근대화", 『계간 사상』 제3권 2호(1991, 가을호), p.11.
22) 위의 글.

관계가 바람직하다는 주장을 하기 시작하였으며, 이러한 주장의 맥을 잇는 사회주의자 고토쿠 슈스이(幸德秋水)는 러일전쟁을 반대하다가 천황 암살 음모죄로 처형당하기도 하였던 것이다.[23) 1920년대 이르러서는 정치적·경제적 불만을 가진 노동자와 지식인들이 무정부주의와 공산주의에 더욱 가까이 가게 되었는데 대표적으로 사까이 도시히코(堺利彦), 사노 마나부(佐里子學), 오스기 사카에(大杉榮), 이와사 사쿠다로(岩佐作郎太) 등 저명한 무정부주의 및 공산주의 사상가들의 휘하에는 적지 않은 한국인이 있었다.[24)]

이러한 맥락에서 이후 일본의 지식인들 가운데에는 사회주의에 관심을 갖고 연구하는 사람들이 급속히 증가하기 시작하였고, 상당수의 대학생들도 사회주의에 깊이 경사되고 있었다.[25)] 따라서 우석이 일본에 체류하는 동안 이와 같은 지식인 사회에서의 사회주의 사상에 대해 관심을 갖게 되었을 가능성은 매우 높다고 할 수 있으며, 더 나아가서는 이에 심취되었을 수도 있다고 하겠다.

---

23) 위의 글, p.17.

24) 이정식 지음, 김성환 옮김, 『조선노동당略史』(서울: 이론과 실천, 1986), p.34.

25) 1910년대에 이르러 한국 유학생들이 대거 일본에 체류할 때, 이들에 대해 우호·동정적인 교수들 가운데 상당수가 사회주의자였다고 한다. 예컨대 김준연이 일본에서의 공부를 마치고 독일로 유학할 때 많은 도움을 준, 요시노(吉野) 박사, 후꾸다(福田) 박사 등 당시 일본의 신사상을 대표하는 학자들이 중심이 되어 여명회(黎明會)가 조직되었고, 이들의 영향으로 도쿄제국대학 학생을 중심으로 신인회(新人會)가 조직되었다. 許彬, 『朗山 金俊淵』(서울: 자유지성사, 1998), p.42.

그러나 당시 도쿄를 중심으로 일본에서 유학한 조선학생 가운데, 유학생활을 끝낸 이후에도 사회주의와 연계되어 활동한 사람은 그다지 많지 않다. 다만 김준연이 도쿄제국대학을 졸업하고 독일의 베를린 대학에서 수학한 후 귀국하여 조선일보 특파원으로 모스크바에 파견된 것을 계기로 막스-레닌주의에 접하게 된 것과[26] 김상덕이 와세다 대학에 재학 중 2·8독립선언사건에 연루되어 수감되었다가 출옥 후 상하이(上海)로 건너가 활동하던 중 1922년 모스크바에서 개최된 극동민족대회와 코민테른 집행위원회가 주최한 '동아시아 각국 공산당 및 민족혁명단체 대표자 연석회의'에 참가하여 공산주의에 접하게 된 것이[27] 대표적인 경우라고 하겠다.

따라서 김준연과 김상덕을 제외한 대부분의 일본 유학생들은 비록 일본 유학시절 당시의 신사상(新思想)인 사회주의에 호기심을 느꼈거나 동경하였을지라도 귀국한 이후에는 거의 대부분이 사회주의와는 거리를 유지하면서 민족자강(民族自强)이나 계몽에 주력하는 경향을 보였다.

---

26) 김준연은 조선일보의 특파원으로 모스크바에서 체류할 때 '소련공산당 중앙위원회 확대회의'에 참관하였고, 이 무렵 「이스베스차」에 실린 부하린(N. I. Bukharin)의 논문 '농촌과 도시와의 관계'를 번역하여 조선일보에 연재함으로써 공산주의 최고 이론가로 떠오르게 되었으며 이를 계기로 후일 ML당 당수에 오르게 되었다. 오수열, '낭산(朗山) 김준연의 생애와 정치이념', 『서석사회과학논총』 제2집 2호(2009), pp.9-11.

27) 상하이 임시정부 의정원 의원의 신분이던 김상덕이 이 회의에 참석한 목적은 일제의 한국침략의 부당성을 국제사회에 알리는 한편, 열강을 상대로 지원을 호소하는 외교활동을 전개하는 것이었다. 김삼웅, 『김상덕 평전』(서울: 책보세, 2011), pp.43-51.

이러한 정황에 비추어 볼 때, 일본 체류 시 사회주의에 접했을 것으로 보이는 우석은 귀국 후에도 다른 유학생들과는 달리 고향을 중심으로 한 농민운동에 전념하였기 때문에 일본 유학생들과의 교류나 연락이 많지 않았고 이것이 그들의 저작 및 그들에 관한 여러 저작물에서 우석에 관한 언급이 거의 없는 이유가 아닌가 싶다.

Ⅲ. 일제하의 농민운동

1914년 봄 일본에서 귀국한 우석은 서울과 고향을 왕래하며 소작제도(小作制度)의 폐지 등 주로 농민의 권익 증진을 도모하는 운동에 참여하였으며, 1915년 경에는 백관수(白寬洙)[28]의 주선으로 조선일보사에 입사하여 목포 주재 기자로 활동한 것으로 장손이 작성한 전기(前記)의 독립운동 자료는 기록하고 있다. 그러나 이 부분은 보다 상고(詳考) 할 필요가 있다.

왜냐하면 1915년은 1889년생인 백관수가 26세의 나이로 경성법률전수학교(京城法律專修學校)를 졸업하고 중앙기독교청년회관(YMCA)에 간사로 취임하여 일하고 있을 때로서 백관수

28) 1889년 전북 고창에서 출생한 독립운동가로 호는 근촌(芹村)임. 1919년 2월 도쿄에서 조선청년독립당을 조직, 학생대표 가운데 한 명으로 2·8독립선언서를 발표하였음. 1921년 메이지대학(明治大學)을 졸업하고 귀국하여 조선일보 상무이사 겸 영업국장이 되었다가 1937년 동아일보 사장에 취임하였음.

가 일본으로의 유학을 떠나기 이전이다. 따라서 우석과 백관수가 어떻게 알게 되었고, 백관수가 우석을 조선일보에 추천할 만큼 영향력이 있었는지에 대해 의문이 제기될 수 있기 때문이다. 다만 3년여를 일본에 체류하며 수학한 우석이 지방주재 기자로 취직하는 것은 그다지 어려운 일이 아니었을 것이다. 일제 시대 신문기자라는 직업은 독립운동가, 특히 사회주의 독립 운동가들에게는 생활의 방편이었을 뿐만 아니라 그들의 활동을 원활히 할 수 있는 좋은 구실이 되었던 점을 감안할 때[29] 우석이 신문기자가 된 것도 백관수의 추천 여부와는 상관없이 이러한 이유에서였을 것으로 짐작된다.

우석의 활동은 1920년대 중반부터 언론에 보도되는 등 두드러지고 있다. 1920년대 중반의 시대적 상황은 1919년 3·1독립만세운동의 여파로 일제가 조선통치에 기만적인 문화통치(文化統治)의 색채를 덧씌운 시기로서, 이때에 민족 지도자그룹에서는 독립운동 대신에 자치운동(自治運動)을 추진하려는 경향이 나타나기도 하였다.[30]

이 시기 한국의 농촌은 일제에 의해 1912년 공포된 '토지조사령(土地調査令)'에 따른 '토지조사사업'의 결과 대규모의 토지수

---

29) 실제 일본과 소련에서의 공부 후 귀국한 조봉암도 1924년에 동아일보와 조선일보의 기자로 일하였다. 김삼웅, 『죽산 조봉암 평전』 (서울: 시대의 창, 2010), p.133.

30) 1924년 1월 2일부터 5회에 걸쳐 연재된 이광수(李光洙)의 「民族的 經論(民族百年大計의 要)」 란 논설이 그 출발점이 되었다. 李炫熙, 『韓國史大系(日本强占期)』 (서울: 三珍社, 1976), pp.215-216.

탈이 이루어지고, 이를 통하여 세습적으로 경작권이 인정되어 왔던 많은 소작농민들이 토지소유로부터 탈락하게 되었다.[31] 이러한 환경 속에서 1920년 4월 '조선노동공제회'가 결성되어 「소작인은 단결하라」는 선언문이 발표되고, 각 지방에 지회(支會)가 조직되는가 하면 동시에 '소작인연맹'이 조직되었던 것이다.[32] 이처럼 농민운동에 있어서 토지를 둘러싼 소유권 문제가 분쟁의 주요 부분을 차지하였던 것은 당시의 토지분쟁사건 가운데 경계분쟁이 0.3%에 그친 반면, 소유권 분쟁이 99.7%를 차지하고 있었던 데에서도 입증되고 있다.[33]

〈표-1〉 소작쟁의의 지역별 발생

도 / 연도	1920~25	1926~29	1930~32	1933~39	계
전라남도	197	193	326	23,780	24,796
전라북도	21	1471	248	19,990	21,730
경상남도	174	169	299	17,141	17,783
경상북도	28	–	82	15,039	15,156
충청남도	87	480	472	11,330	12,280
충청북도	20	18	44	13,970	14,082
경 기 도	10	81	173	6,899	7,163
황 해 도	31	10	37	5,787	5,865
강 원 도	7	3	11	9,312	9,333
평안남도	16	1	2	6,955	6,974
평안북도	5	10	4	3,713	3,732
함경남도	4	3	0	2,017	2,024
함경북도	0	0	0	42	42

자료: 조선총독부, 『조선농지연보』, 제1집 (경성, 1940), pp.8-9.

31) 이우재, 『한국농민운동사』(서울: 한울, 1991), pp.26-27.
32) 위의 책, p.28.
33) 위의 책, p.27.

이처럼 빈발한 소작쟁의의 발생을 지역별로 살펴보면 <표-1>에서 알 수 있는 것처럼 전라남도를 비롯한 삼남지역이 압도적이라는 것을 알 수 있는데, 그 까닭은 이 지역에 소작농의 숫자가 많은 것도 있지만 이 지역에서 일제의 대지주를 비롯한 지주들의 수탈이 심하였기 때문이다.[34)]

그리하여 전남지방에서는 1920년대 초반부터 순천, 광주, 나주, 구례, 무안지방에서의 소작쟁의가 항일농민운동의 발화점이 되었고, 1923년 2월 11일 순천군 내의 13개 면 소작인조합 대표 66명이 참가한 가운데 순천군 농민대회연합회 창립총회가 개최[35)]되었는가 하면, 마침내 1924년 3월에는 광주에서 전남도내 40여 단체 1백여 대표가 참석한 가운데 「전남노농연맹」이 조직[36)]되었던 것이다.

우석이 농민운동의 전면에 능상한 것이 이 무렵이다. 즉, 「동아일보」 1925년 2월 1일자에 우석이 전남 각 지역의 활동가들 모임인 '민족해방자동맹'에 주도적으로 참여해 집행위원 10인 가운데 1인으로 선출된 기사가 나오는가 하면, 동년 4월에 개최된 전조선노농대회에 광주의 강석봉, 보성의 최창순, 나주의 박공근, 목포의 박승억, 담양의 정병용, 해남의 송내현, 암태의, 박복영, 완도의 강사원 등과 함께 참석했다는 기록이 있는 것이다.[37)]

---

34) 위의 책, p.32.

35) 한송주, '순천소작투쟁', 『월간 예향』 1989년 1월호(광주일보 출판부), p.223.

36) 위의 글, pp.227-228.

37) 안종철, 『광주·전남 지방 현대사 연구』 (서울: 도서출판 한울, 1991),

당시 노농단체의 결성과 활동은 상당히 복잡한 양상을 보였다. 1924년 초 광주에서 전라남북도 78개 노동농민단체가 모여 '전라노동연맹회'를 결성하였고 동년 4월에는 다시 전라도와 경상도의 93개 노동농민단체가 '남조선노동동맹'을 결성하였으며, 남조선노동동맹은 다른 조직이었던 '조선노농대회'와 '조선노농연맹회'와 합의하여 1924년 4월에 서울에서 총 181개 단체와 295명이 참석하여 '조선노농총동맹'을 결성하였기 때문이다.[38)]

1920년대 중반에 들어와 이처럼 농민운동이 활발하게 전개된 데에는 이 무렵의 사상적 기류와도 무관치 않다. 즉 '조선공산당'이 창립[39)]된 것을 비롯하여 많은 사회운동단체가 탄생된 것이 이 무렵이기 때문이며, 이때 항일 민족진영 내부에서 좌익계열의 역량은 괄목할 만큼 증대되었다. 따라서 우석이 민족해방자동맹과 여러 지역의 농민조합 결성식에 참석하여 축사를 하는 등 활동한 것은 전혀 이상한 일이 아니다.

이 시기 '농민조합운동'은 1910년부터 1918년까지 일제에 의

---

p.32에서 재인용.

38) 이정식 지음, 김성환 옮김, 앞의 책, pp.42-43.

39) 1920년대 들어와 국내에서 서울청년회·화요회·북풍회를 비롯한 다수의 사회주의·공산주의 서클이 조직된 것을 배경으로 하여 1925년 4월 17일 서울 황금정의 중국요리집 아서원에서 화요회파를 중심으로 극비리에 창립대회가 개최되었다. 참석자는 책임비서를 맡은 화요회파의 김재봉, 김찬, 윤덕병, 진병기, 조봉암, 최현택, 박헌영, 신동호, 홍덕유, 북풍회파의 김약수, 송봉우, 김상수, 상해파 고려공산당파의 주종건, 유진희, 독고전, 이봉수, 이르크츠크 고려공산당계의 조동호 등 18인이었다. 오수열 외, 『최신 북한사회의 이해』(광주: 신성, 2011), pp.27-28.

해 '토지조사사업'에 의해 양산된 소작민과 영세자작농민들의 일인지주(日人地主)에 대한 저항이었을 뿐만 아니라 일본군국주의에 반대하는 민족운동이라는 이중적 성격[40]을 지니고 있다는 점에서 사회주의 이념을 지녔던 지식인들이 독립운동에 필요한 동력(動力)을 규합하는 데 농민운동은 매우 적합한 공간이었던 것이다.

이러한 시대적 상황 속에서 우석은 1926년 고향인 '영암 신북청년회'의 간부를 역임하였으며, '전남노동·농민연맹' 창립준비위원회의 서무부 위원으로 참여하기도 하였고 1927년 6월에는 신간회(新幹會) 목포지회 창립에도 참여하는 등[41] 적어도 전남지방의 각종 운동에서는 중심적 역할을 담당하였다.

우석이 신간회 목포지회의 창립에 참여하고, 동년 7월 목포지회가 주최한 강연회에서 "사회운동(社會運動)과 신간회의 사명"이라는 주제로 강연했다는 사실은[42] 우석의 이념적 스펙트럼을 조명하는데 중요한 의미를 지닌다고 하겠다. 왜냐하면 일제의 강압정책이 더해가는 가운데 이에 대한 투쟁에서 내부의 균열과 대립을 해소하고 민족단일전선의 수립 필요성에서 태동된 것이 신간회이기 때문이다. 따라서 신간회는 김병로·조병옥·안재홍 등 민족진영 인사뿐만 아니라 홍명희·허헌과 같은 사회주의진영 등 이념을 떠나 광범위한 참여가 이루어졌던 조직이다.

---

40) 편집부, 『政治學大辭典』 (서울: 博英社, 1975), p.351.

41) 姜萬吉 外, 『한국사회주의운동인명사전』 (서울: 창작과비평사, 1996), pp.300-303.

42) 위의 책.

이렇게 볼 때 이 시기 우석의 활동 목표는 농민의 권익증진이라는 본래의 목표와 함께 민족역량의 증대를 통한 항일독립운동에 모아지고 있었다고 볼 수 있다. 활동 목표를 농민, 특히 소작농의 권익증대에 두고 있던 우석이 이 무렵 조선공산당에 가입했다는 것은 당연한 일이었을지도 모른다.

이 무렵은 1926년 '6·10만세운동'을 계기로 제2차 조선공산당 시대가 막을 내리고, 일제의 검거를 모면한 김철수와 그의 동지들에 의해 제3차 조선공산당이 결성된 직후이다. 제3차 조선공산당은 제2차 조선공산당보다 성숙한 모습을 보여 ① 조선노농총동맹을 조선노동총동맹과 조선농민총동맹으로 분리, ② 조선청년총동맹의 재건, ③ 신간회 및 근우회의 결성, ④ 당 기관지로서 「대한신문」·「이론투쟁」의 발행 등 많은 사업을 전개하였으며 특히 각 도(道)에 지방 당부를 조직함과 동시에 당 만주총국, 당 상하이부 및 당 일본부를 조직하는 등 세력 확대에 진력하였는데 국내 세포 수는 약 40개, 당원 수는 약 100명에 달하였다.[43] 이 때 우석은 전남지부의 당원으로 활동하였으며, 이후의 '제4차 조선공산당'에도 참여한다.

1928년 8월 우석은 전남소년연맹의 창립총회에 참석하였다가 집회금지명령을 위반하였다는 죄명으로 체포되어 금고 4개월의 형을 선고받고 복역하였고[44] 출옥 후 다시 조선공산당사건에 연루되어 수감되었으며, 다음해 7월에는 또 다시 치안유지법 위반

43) 오수열 외, 위의 책, pp.30-31.
44) 姜萬吉 外, 위의 책.

으로 징역 2년을 선고받고 복역하였다.

1931년 출옥한 우석은 이듬해인 1932년 4월 영암공산주의자협회 결성식에 참여하여 외부 연락을 담당하였다. 이 때 협의회가 커다란 관심을 가졌던 일 가운데 하나가 당시 빈번하던 소작쟁의사건이었다.

1932년 6월 영암군 덕진면 영보리의 영보정에서 영암리·영보리·노송리·장암리 등 일대의 청년 70여 명을 규합하여 소작쟁의를 일으킨 소위 '영보 형제봉사건'은 영암공산주의자협회가 주도한 5·1 메이데이[45] 행사였다. 이 사건으로 관련자 100여명이 검거되었고, 우석은 1933년 대구복심법원에서 5년 징역형을 선고 받고 복역하였다.[46] 만기 출옥한 우석은 고향인 영암에서 금광채굴업에 종사하였던 것 이외에 1945년 해방될 때까지 그의 행적이 거의 알려지고 있지 않다. 아마도 막바지에 이른 전시동원체제 하에서 극심한 일제의 감시 때문에 행동의 자유가 부여되지 않았을 것이고, 금광채굴업이라는 사업을 명분 삼으면서 조국의 해방을 기다렸을 것이다.

---

45) 원래 영암공산주의자협회에서는 양력 5월 1일을 기해 메이데이 행사를 개최할 계획이었으나 일제의 삼엄한 경계로 수포로 돌아가자 음력으로 5월 1일을 기해 영보정에서 소작쟁의를 일으킨 것이다.

46) 재판 기록에는 우석은 영암군 영암읍 교동리의 최판옥(崔判玉, 당시 32세)과 영암군 덕진면 영보리의 김판권 (金判權, 당시 33세)에 이어 세 번째로 등장하고 있지만, 당시의 활동상과 그간의 투쟁경력으로 볼 때 '영보 소작쟁의사건'의 주모자는 우석(당시 41세)이라고 하는 것이 옳을 것이다.

Ⅳ. 해방 후의 농민운동

1945년 8월 6일 히로시마에 이어 9일에는 나가사키에 두 번째의 원자폭탄이 투하되었다. 또 이날 소련은 일본에 대해 선전포고를 하고 참전하였다. 제2차 세계대전이 완전히 다른 국면에 진입한 것이다. 8월 15일 마침내 일본은 무조건 항복하였다.

해방 이후 우석은 8월 17일 광주극장(현재의 무등극장 자리)에서 개최된 전남지방건국준비위원회 결성식에 참석하여 사회를 보는 등 다시 활발한 활동을 하게 된다. 8월 17일 전남건준이 결성되기 이전 서울을 중심으로 전개된 정세는 그야말로 복잡하기 이를 데 없었다. 항복이 임박한 것을 알게 된 총독부 고위관리들은 재한일인(在韓日人)들의 생명과 재산을 보호하고 본국으로의 안전한 철수를 위해 송진우와 여운형 등 민족지도자들과 접촉하였다. 송진우는 총독부의 제의를 거절하였고, 여운형은 이를 수락하였다.[47] 이때 민족 지도자들 간에는 일제 패망 이후의 대처방안을 놓고 이견을 보였는데 대표적으로 송진우·김성수 등 우익진영의 '임정봉대론(臨政奉待論)'과 여운형을 중심으로 한 '건국준비위원회'가 대립하였다. 이승만과 임시정부 요인들의 환국과 상관없이 독자적 정부 구성에 가장 적극적이었던 세력이 여운형이었다.

일본이 패망하기 이전부터 조선건국동맹(朝鮮建國同盟)을 조

47) 古下先生傳記編纂委員會, 『獨立을 향한 執念』 (서울: 東亞日報社, 1990), pp.437-439.

직하여 해방 이후를 준비하고 있던 여운형은 민족주의세력의 안재홍을 포섭하고 이영·최익환·정백 등의 장안파 공산주의 세력 그리고 박헌영·이강국·최용달 등의 재건파 공산주의 세력과 연합하여 건국준비위원회를 결성하였던 것이다.[48] 그리하여 건국준비위원회는 8월 31일까지 전국에 걸쳐 144개의 지부를 헤아리며, 일반 대중에게 파고들었다.

8월 15일 일본의 항복 방송을 전해들은 광주지역의 지도층 인사들은 「매일신보」 전남지사장이었던 국기열[49]의 집에 모여들었다. 8월 16일에도 다시 10여 명의 인사들이 모였는데 이들은 서울에서 여운형, 안재홍 등이 건국준비위원회를 결성했다는 소식을 이미 듣고 있었기 때문에 전남지방에서도 '건준'을 조직하자는데 의견의 일치를 보았다.[50]

이들은 8월 17일 오전 10시 국기열의 집 앞에 있던 창평상회에서 결성식을 개최하기로 하고 위원장에는 지역에서 덕망이 높은 최흥종 장로를 추대하자는데 합의하였다. 장소는 참석자들이 많은 것을 고려하여 광주극장으로 변경되었고, 위원장은 본인의 고사에도 최흥종 장로가 만장일치로 선출되었다. 이 결성식에서

48) 편집부, 『政治學大辭典』, pp.50-51.

49) 해방 당시 조선총독부 기관지였던 매일신보의 전남지사장이었는데, 그 이전에 「동아일보」에서 기자로 활동하다가 필화사건으로 투옥된 바 있었고, 동아일보가 폐간되자 매일신보의 초대 사장이었던 이상협의 도움으로 매일신보의 전남지사장으로 일하고 있었다. 이러한 배경으로 그의 집에는 해방 이전부터 항일 운동가들의 출입이 많았다. 안종철, 위의 책, pp.72-73.

50) 위의 책.

우석이 사회를 맡아 회의를 진행한 것이다. 이때 선출된 간부진은 <표-2>와 같다.

〈표-2〉 전남건준 결성대회에서 선출된 간부진

직책	성명
위 원 장	최흥종
부위원장	김시중, 강해석
총무부장	국기열
치안부장	이덕우
재무부장	고광표
선전부장	최인식
학무부장	신순언
산업부장	한길상
조직부장	김범수
청년부장	주봉식

우석은 건준이 치안대(治安隊) 조직문제로 분열되고, 결국 보수인사들이 사퇴함으로써 조직을 재편하기 위해 9월 3일 광주극장에서 개최된 '건준 개편대회'에서도 주도적 역할을 담당하였던 것으로 보인다. 왜냐하면 그가 서울의 '한민당(韓民黨)' 발기인 명단에 김시중(전남건준 부위원장), 고광표(전남건준 재무부장)와 함께 최흥종과 국기열(전남건준 총무부장)이 포함되어 있다고 보고함으로써 치안대 건설에 반대하였던 보수 인사들을 궁지에 몰아넣었기 때문이다.[51)]

개편대회에서의 보수·진보진영 간의 대립에서 보수진영이 궁

51) 이로 볼 때 우석은 진보진영의 선봉장으로 그 컬러가 분명했음이 증명되고 있다.

지에 몰린 결과 새로운 임원진 구성에서는 진보진영이 주도권을 장악하게 되었음에도 불구하고 우석은 집행부에 포함되지 않았다. 어찌 보면 회의장에서 보수진영 인사들의 한민당 참여설을 제기함으로써 진보진영 인사들이 주도권을 장악할 수 있도록 길을 터주고 본인은 뒤로 물러나는 조직인(組織人)의 모습을 보였던 것으로 보인다. 이때 선출된 간부진은 <표-3>과 같다.

〈표-3〉 개편대회에서 선출된 간부진

직책	성명
위 원 장	박준규
부위원장	강석봉, 국기열, 김철
조직부장	김종선
산업부장	한길상
총무부장	장영규
후생부장	노종갑
지방부장	조병철
학무부장	강해석
치안부장	이덕우
무임소위원	이익우

우석은 간부진에는 포함되지 않았으나 건준에서 여전한 실력자로서 9월 6일 미군의 진주 이후 전남 건준을 '인민위원회'로 개편하는 과정에서 김종선·이익우와 함께 중요한 역할을 담당하였다.

해방이후 우석의 또 다른 활동은 사회주의정당인 조선공산당 전남도당을 중심으로 전개되었다. 전남지방에서 조선공산당 전남도당 조직이 결성된 것은 1945년 9월이었다. 전남지방에서 조선공산당 결성이 활기를 띠게 된 데에는 해방 3년 전부터 광주의 벽돌공장[52]에서 노동자로 은신하고 있던 박헌영의 영향력과 무관치 않을 것이다.[53]

전국적 범위에서 볼 때, 해방 이후 사회주의자들에게 있어서 조선공산당의 재건은 매우 시급한 과제였다. 여기에서 선수(先手)를 친 그룹이 오랫동안 박헌영 계열과 대립해 오던 이영과 정백이었다. 이들은 광주에 머물던 박헌영이 서울에 도착하기도 전에 종로2가 장안빌딩에 모여 조선공산당을 급조하였다.[54] 이에 대해 박헌영은 8월 20일 종로구 낙원동 안중(安仲)빌딩에서 '조선공산당 재건준비대회'를 개최하고 경성콤그룹이 조선공산당의 정식 계승자이며, 이를 토대로 '조공(朝共)재건위원회'가 결성되었음을 선언하였다.[55]

---

52) 박헌영이 은신했던 벽돌공장이 어디였는지에 대해서는 여러 주장이 있다. 벽돌공장 주인이었던 이득윤은 그가 1944년경부터 백운동으로 옮겨와 그곳에서 살았다고 회고하고 있는가 하면 어떤 사람은 농성동이라고도 하며 또한 화정동이라고 하는 주장도 없지 않다. 이러한 이견 때문인지 안재성은 그의 「박헌영 평전」(실천문학사, 2009)에서 박헌영의 은신처를 그냥 '광주의 벽돌공장'으로만 쓰고 있다.
필자가 기억하기에도 실제 광주에는 1950년대 후반까지 백운동(현재의 백운초등학교 인근), 농성동(현재의 한국전력 인근), 화정동(현재의 중앙병원 인근)에 벽돌공장이 있었다.

53) 실제 박헌영은 8월 17일 광주극장에서 개최된 '전남 건준위' 결성식에도 참여하였다.

54) 이러한 이유로 이들을 '장안파(長安派) 공산당' 이라고 부른다.

55) 박헌영·이관술·김삼룡·이현상·김형선·이순금·이주상·권오직 및 화요파 출신으로 장안파에 참가했다가 박헌영 계열에 합류한 이승엽·홍증식

이처럼 조선공산당 재건을 놓고 장안파와 경성콤그룹이 대립하는 가운데 조선 내에는 해방 전부터 각 지방에서 활동해 온 토착 좌익운동그룹이 또 하나의 세력으로 존재하고 있었다. 특히 전남지방에서 이들 토착세력의 활동이 활발하였다. 전북 순창 출신인 이정윤[56]의 영향을 받으며 활동하였기 때문에 흔히 '이정윤 계열'로 불리는 우석·김종선·선태섭·윤석원·한종식·조병철·선동기·김부득 등이 이들인 데 이들은 박헌영 계열처럼 조직적이지는 못하였지만, 일본이나 국내에서 고등교육을 받은 인텔리로서 민중에 대한 명망 면에서 강점을 지니고 있었다.

박헌영 계열과 이정윤 계열은 화합하지 못한 채, 대립하는 양

·최원택 등이 주도한 이 그룹을 '재건파(再建派) 공산당'이라고 부른다.

56) 전북 순창 출신으로 서울 오성학교(五星學校)를 졸업하였고, 도쿄 세이소꾸(正則)영어학교, 도오시샤(同志社)대학 예비과, 와세다(早稻田)대학 전문부에서 수학함. 1921년 11월 도오쿄 조선기독교청년회관에서 열린 조선인유학생학우회 총회에서 독립선언문서를 배포하다가 검거되어 도쿄 지방재판소에서 금고 9월을 선고받고 복역 후 만기 출옥함. 1923년 8월 공산주의 내부의 북풍회 그룹과 서울파 그룹 간의 갈등에서 서울파에 가담함. 1924년 10월 고려공산당 결성 시 청년부 책임자가 되었고 고려공산당청년동맹의 책임비서가 됨.
1928년 조선공산당 제3차대회 준비위원으로 선임되었고 중앙간부 전형위원으로 선출됨. 1930년 8월 일경에 검거되어 징역 2년을 선고받음. 1931년 1월 출옥하여 조선공산주의자협의회 전남지부에서 활동하였고, 전남 곡성 옥과(玉果) 노동회를 적색농민조합으로 개편함.
해방 후 1945년 8월 조공(장안파) 결성에 참여하였으며, 조선인민공화국 보건부장 대리에 선임되었고, 1946년 2월 민주주의민족전선 결성대회에서 중앙집행위원에 선임됨. 같은 달 조공 중앙 및 지방 동지 연석간담회에 참석하여 박헌영을 비판함. 박헌영 계열과의 갈등으로 결국 8월 조공에서 제명당함. 1949년 서울에서 검거되어 서대문형무소에 수감 중 6·25 때 월북함. 姜萬吉 外, 위의 책, p.368.

상을 나타냈다. 그리고 이들 두 계열의 대립과 갈등 속에서 이정윤 계열이 초기의 우세를 지키지 못하고 열세에 몰림에 따라 여기에 속했던 우석의 위상과 영향력도 하락할 수밖에 없었다. 1945년 9월 15일 조선공산당 전남도당 결성을 위한 준비모임에서 위원장에 우석(이정윤 계), 조직부장에 윤가현(박헌영 계), 선전부장에 윤석원(이정윤 계), 노동부장에 이남래(박헌영 계) 등이 선출되고 이 결정이 9월 25일에 개최된 도당 결성대회에서 추인[57] 되었음에도 불구하고 다음해인 1946년 6월 2일 개최된 도당대회에서 우석이 위원장직에서 농민부장으로 물러난 반면, 박헌영 계열로 목포시당 위원장을 맡고 있던 김영재가 위원장에 선출된 것이 이를 증명하고 있다.

그러나 이 무렵 우석의 활동은 '전국농민조합총연맹(전농)'과 '민주주의 민족전선'에서도 활발하게 전개되었다. 우선 전농은 1945년 12월 8일부터 10일까지 3일 간에 걸쳐 제1일은 천도교기념강당에서, 제2일은 서울소극장에서, 제3일은 다시 천도교기념강당에서 개최되었는데 여기에서 우석은 전라남도 도연맹(道聯盟)의 대의원으로 대회를 이끌어 나가는 집행부의 한 조직인 대회진행계(大會進行系) 6명 중 1명으로 선출되어 활약[58]하였

---

57) 9월 15일의 준비모임은 각 군·면 단위에서 선출된 대의원들이 참석한 회의가 아니었기 때문에 민주집중제(民主集中制)의 원리를 존중하는 공산당 조직원칙에서 볼 때 불완전한 것이었지만, 9월 25일의 도당결성대회는 각 군당의 대의원 100여 명이 참석한 합법적 대회였고, 여기에서 우석이 70%의 지지를 받음으로써 9월 15일의 결정이 추인되었음에도 다음해인 1946년 6월에 개최된 도당개편대회에서 박헌영 계열의 반대로 우석은 위원장에서 농민부장으로 밀려난 것이다.

을 뿐만 아니라, 제2일차 회의에서의 임원선출에서 이구훈(李龜燻)과 함께 중앙집행위원회 부위원장으로 선출되어 전농의 최고위 지도부에 진입하였던 것이다.[59)]

임원진 선출에 이어 각 지방별로 정세보고(情勢報告)가 있었는데 우석은 전라남도 대표로 정세를 보고하였다. 정세보고에서 우석은 "다른 지역에 비하여 미군 진주가 늦은 까닭에 전남지역에는 무장한 일본 군인들이 집결되어 있어 그들과 싸우느라고 피해가 많았다"[60)]고 전제하면서도 "도내 대부분에서 군수 이하 면장 등에 농민의 의사를 대표하는 인민위원장(人民委員長)이 취임하고 있다"고 보고하여 참석자들로부터 박수를 받았다.

우석은 또한 조직 현황에 관해 도(道)에는 연맹(聯盟)을, 31개 군(郡) 등에는 22개의 농조(農組)가 그리고 4,734개의 반(班)이 조직되었고 약 30만 명의 조합원이 있으며 소작(小作)에 있어서는 3 · 7제(制)를 확립하였다고 보고하였다.[61)]

특이한 것은 우석이 이 보고에서 벌교의 서민호(徐珉濠)에 대해 언급하고 있는 것이다. 우석은 "그는 미국에 유학한 일이 있는데 악덕지주 고리대금업자로 유명하다. 그러나 극도의 배일

---

58) 金南植, "全國農民組合總聯盟結成大會會議錄" 『南勞党研究資料集(第二輯』 (서울: 亞細亞問題研究所, 1974), p.134.

59) 위의 회의록, p.153. 전농에는 중앙집행위원회 외에 집행위원회에서 결정한 사항을 집행·처리하기 위한 상임집행위원회(常任執行委員會)가 있었는데, 집행위원장과 부위원장은 당연직 상임집행위원이었으므로 우석은 집행위원회 부위원장이면서 동시에 상임집행위원이었다.

60) 위의 회의록, p.158.

61) 위의 회의록, p.159.

(排日) 사상이 있는 것만은 장점이다"고 평가하고 "8·15 이후 건준위 위원장이 되어 일인(日人)과의 투쟁에는 상당히 맹렬하였다. 그러나 늘 지위를 유지하며 치안대를 자기의 부하로서 조직하여 이것으로서 농민을 상당히 박해하였다"고 보고하였다.62) 이 보고로 미루어 보아 우석은 서민호가 선대(先代)로부터 물려받은 농지문제로 소작인들과 분쟁을 겪고 있던 것에 대해 매우 분개하고 있었지만, 그가 건준위 위원장으로 '특보대'를 조직하여 치안유지에 힘쓰고 도망가는 일본인들을 조사하여 1천 원 이상의 반출을 금지시키는 등 배일적 태도를 보인 데 대해서는 긍정적 평가를 내린 것을 알 수 있다.63)

이 무렵 우석은 전농의 대표 자격으로 미국에서 귀국한 이승만(李承晩)이 주도한 독립촉성중앙협의회(일명: 獨促中協)의 중

62) 위의 회의록, p.160.

63) 서민호는 1903년 고흥군 동강면에서 자수성가한 대지주의 아들로 태어났으며, 일본 유학을 거쳐 미국의 콜롬비아대학교 대학원에서 M·A 학위를 받았다. 1933년 부친의 별세로 유산을 상속받은 그는 「私立松明學校」를 인수·경영하기도 하고, 반도흥업사를 운영하기도 하였으며, 조선어학회(朝鮮語學會) 사건에 관련되어 복역하기도 하였다. 해방 후 벌교에서 건국준비위원회를 결성하여 위원장이 되었는데 이때 좌익계열에 대한 탄압을 서슴지 않았다. 미군정하에서 광주시장과 전남지사를 역임하였는데, 이때 고향 후배인 박철웅(朴哲雄)이 추진한 조선대학교(朝鮮大學校) 설립을 적극 지원하기도 하였다. 1950년 제2대 국회의원 선거에서 고향인 고흥 을구에서 무소속으로 당선되었는데, 전쟁 중 발생한 「國民防衛軍事件」과 「居昌良民虐殺事件」의 진상규명을 놓고 이승만 정부와 대립하였다. 서민호는 이때 발생한 소위 「서대위살인사건」으로 자유당정권 종말 때까지 숱한 고초를 겪었다. 오수열, "월파 서민호의 생애에 대한 소고", 『인간과 문화』 통권7호(2008, 인문사연구소), pp.127-145.

앙집행위원으로 선출되기도 하였다. 10월 16일 미국으로부터 귀국한 이승만은 「민족의 대동단결」 과 「통일촉성」 을 부르짖고 각 정치세력을 하나로 묶는 활동을 전개하였고 10월 25일에 '독촉중협'을 결성하였던 것이다.[64)]

남한에서의 군정(軍政)을 안정시키기 위한 목적에서 미군정의 지원 가운데 도모된 독촉중협은 민족의 대동단결을 과시하기 위하여 안재홍 등 7인으로 전형위원회를 구성하여 정당·사회단체·종교단체에 배정할 인원수를 결정하였다. 정당으로는 4대 정당인 한민당, 공산당, 국민당, 인민당에 각 4명, 여성단체로는 부녀동맹 1명, 여자국민당 1명, 무소속 1명, 종교단체로는 예수교 1명, 불교 1명, 천도교 1명, 유교 1명, 청년단체로는 조선청년동맹 2명과 그 밖에 8명, 기타 단체로는 전국노동조합평의회(전평) 2명, 전국농민조합총연맹(전농) 2명, 군소정당 2명 등 모두 39명으로 구성하기로 하였다. 여기에 우석은 백용희(白庸熙)와 함께 전농의 대표로 선임되어 참여하였다.[65)] 다만 우석이 이 조직에 능동적으로 참여한 것으로 보기는 어렵고, 여러 가지 이유로 이 조직 자체가 유명무실해졌기 때문에 우석이 이곳에서 의미 있는 역할을 수행했다고는 할 수 없을 것이다.

한편 그럼에도 불구하고 주로 사회주의계열에서 활동하였던 우석이 독촉중협에 중앙집행위원으로 참여했다는 것은 그의 이념적 스펙트럼의 한 단면을 보여준 것으로 중요한 의미를 지닌

---

64) 李甲秀 외, 『韓國史大系(現代)』 (서울: 三珍社, 1976), p.32.
65) 孫世一, "李承晩과 金九", 『月刊朝鮮』 2011년 1월호, pp.555-557.

다고 하겠다. 즉, 민전(民戰)에서도 활동하였다. 민전은 1946년 2월 15일 좌익 5개 단체가 중심이 되어 각 정당·사회단체·노동자·농민 대표 470명이 종로 YMCA 강당에서 결성한 좌파연합전선으로 조선공산당이 사실상 주도하였으며 그 지도자는 여운형·허헌·박헌영 등이었다.[66] 조선공산당 총비서 자격으로 결성대회에 참석한 박헌영은 "민주주의적 실현만이 완전한 독립의 첩경"이란 제목으로 연설하였다.[67] 우석은 민전의 결성대회에서 중앙집행위원으로 선출되었으며 전남민전에서는 부위원장 직책을 맡았다.

그런데 우석이 민전 중앙집행위원과 전남민전의 부위원장으로 활동한 1946년 전반기 이후 그의 활동은 밖으로 드러난 것이 없다. 이는 그해 말에 이르러 조선공산당의 급격한 좌경화로 미군정이 이들의 활동을 제약하기 시작한 것과 조선공산당 내에서 박헌영의 위치가 거의 절대화되면서 반박헌영계열에 속하였던 우석의 활동영역이 축소될 수밖에 없었기 때문으로 보인다.[68]

1946년 9월 6일 박헌영 외 공산당 주요 간부에 대한 미군정청의 체포명령이 내려졌고, 9월 29일 박헌영은 관(棺)에 담겨진

---

66) 편집부, 『政治學大辭典』, p.632.

67) 임경석, 『이정 박헌영 일대기』(서울: 역사비평사, 2004), p.287.

68) 실제로 1946년 2월 박헌영이 여운형·허헌·김원봉·백남운과 함께 민전 공동의장으로 선출된 이후 조선공산당 총비서 겸 민전 공동대표로서의 박헌영의 위상은 다른 어떤 정치인보다도 주목받았으며, 때문에 반박헌영 계열에 속하였던 사람들은 공산계열 내에서 불가피하게 활동이 제약될 수밖에 없었다.

채 월북 길에 올랐다.[69] 이때 이후 박헌영의 남로당은 물론이고 민전에 속하였던 모든 좌익계열의 활동이 위축되었던 점으로 미루어 우석의 활동 또한 밖으로 드러날 수 없었던 것은 자연스러운 일이라고 할 수 있다.

그런데 여기에서 제기되는 중요한 의문이 우석이 언제 남한을 떠나 북한으로 갔는가 하는 것이다. 어떻든 우석은 1946년 6월 조선공산당 전남도당 개편대회에서 박헌영 계열의 반대로 위원장직에서 물러나고 그 이후 미군정에 의해 좌익의 활동이 불법화되면서 고향인 전남지방에서 활동한 흔적이 끊어지게 된다. 이때는 비록 박헌영이 월북한 이후이긴 하나 남한 내 공산당의 주도권을 박헌영 계열이 장악하고 있었다는 것을 감안할 때 우석이 전남지방에서 활동하는 것이 쉽지 않았을 것이다.

박병엽[70]이 증언하고 있는 것처럼 박헌영 계열로부터 제명당하고 김구·김규식·정인보[71] 등과 연계되어 민족통일운동에 투

---

69) 임경석, 위의 책, p.375.

70) 1922년 전남 무안에서 출생하였으며, 1930년대 가족을 따라 함경도로 이주하여 해방을 맞았다. 해방 후 평양에서 공청, 북로당 지도원으로 활동했고, 조선노동당 사회부 및 대남연락부에서도 지도원, 책임지도원으로 일했다. 조선로동당 3호청사의 자료실에서 일하면서 당시 중요한 문건을 다루었으며 조선로동당 중앙위원회 후보위원에 올랐다. 1980년대 초 서울에 와 생활하다 1998년 사망했다. 『조선민주주의 인민공화국의 탄생』·『김일성과 박헌영 그리고 여운형』 등의 구술 자료를 남겼다. 그의 구술을 정리한 유영구·정찬현은 그 내용의 신빙성과 객관성에 대해 매우 높게 평가하고 있다.

71) 우석과 담원(薝園) 정인보(鄭寅普)는 호형호제하는 친구 사이였는데, 정인보가 1948년 정부수립 후 초대 감찰위원장을 지낸 한학자이자 독립운동가란 점을 고려할 때 우석의 사상적 경향을 살펴볼 수 있는 중요한

신하였을 수도 있을 것이며,[72] 김남식[73]이 증언하고 있는 것처럼 박헌영 계열로부터 배신자 등으로 낙인찍혀 있다가 6·25 발발 후 인민군 후퇴 시 강제 납북되었을 수도 있을 것이다.[74]

그러나 이기홍의 증언처럼 우석이 1949년 이루어진 남북노동당의 합작과정에 참여한 것이 사실이라면 그가 1950년 6월 한국전쟁 발발 때까지 서울에 은거할 필요도 없었을 것이며, 전쟁 발발 후 북한군에 의해 납북될 필요도 없을 것이다. 왜냐하면 1949년 이루어진 남북노동당의 합작은 김일성의 교시에 "… 남반부에서의 당 사업을 강화하며 남북로동당에 대한 통일적 지도를 더욱 튼튼히 보장하기 위하여 1949년 공식적으로 남북로동당을 합당 하였습니다…."[75]라고 분명히 나와 있는 것처럼 합당이 북한노동당의 주도하에 이루어졌던 만큼 우석이 여기에 관여하였다면 그는 남한 내에서 자신이 처한 상황을 감안하여 자진 월북했을 가능성도 없지 않는데도 박병엽은 우석이 서울에 은거 중 납북되었다고 밝혔기 때문이다. 이 부분에 관해서는 남북관계가 변화되어 자료의 공유가 가능해질 때, 보다 세밀한 검토가 이루어져야 할 것이다.

시사점이 될 수 있을 것이다.

72) 柳秀澤의 위의 자료에 수록되어 있음.

73) 북한에서 자강도당 선전선동부 간부로 재직하다가 남한으로 넘어와 「고려대 아세아문제 연구소」 연구원으로 활동하면서 북한학 연구에 크게 기여한 전문가로 평가되고 있음.

74) 柳秀擇의 앞의 자료에 수록되어 있음.

75) 조선로동당 중앙위원회 당력사연구소, 『조선로동당략사』 (서울: 돌베게, 1989), p.337.

V. 우석의 정치이념

앞에서 살펴본 것처럼 우석은 비슷한 시대를 살았던 선각자들처럼 정상적인 학교 교육을 받은 바도 없으며, 일본에서 체류한 3년여 동안에도 학업에 전념한 기록이 있지 않다. 그럼에도 불구하고 그의 행적에서는 다른 누구와 비교해서도 낮다고 할 수 없는 몇 가지의 사상적 맹아와 흔적들이 짙게 내재되어 있다.

첫째, 반상무별(班常無別)의 평등정신이다. 이미 살펴본 것처럼 우석은 청백리 정승으로 유명한 하정 유관(柳寬)의 후손으로 부자(父子)정승을 배출한 전통적 양반가문 출신이다. 그럼에도 우석은 최하층 신분으로 천대받고 있던 백정(白丁)들의 모임인 형평사(衡平社)의 위원장직을 자임(自任)하였는가 하면, 백정의 딸을 자신의 친척과 혼인하도록 주선함으로써 '평등사상'을 실천에 옮기는 용기를 보였다.[76]

둘째, 생산의 주체이면서도 지주(地主)들로부터 착취당하고 있는 농민의 권익을 위해 거의 모든 평생을 바쳤다는 점에서 그의 사상 가운데에는 농본주의(農本主義)가 짙게 내재되어 있다고 하겠다. 서구 선진 국가들과는 달리 우리의 경우는 일제 시대는 물론이고 심지어는 해방 이후까지도 산업에서 농업이 차지하는 비중이 매우 높았고 따라서 인구 구조에서 농업인구가 차지하는 비중 또한 매우 높았다. 그럼에도 불구하고 농지의 소유 형태는 소수의 지주와 다수의 소작농 구조로 이루어짐으로써 다수

---

76) 「영암신문」, 2005. 6. 17.

의 소작농은 고율의 지대(地代)에 시달릴 수밖에 없었고 이는 봉건적 사회구조를 고착화시키는 요인으로 작용하고 있었다.

사대부 계층 출신이면서도 이처럼 모순된 사회현실에 비판적 시각을 가졌던 우석은 일본 체류 시 보고 듣고 체험한 일본 지식인들의 '신사상운동'과 사회주의에 대한 인식을 바탕으로 귀국한 이후 소작쟁의 투쟁 등을 통하여 농민의 권익을 증진시키는 데 투신하게 된 것이다. 이는 당시 민족의 현실과 장래를 생각하는 젊은이들이 가졌던 생각들과 상통한다고 볼 수 있지만, 다만 우석은 당시 대부분의 젊은이들이 농촌계몽운동 등 온건한 방식을 보였던 것과는 달리 소작쟁의투쟁 등을 통해 봉건지주와 동양척식회사의 착취에 행동으로 맞섰다는 점에서 계몽주의자들과는 확연히 구별된다고 할 수 있다.

셋째, 당시의 시대적 환경과 밀접하게 연관되어 있지만, 사상적으로 우석은 사회주의에 깊게 경도되어 있다는 점이다. 당시의 동아시아 정세는 민족주의(Nationalism)에 기반을 둔 제국주의가 기승을 부리던 시대로서 특히 동양에서는 처음으로 산업화에 성공한 일본의 제국주의화는 많은 문제점을 드러냈다.

그리고 일본에서의 이와 같은 제국주의의 발호는 인접국가에 대한 폐해뿐만 아니라 후발자본주의국가(後發資本主義國家)라는 한계 속에서 국내적으로도 빈부의 격차 등 많은 사회적 문제점을 양산하였다.

이에 전술한 것처럼 고토쿠 슈스이 같은 일부 사상가들은 이러한 사회적 문제점을 해결하는 수단으로 사회주의에 주목하였던 것이다. 즉 고토쿠는 러시아에서의 혁명에 영향 받아 제국주의를 애국주의(愛國主義)와 군국주의(軍國主義)의 결합으로 파악하고 비판하였다.[77]

인구의 절대다수를 차지하는 농민의 대부분이 소작농으로 전락하여 신음하고 있는 현실 속에서 우석이 이를 해결하기 위한 사상으로서 사회주의에 관심을 갖게 되었을 것은 충분히 이해할 수 있는 일이며, 당시 젊은 지식인들의 사상적 경향이기도 하였다.

더욱이 우석은 그의 나이 17세 때부터 3년여 동안을 일본에 체류하면서 당시 일본이 안고 있던 사회적 문제점과 그 해결방안으로 일부 지식인들이 주장하기 시작한 사회주의에 접할 기회가 있었으니 그의 사회주의에 대한 관심은 전혀 이상한 일이 아닐 것이다.

그럼에도 불구하고 사회주의에 대한 관심과 관련하여 우석에게서 찾아볼 수 있는 특징으로는 그가 사회주의를 이념으로만이 아닌 실천을 위해 부단히 노력했다는데 있다. 우석은 시종일관 당시의 사회에서 피억압계층이었던 농민, 그 가운데에서도 소작농의 이익을 대변하려고 노력하였다.

넷째, 우석은 철저한 실천주의자였다는 점이다. 당시 적지 않은 사상가와 독립 운동가들이 단지 어떠한 이념을 주장하거나 실제 고통 받는 동포들은 외면한 채 외국으로 이주하여 보다 편안한

77) 고토쿠의 사상은 무엇보다도 국경을 초월한 '계급적 연대'를 추구하고 반전(反戰)을 주장하였다는 점에서 사회주의적이고 국제주의적 성격이 짙다고 하겠다.

환경에서 활동했던 것과는 달리 우석은 그가 태어난 고향을 중심으로 하여 소작농들과 어려움을 함께 하면서 수차례의 투옥을 마다하지 않았다는 점에서 우석에게서는 공리공론이 아닌 '행동하는 농민운동가'로서의 모습을 찾아볼 수 있는 것이다.

실천과 행동을 중시했던 우석이 해방정국에서 박헌영 계와의 불화와 대립 속에서 활동 공간이 축소되는 상황에 직면하게 된 것은 그에게는 적지 않은 고통이었을 것이며 우석이 남한을 떠나게 된 요인으로도 작용했을 것으로 볼 수 있다.

다섯째, 우석은 농민운동가로서 사회주의에 깊은 관심을 가졌고, 그 때문에 전농(全農)과 건준(建準) 등 사회주의 조직들과 함께 활동하였지만 공산주의에 동조하지는 않았다는 점이다. 비록 이기홍의 증언에서 우석이 1949년 남북노동당의 합작과정에 참여한 것으로 나타나고 있지만 이는 남북노동당의 합작을 통해 남북통일에 한발 다가서기 위한 노력의 일환[78]으로 볼 수 있으며 남한에 공산주의를 구현하려는 노력으로는 볼 수 없을 것이다. 이는 우석이 북한에 머무르는 동안 북한 당국의 회유에 끝까지 응하지 않았으며, 평양시 부시장을 지냈다는 등 항간에 알려진 것과는 달리 고적(孤寂)한 삶을 마친 데에서 증명되고 있다.

---

78) 예컨대 김구와 김규식 등이 남북통일을 위하여 주변의 반대에도 불구하고 1948년 4월 「남북정당사회단체대표자연석회의」에 참석하기 위해 38도선을 넘어 평양을 방문했던 것도 통일을 포기할 수 없는 절박한 심정에서 비롯된 것으로 김일성의 책동에 휘말린 것으로는 볼 수 있을지언정 이를 공산주의에 동조한 것으로 비난할 수는 없는 것이다.

Ⅵ. 맺는말

양반가에서 태어난 한 청년이 반상의 차별이 엄존하던 시대에 반상무별의 평등을 앞장서서 실천한다는 것은 말처럼 쉽지 않은 일이었다. 우석이 후일 농민, 그 가운데에서도 소작농의 권익투쟁에 몰두하였고 더 나아가서는 평등사회 구현을 목표로 하는 사회주의 노선에서 독립투쟁에 헌신하였던 것도 우석이 일찍이 보였던 반상무별의 평등정신과 연관되고 있음을 알 수 있다.

민족의 현실이 암울했던 일제 통치시기에 지식인들의 고뇌는 조국의 광복을 도모하는데 모아질 수밖에 없었을 것이다. 그러나 그 방법에 있어서는 개인의 이념과 처한 환경에 따라 다른 모습으로 나타났음을 알 수 있다. 우익 민족주의자들의 경우 일제의 탄압에 힘의 한계를 자각한 나머지 자강론(自强論)에 치우친 경향이 없지 않았던 반면 좌익 사회주의자들은 계급론에 입각하여 보다 적극적 투쟁에 나서는가 하면 국제적 공조(共助)를 통해 일제를 극복하는데 초점을 맞추었다.

어떠한 노선이 조국의 광복을 가져오는데 더욱 효과적이었으며 실제 광복에 크게 기여하였는가에 대해서는 상이한 의견이 있을 수 있겠지만 분명한 것은 그들 모두가 조국의 광복을 위해 분투했다는 사실이다.

불행히도 해방된 조국이 분단되고, 남북 간에 이념 대립이 현재화(顯在化) 되면서 남북한 모두에서 그들의 통치 이데올로기와 상이한 사상을 가졌던 독립 운동가들에 대한 평가는 매우 인색하였다. 남한에서 사회주의적 사상을 갖고 활동했던 독립 운동가들에 대한 폄훼와 무관심은 당연시 되었고 우석의 경우도 마찬가지였다.

그나마 '국민의 정부'와 '참여 정부'를 거치면서 반공일변도의 정책이 남북화해정책으로 변화하게 되었고, 이에 힘입어 지난날 이데올로기 대립의 피해자였던 사회주의적 독립 운동가들에 대한 새로운 평가가 가능해지게 되었다. 퍽 다행스러운 일이 아닐 수 없다.

일제 통치시기에 민족노선을 걸었든, 사회주의 노선을 걸었든 그것은 모두 조국의 광복을 위한 것이었고 단지 그 방법만이 상이했을 뿐인데도 그동안 우리는 지나친 이념의 장벽 속에서 사회주의 노선을 걸었던 분들에 대해 소홀했고 더 나아가서는 적대적이기까지 했던 것이다.

필자가 이 글을 쓰는 과정에서 챙겨본 적지 않은 자료를 통해서도 단지 사회주의노선을 걸었다는 이유만으로 그동안 홀대받았던 많은 독립 운동가들을 접할 수 있었다. 이제 이 분들에 대한 정당한 평가 또한 우리 후학들의 몫이 아닐까 한다.

김 준 연

■ 독립운동가

• 호	낭산(朗山)
• 출생–사망	1895. – 1971.
• 출생지	전라남도 영암군
• 대표공직	조선일보 모스크바 특파원, 법무부장관, 통일당 위원장, 민중당 총재

▲복원된 생가 사진

낭산(朗山) 김준연

I. 머리말

흔히 역사(歷史)는 승리한 자의 기록이라고 한다. 특히 정치사의 경우에 더욱 그러하다고 할 수 있으며, 통치자를 하늘(天)로 생각했던 유교문화권 국가의 경우 이러한 현상은 더욱 두드러지게 나타나고 있다.

우리나라의 경우도 예외가 아니며, 이러한 현상은 우리의 정치가 민주주의를 받아들인 1945년 해방 이후의 정치사에서도 변함없이 나타나고 있다.

수년전 친일인명사전(親日人名辭典)이 발간되면서 해방 이후 우리 정치사에서 중요한 역할을 담당했던 인물들의 일제 강점기 행적에 관해 국민들의 관심이 증폭되어 왔다. 국가와 민족을 위해 공헌한 것으로 알려진 인물들 가운데 상당수가 일제 강점기에 친일 행적을 했던 것으로 드러나면서, 사람에 대한 평가는 그의 삶이 마감된 후에나 가능하다는 것을 다시 한번 깨닫게 하고 있는 것이다.

반면에 어떠한 인물들은 세속적 의미로는 정치적으로 대성하지 못했으면서도 그의 삶이 국가와 민족을 위해 일관되게 헌신해 온 점 때문에 그의 사후 오히려 좋은 평가를 받는 경우가 없지 않다. 낭산 김준연(金俊淵)의 경우가 여기에 속한다.

낭산은 일제 강점기 언론인으로서, 해방 이후에는 국회의원으로서 또는 법무부장관으로서 혁혁한 활동을 전개하였음에도 불구하고 1950년대 후반 자유당 말기 이후 정치적으로 어려운 길을 걷다가 1961년 5·16군사 쿠데타 이후 우여곡절을 겪으면서 삶을 마감한 불운의 정치인 가운데 하나이다.

그러나 낭산에 관한 평가는 그가 생존 시 정치적으로 얼마나 화려한 스포트라이트를 받았는가의 문제가 아닌 그가 국가와 민족을 위해 얼마나 헌신적 삶을 살았는가의 측면에서 재평가되어야 할 것이다. 낭산은 충분히 그러한 대접을 받을만한 위치에 있으며, 그러한 재평가 작업은 이 시대를 사는 후학들에게 부여된 사명일 것이다.

특히 필자는 1962년 초 고향인 전남(全南) 장성군(長城郡)에서 초등학교를 졸업하고 부모님을 따라 영암군(靈岩郡) 덕진면(德津面)으로 이거(移居)하였는데, 동네 인근에 낭산의 선조 묘소가 있었던 관계로 어릴 때부터 낭산에 관해 많은 이야기를 들으며 소년시절을 보낸바 있다. 꽤나 넓은 평야지대의 한 가운데 표고 2m도 되지 않는 사구(砂丘)인 '갈라산'이라고 불리는 이 산에 낭산의 선조들이 모셔져 있어서 가을철에 낭산을 포함한 김해김씨 후손들이 시제를 모시는 것을 지켜보았던 것이다. 들리는 바로는 낭산이 이 선산의 발복(發福)으로 크게 되었다고 하였다.

그 6년여 후 필자의 가정이 영암을 떠나 다시 광주(光州)로 이거함에 따라 낭산에 관한 관심도 옅어지게 되었는데 후일 필자가 정치학을 공부하게 되면서 자연스럽게 낭산에 대한 관심이 재기되었다.

물론 표면적으로 나타난 정치 행로에서만 본다면 낭산의 말년(末年)은 젊은 시절의 활발한 활동에 비추어 정치적으로 쇠락의 길을 걸었다. 그러나 오늘날에 이르러 낭산의 일생을 평가한다면 그 어떠한 평자(評者)도 낭산에 대해 엄숙한 마음으로 옷깃을 여미지 않을 수 없을 것이나.

더욱이 오늘날 우리의 정치가 공사(公私)가 구별되지 못하고 부정과 부패로 얼룩져 있는가 하면 지도층의 거짓말과 위선이 횡행하는 상황에서 평생을 부정부패가 무엇인지도 모른 채 마지막 삶마저도 사위집에서 마쳤던 낭산이야말로 우리들에게 사표가 되고도 남을 것이기 때문이다. 필자가 낭산의 생애를 적극적으로 재조명해 보고자 하는 까닭도 여기에 있다.

Ⅱ. 낭산의 출생과 성장

낭산은 1895년(乙未年) 음력 3월 14일 전라남도 영암군 영암면(현재의 영암읍) 교동리 187번지에서 부친 김상경(金相逕)[1]과 모친 청주한씨(淸州韓氏)[2]의 장남으로 태어났다. 그가 태어날 당시 부친은 17세였고 모친은 21세였는데, 그가 태어난지 1년 후에 동생 준오(俊午)가, 5년 후에 동생 준량(俊亮)이 태어났다.

낭산의 가문이 언제부터 영암에 기거하게 되었는가에 대해 낭산은 그의 자서전격인 소책자에서 그의 21대조인 연(璉)이 고려 말기 영암에 래거(來居)한 것으로 기록하고 있으며, 언제부터인지는 분명치 않으나, 그의 선조들은 지금으로 치면 군청 직원에 해당되는 이속(吏屬)의 직업을 가져왔다고 한다.[3]

낭산의 출생 이후 그의 가정 형편이 넉넉하지 못하였던 까닭으로 낭산은 7~8세가 될 때까지 같은 마을의 외가(外家)에서 자랐으며, 6세 때에 한문서당에 입학하여 처음으로 천자문을 공부하기 시작하였다.

낭산의 나이 8세에 이르러 집안 형편이 호전됨에 따라 낭산은 본가(本家)로 돌아 왔는데, 이때부터 부친은 낭산을 위한 교육에 힘을 쏟았다. 영암에서 5리쯤 떨어진 송계리(松溪里)의 영명제(永明齊), 율산리(栗山里)의 야귀제(夜歸齊) 그리고 상동암(上洞庵)과 도갑사(道岬寺)로 공부하러 보냈던 것이다.[4]

낭산이 천자문을 거의 다 배울 무렵 강진에 사는 이모부께서 낭산에게 천자문을 거꾸로 읽어보라고 하자, 한자도 틀리지 않고

---

1) 1879년생, 金海金氏都事公派譜, pp.95-96.
2) 1875년생, 위의 책, p.96.
3) 金俊淵, 나의 少傳(서울: 時事時報社, 1959), p.1.
4) 위의 책, p.3-4.

읽음으로써 주위를 놀라게 하였는데 훗날 주위 사람들을 놀라게 한 낭산의 뛰어난 기억력[5]은 이미 어릴 때부터 빛을 발하고 있었던 것이다. 그리하여 낭산은 14세 때까지 사략(史略), 통감(痛鑑), 논어(論語), 맹자(孟子), 대학(大學), 중용(中庸), 시전(詩傳) 등을 공부하였고, 그해 가을에는 영암보통학교 보습과(補習科)에 입학하여 신학문에 접하게 되었다.[6] 이처럼 낭산이 부친의 배려로 한학을 공부하고 있을 무렵, 낭산의 나이 13세 때에 낭산은 세 살 연상인 김옥성(金玉聲)과 결혼 하였다. 모친이 항상 병중에 계셨기 때문에 속히 결혼해야 한다는 주위의 권고에 따른 것이다.

결혼 후 다음해 즉 14세 때에 낭산은 영암보통학교 보습과를 전체 수석으로 졸업하고, 서울로 올라가 16세(1910년) 때 4월에 지금의 경기중고등학교 전신인 한성고등학교(漢城高等學校)에 입학하였다.

낭산이 한성고등학교에 입학하여 공부하고 있을 때인 1910년 7월경 고향에서 '모친별세'(음력 6월 13일)의 전보를 받았다. 낭산은 급히 귀향하여 장례를 치른 후 다시 상경하였는데, 그 해에 그의 부친은 조씨(曺氏)를 후처로 맞아 들었다.[7]

이해 8월 29일 한일합방(韓日合邦)이 발표 되었고, 우리 민족은 나라 없는 백성이 되었다.[8] 합방이후 한성고등학교가 외국어

---

5) 필자는 영암에서 거주하던 소년시절 부친으로부터 "김준연은 길에서 단 한 번 인사를 나눈 사람의 얼굴과 이름을 기억한다."는 말씀을 들은 바 있다.
6) 許彬, 『건국의 원훈 朗山 金俊淵』 (서울: 자유지성사, 1998), p.25.
7) 그의 부친과 후처 조씨 사이에는 3남 3녀의 소생을 두었다.

고등학교와 병합되어 경성고등보통학교(京城高等普通學校)[9]로 교명을 바꾸게 된 가운데 낭산은 졸업을 맞이하게 되었다.

졸업을 앞둔 낭산에게 일본인 아키야마(秋山)선생이 졸업 이후의 진로를 물었다. 이에 낭산은 동경제국대학(東京帝國大學)에 진학하겠다고 대답하였는데, 며칠 후 교장실의 호출을 받고 갔더니 그곳에는 졸업 후 일본 유학을 계획하고 있던 2명의 한국인 학생이 이미 도착해 있었다. 교장실에서 이들 한국인 학생을 부른 까닭은 이들을 설득하여 유학을 단념토록하고 대신 판임관(判任官) 시험을 치르도록 하려는데 있었다. 이때부터 이미 한국인에 대한 우민화(愚民化)정책이 시작되었던 것이다.

그러나 낭산은 그러한 설득에 따르지 않고 졸업식을 치른 후 4월 초 고향으로 돌아가 일본으로 떠나기 위한 준비에 몰두하였고, 마침내 영암을 떠나 목포에서 선편으로 부산에 도착하여 그곳에서 관부연락선을 타고 시모노세키(下關)에 도착하니 이때가

---

8) 일본은 1894년 강화조약(江華條約)에 의하여 한국과 통상한 이후 국내에서 임오군란(壬午軍亂), 갑신정변(甲申政變)을 겪는가하면 동학혁명(東學革命)으로 청·일 양국 간의 충돌이 격화된 것을 계기로 1905년에는 고종(高宗)및 신료들을 협박·매수하여 을사조약을 체결하여 외교권을 박탈하였다. 이러한 가운데 고종이 1907년 7월 헤이그에서 개최된 '만국평화회의'에 밀사를 파견한 것을 계기로 일본은 한국에 대한 침략을 더욱 본격화하여 1910년 8월 이완용(李完用)과 한일합방조약을 체결함으로써 조선은 종말을 고하게 되었다. 편집부, 『韓國史大辭典』(서울: 豊文社, 1974), pp.1607-1608.

9) 당시 종로구 화동(花洞)에 있던 경성고등보통학교는 '갑신정변'의 주역인 김옥균(金玉均)과 서재필(徐載弼)이 살던 집에 위치하였는데, 후일 '경성제일고등보통학교'로 되었다가 다시 '경기중고등학교'로 되었다.

4월 20일 무렵이었다.[10)]

동경에 도착한 낭산은 한성고등학교 시절 만난 적이 있는 동경제국대학 학생 남궁영(南宮營)을 찾아 그의 도움으로 영어 실력을 보충하기 위해 처음에는 '세이소쿠(正則)영어학교'에 입학하였는데, 영어공부에는 학비도 적고 조용한 시골이 좋다는 동경제국대학 학생 김우영(金雨英)의 권유에 따라 오카야마 제6고등학교(岡山第六高等學校) 독법과(獨法科)에 입학하여 졸업하였다.[11)]

오카야마 제6고등학교를 졸업한 낭산은 1917년 동경제국대학 독법과에 합격함으로써 그 명성을 전국에 떨치게 되었다. 낭산이 동경제국대학에 재학하던 3년간 국내외의 정세가 매우 긴박하게 전개되었다. 우선 1917년에는 '러시아 혁명'[12)]이 발발하였고, 1918년 11월에는 제1차 세계대전이 종결되었으며, 1919년 3월에는 3·1독립만세운동이 일어났다.

동경제국대학에서 공부하는 동안 낭산은 당시 동경에서 유학하고 있던 조선인 학생으로 조직된 '학우회'에 호남 동향인 김필수(金弼洙)와 함께 나갔으며, 그곳에서 와세다 대학의 신익희

---

10) 許彬, 앞의 책, p.34.

11) 金俊淵, 앞의 책, p.7.

12) 1917년 러시아혁명은 2월 제정(帝政)을 붕괴시키고 임시공화정부(臨時共和政府)를 성립시킨 '2월 혁명', 그리고 이 공화정부를 전복시키고 '볼셰비키정권'을 성립시킨 '10월 혁명'으로 구분된다. 2월 혁명 이전인 1905~1907년에 프롤레타리아와 농민, 그리고 자유주의적 부르조아지에 의해 기도되었다가 실패한 '제1차 러시아혁명'에서는 '피의 일요일'이 있었고 2월 혁명에서는 차리즘이 붕괴되었으며, 10월 혁명에서는 레닌과 트로츠키에 의한 '사회주의 사회'가 건설되었다. 趙義卨 編, 『世界史大辭典』 (서울: 民衆書館, 1976), p.234.

(申翼熙)[13], 박승철(朴勝喆)과 함께 잡지 학지광(學之光)[14]의 편집위원이 되어 활동하였다.

1918년 11월 제1차 세계대전이 종결되자, 일본에서는 '새로운 사상'과 세계 개편에 대한 논의가 활발해졌고, 그러한 모임이 결성되었다. 동경제국대학 학생들을 중심으로 한 '신인회(新人會)'가 그것이며, 유명한 경제학자 후쿠다 도쿠조(福田德三)와 정치학자 요시노 사쿠조(吉野作造)를 중심으로 한 여명회(黎明會)가 그러한 단체들이었다. 낭산은 신인회에 가입함으로써 민주주의와 사회주의 그리고 공산주의 등을 연구할 기회를 갖게 되었다.[15]

---

13) 1894년 경기도 광주(廣州)에서 출생함. 한성외국어학교와 일본 와세다대학 정경학부를 졸업하였음. 대학 재학 중 학우회를 조직하여 총무·평의회장을 맡아 잡지 '학지광'을 발간함. 1917년 보성전문학교 교수를 역임하였고, 3·1운동 후 상해(上海)에 망명하여 임시정부의 내무차장·외무차장·국무원 비서장·내무총장·법무총장·문교부장·외교부장 등을 역임함. 해방 후 귀국하여 대한독립촉성국민회 부위원장·국민대학 학장·1946년 남조선과도입법의원 대의장(代議長)·1947년 의장·1948년 제헌국회 부의장·의장, 제2대 국회의장 등을 역임하였고 1955년 민주당 대통령 후보로 호남지방 유세 중 열차 속에서 급서함. 편집부, 『政治學大辭典』(서울: 博英社, 1975), p.936.

14) 고하(古下) 송진우, 애산(愛山) 이인, 해공(海公) 신익희, 인촌(仁村) 김성수 등이 중심이 되어 일본 유학생 사회에 존재하던 각 출신지역별 친목단체가 통합조직인 '조선유학생친목회(朝鮮留學生親睦會)'로 결성된 것은 1911년 10월 28일이며 이 모임은 1919년에 이르러 최팔용(催八鏞), 백관수(白寬洙) 등이 주동이 되어 일으킨 2·8독립운동의 뿌리가 되었으며 이 모임의 기관지가 곧 '학지광'으로 이는 한일합방 이후 한국인에 의하여 한국말로 편집된 최초의 사상교양 잡지이다. 古下先生傳記編纂委員會, 『獨立을 향한 執念』(서울: 東亞日報社, 1990), pp.76-83.

15) 金俊淵, 앞의 책, pp.15-18.

1918년 11월 제1차 세계대전이 종결됨에 따라, 이를 총결산하는 강화회의가 프랑스 파리에서 개최되었는데, 독일의 패색이 짙어지기 시작한 1918년 1월 8일 미국 대통령 윌슨(W. Wilson)의 민족자결주의를 포함한 평화협상에 관한 '14개조 원칙'[16]이 발표되어 피압박 민족들을 고취시켰다.

일제 통치에 신음하고 있던 한국인들은 이러한 정세변화에 고무되어 대대적으로 독립운동을 전개하기 시작하였는데, 국내에서 3·1독립만세운동이 발발하기 전인 2월에 일본 동경에서는 유학생들을 중심으로 이미 독립운동이 전개되었다. 즉 2월 8일 동경에 있는 기독교청년회관에서 '독립선포대회'가 열렸던 것이다.

3·1운동을 계기로 조선 각지에서 독립만세운동이 폭발하게 되자 일본의 진보적 사상가 집단인 '여명회'가 동경에 있는 조선인 유학생들을 학사회관(學士會館)에 초청하여 그 의견을 들어보기로 함에 따라 낭산이 대표로 잠석하여 조신독립운동에 대한 의견을 표명하였는데, 1919년 3월 19일에 있었던 낭산의 첫 연설은 듣는 사람들에게 커다란 감명을 주었다.[17]

1920년 낭산은 동경제국대학 독법과를 우수한 성적으로 졸업하였는데, 졸업 후 그는 조선 유학생들로 구성된 '고국방문 순회강연단'에 참가 하였다. 이후 낭산은 평소 관계를 맺고 있던 요시노 박사의 연구실에서 조수로 근무하게 되었으나 낭산의 학구열은 그로 하여금 대륙의 선진 국가였던 독일 유학을 꿈꾸게 하였다.

---

16) 李基鐸, 『國際政治史』 (서울: 日新社, 1988), pp.273-275.
17) 金俊淵, 『나의 길』 (서울: 東亞出版社, 1966), p.8.

1921년 9월말 일본을 출발한 낭산이 홍콩과 싱가폴을 거쳐 인도양을 지나 콜롬보항과 홍해 입구의 아덴 그리고 다시 스에즈 운하의 포트사이드를 경유하여 프랑스 남부의 마르세유에 도착하니 장장 47일간이 소요되었다.

베를린에 도착한 낭산은 생활비를 절약하기 위해 포츠담에 기거하기로 하고, 베를린 대학에 입학 수속을 밟았다. 낭산이 베를린 대학에 입학한 때는 제1차 세계대전이 종결된 지 얼마 되지 않은 때라서 독일 경제가 매우 어려운 때였다. 낭산도 경제적으로 어려움을 겪었지만, 나중에 독일로 건너온 김필수, 백명권 등과 요시노 박사의 도움으로 어려움을 극복할 수 있었다.

마침내 1924년 말 낭산은 귀국을 결심하고 귀국 전 영국에서 수개월간 머물기로 했는데, 영국에서 선진 문물과 제도 등을 관찰할 수 있었다. 영국을 떠난 낭산이 중국 상해(上海)에 도착한 때는 1925년 1월 1일이었는데, 상해에서 낭산은 몽양(夢陽) 여운형[18]을 만났다. 상해를 떠나 일본 고베(神戶) 항에 도착하니 당시 조선일보 간부로 있던 백관수(白寬洙)[19]가 마중 나와 있

---

18) 1885년 경기도 양평(楊平)에서 출생함. 배재학당, 평양신학교 등에서 수학하였으며, 1909년 광동학교(光東學校)를 세워 후진을 양성하다가 중국으로 건너가 남경(南京) 금릉대학(金陵大學)에서 수학함. 1919년 '상해임시정부'수립에 참여하여 임시의정원 의원이 됨. 1920년 '고려공산당'에 가입하여 모스크바에서 개최된 '원동피압박민족대회'에 참석하였음. 1929년 일경에 체포되어 3년간 복역하였으며, 1944년 '조선건국동맹'을 조직하여 위원장에 취임, 독립운동을 전개함. 8·15 후 '조선건국준비위원회'를 조직하여 이를 기초로 '조선인민공화국'을 선포하고 부주석이 되었으나, 우익과 미군정의 인정을 받지 못하였음. 1947년 7월 19일 혜화동 로타리에서 한지근에게 암살당함. 편집부, 『韓國史大辭典』, p.886.

었고, 그 자리에서 낭산의 조선일보 취직이 결정되었다.

Ⅲ. 일제하에서의 활동

1925년 2월 8일 첫 직장인 조선일보사에 출근한 낭산에게 신문사에서는 그에게 곧바로 소련 취재를 가도록 지시하였다. 이리하여 낭산은 경쟁사인 동아일보사 모르게 비밀리에 북경(北京)으로 향하였는데, 재미있게 동아일보사에서도 이관용(李灌鎔)기자를 특파하여 두 사람이 북경에서 만나게 되었다.

소련 입국 비자를 받는 과정에서 적지 않는 우여곡절을 겪은 끝에 낭산은 4월 11일 모스크바에 도착할 수 있었다.[20] 낭산은 모스크바에 도착하여 이관용 기자와 함께 한 여자 선생에게서 러시아어를 배웠는데, 그 여선생에게 당시 「이스베스차」 신문에 실린 부하린(N·I·Bukharin)의 논문 '농촌과 도시와의 관계'의 번역을 부탁하여 받을 수 있었던 것은 대단한 행운이었다.

왜냐하면 이관용 기자가 독일어에 능숙하지 못한 까닭으로

---

19) 1889년 전북 고창에서 출생하였으며 호는 근촌(芹村)임. 경성법전(京城法專)을 졸업하였고 YMCA 간사로 일본에 유학함. 1919년 동경에서 '조선청년독립당'을 조직, 학생대표 1명중 1인으로 2·8독립선언서를 발표, 경찰에 검거되어 1년간 투옥됨. 1921년 메이지대학을 졸업하고 귀국, 조선일보 상무이사 겸 영업국장이 되었다가, 1937년 동아일보 사장이 되었음. 8·15 후 한국민주당 총무에 피선, 입법의원을 거쳐 제헌국회의원에 당선되어 활동했으나 6·25전쟁 때 납북되었음. 위의 책, p.557.

20) 자세한 내용은 許彬, 앞의 책, pp.57-61을 참고할 것.

그 논문에 별로 관심을 두지 않았던 덕택에 낭산만이 그 논문을 가지고 귀국하여 조선일보 지상에 8회에 걸쳐 연재할 수 있었기 때문이다.

당시 낭산을 포함하여 모스크바에 특파된 기자들의 최대 관심사는 소비에트 공산당대회에 참석하여 직접 취재하는 것이었다. 어렵게 소비에트대회의 방청권을 얻어 참관할 수 있었던 낭산에게 소비에트대회의 진행 모습은 공산주의에 대한 그의 기대에 많은 실망감을 안겨 주었다[21].

의장이 무슨 안건을 상정하기만 하면 참석자들이 하나같이 "허르쇼(러시아어로 '옳소'란 뜻)"하면서 아무런 토의도 없이 일사천리로 통과 시키는 것이었다. 전제주의 청산과 평등사회 구현을 주장하며 약소민족을 해방시킨다고 외쳐대던 소련공산당체제에 대한 낭산의 회의는 훗날 그가 반공노선으로 돌아서게 하는데 영향을 미쳤을 것으로 짐작된다.

6월 10일 한국으로 돌아온 낭산은 소련에서의 견문, 특히 소비에트대회의 참관과 러시아어 여교사로부터 받은 부하린의 논문 등을 조선일보에 연재함으로써 크게 필명을 떨치게 되었는데, 이는 결과적으로 조선일보가 조선총독부로부터 수시로 정간(停刊)을 당하게 된 원인이 되었다.

---

21) 第13차 전당대회가 1924년 1월 16일 개회하였고, 第14차 전당대회가 1925년 12월 18일 개회되었던 점을 감안하면 낭산이 1925년 5월에 참관했다는 소비에트대회는 第13차 전당대회와 第14차 전당대회 중간에 개최된 '중앙위원회 확대회의'가 아니었는가 짐작된다. 레오날드 샤피로 저, 梁興模 譯, 『蘇聯共産黨史』 (서울: 文學藝術史, 1977), pp.270-284.

일제시대 항일운동은 여러 가지 갈래로 나뉘어져 전개되었다. 예컨대 일제의 탄압을 피하여 해외에서 독립투쟁을 전개한 경우가 있고, 국내에 남아 투쟁한 경우도 있었다. 한편 그 노선을 둘러싸고도 민족주의적 색채를 견지하는 쪽이 있었는가 하면, 공산주의적 색채를 띤 쪽도 있었다.

1922년 이후에는 한국에도 이미 사회주의 사조가 은연중에 침투되어 서울청년회, 화요회, 북풍회(北風會), 조선노동총동맹, 조선청년총동맹, 고려공산청년회, ML당(조선공산당)등이 조직되어[22] 민족주의자들과 대립하였다. 이는 중국대륙에 공산주의 사조가 유입되어 각지에 공산주의소조(共産主義小組)가 조직된 것이 1920년 경이고[23], 중국공산당이 창당된 것이 1921년인 것을 생각할 때 2-3년의 시간차이가 있음을 알 수 있다.

이에 민족주의자들도 민족단일전선을 결성하여 이에 대비코자 하였는데, 그 결과 1927년 2월 신간회(新幹會)[24]가 창립되었

---

22) 이는 1922년 말 부터 코민테른이 한국공산당주의운동과 민족운동의 중핵을 한국 본토로 옮기기 위한 노력을 전개한 것과 무관하지 않다. 스칼라피노·이정식 저, 한홍구 옮김, 『한국공산주의 운동사 Ⅰ』(돌베개, 1986), pp.95-102.

23) 오수열 외, "대장정(大長征) 시기 중공당 내의 노선투쟁에 관한 연구", 『한국동북아논총』 제21집 제1호(2016), pp.73-75.

24) 민족운동의 단일체 결성 필요성에 따라 6·10만세운동이 있는 다음해인 1927년 정치인, 법률가, 문필가, 교육자 등 모든 지식인이 참여한 조직으로 전 국민이 이에 호응하여 200여 명의 지회·분회가 조직되었고 회원이 무려 3만 명에 이르렀다. 당시 총독부가 문화통치를 표방한 까닭도 있었지만, 동시에 한국민족운동의 내막을 손쉽게 파악하려는 의도에서 합법적인 조직으로 인정하였으나 1929년 11월 광주학생독립운동 이후 신간회에 대한 탄압을 본격화 하였다. 편집부, 『政治學大辭典』, p.926.

다. 이상재(李商在)를 중심으로 김병로, 조병옥, 안재홍, 홍명희, 허헌 등이 주요 간부로 참여한 신간회에 낭산도 창립과정부터 발기인으로 참여하였다. 신간회는 민족진영은 물론이고 좌익계까지 총망라한 조직이었는데, 이는 이미 조선공산당에 입당한 낭산을 비롯하여 조선공산당의 비밀당원이었던 홍명희와 한위건, 권태석 등의 참여에서 잘 나타나고 있다.[25)]

이러한 인적 구성은 창립 1주년을 맞은 신간회에 많은 문제점을 야기 시켰다. 적지 않는 지회가 공산주의자들의 통제 하에 있다고 판단한 총독부는 신간회의 활동에 제약을 가하기 시작하였고, 마침내 검거선풍으로 이어지게 된 것이다. 이 과정에서 1928년 2월 낭산도 체포되었다.[26)]

이처럼 신간회가 일제의 탄압과 내부적 갈등으로 말미암아 해체되면서 항일투쟁은 다시 이념과 주동인물에 따라 분화(分化)되게 되고 강달영(姜達永)이 책임비서로 있는 제2차 조선공산당이 와해되면서 제3차 조선공산당이 조직되게 되는데 이 과정에서 낭산은 안광천(安光泉), 하필원, 양명 등 일본 유학생 그룹과 함께 참여하였고, 지난날 소련을 시찰하였고 공산주의 논문을 번역·게재한 것 등이 인연이 되어 ML당의 당수가 되었다.

---

25) 스칼라피노·이정식, 앞의 책, pp.152-154.

26) 이때 낭산이 체포된 것은 신간회 간부였다는 이유라기보다는 당시 이미 신간회 조직에 깊이 침투하고 있던 공산당 세력을 숙청하려는 총독부의 의도와 관련이 있다고 볼 수 있다. 이는 신간회 간부의 검거가 1928년 2월이었는데 낭산이 1926년 말 '제2차 조선공산당'에서 선전부장을 맡았고, 이후 출범한 '제3차 조선공산당'에서는 책임비서를 맡았으며 이때 총독부의 대량검거는 조선공산당의 와해에 보다 큰 목적이 있었기 때문이다.

낭산은 ML당사건으로 검거되기 이전인 1926년 여름 직장을 조선일보사에서 동아일보사로 옮겼는데, 이는 조선일보사가 재정난에 봉착한 까닭도 있지만, 본래부터 동아일보의 김성수(金性洙), 송진우(宋鎭禹)와 친분이 있었던 데다가 그를 조선일보로 이끈 백관수마저 동아일보에 가기를 권유하였기 때문이다.

이무렵 김성수의 뒤를 이어 송진우가 사장이 되었는데 그는 낭산을 이광수(李光洙)의 후임으로 편집국장에 임명하였다. 그러나 낭산이 편집국장에 취임한 이후 그에게는 많은 시련이 닥쳐왔다. 낭산의 공산주의 활동을 모두 파악하고 있던 총독부가 송진우 사장에게 그 경위를 파악하는 등 압력을 가하기 시작한 것이다.[27)]

결국 낭산은 1928년 2월 6일 종로경찰서에 체포되었고 4월초 6년형을 선고받고 서대문 형무소로 이송되었는데 감옥에서 낭산은 독서에 열중하였다. 제갈량의 출사표(出師表), 소동파의 적벽부(赤壁賦), 백낙천의 장한가(長恨歌), 구양수의 취옹정기(醉翁亭記)를 암송하고 두보와 이태백의 시를 암송하였는가 하면 슈펭글러의 『서구의 몰락』과 신·구약 성서 등도 독일어판을 구해 읽었다. 낭산이 서대문형무소에 수감 중일 때 아들 희종(喜鐘)이 병으로 사망하는 불행이 있었다.

낭산이 서대문형무소에서 출옥한 것은 1934년 7월 25일이었는데, 낭산은 1개월 동안의 휴식을 취한 후 다시 동아일보사에 들어가 주필에 취임하였다.

6년여를 사상문제로 사회와 격리되어 있었고 일제의 요주의

---

27) 古下先生傳記編纂委員會 編, 앞의 책, pp.295-296.

인물이었던 낭산에 대한 이러한 중용은 송진우 사장의 용기와 아량이 아니었으면 불가능했을 것이다. 낭산에 대한 송진우의 이와 같은 배려가 이후, 특히 해방정국에서 양인 간의 돈독한 협력관계로 발전하는 밑거름이 되었을 것이다.

이처럼 일제의 감시 속에서도 2년 동안 주필 직무를 수행하던 낭산에게 커다란 일이 발생하였다. 1936년 독일 베를린 올림픽 마라톤에서 우승한 손기정 선수를 보도하면서 그의 사진에서 일장기(日章旗)를 지워버린 것이다. 이른바 '일장기 말살'이 그것으로, 이는 송진우 사장, 낭산, 체육담당 이길용 기자, 사진담당 백운선, 제판담당 강대석 그리고 삽화담당 이상범 화백의 애국심이 빚어낸 결과였다.

총독부에서는 신문사를 급습하여 신문을 압수하고, 낭산을 비롯한 관계자들을 연행·체포하였으나 이들 모두가 제작상의 실수라고 주장한 끝에 40일 만에 풀려날 수 있었다. 그러나 낭산은 이 사건을 계기로 주필직을 사임하였으며, 송진우 사장도 결국 사임할 수밖에 없었다.[28)]

동아일보 주필직을 사임한 이후 낭산은 시골에 내려가 조용히 농사나 지었으면 좋겠다는 말을 자주 하였는데 이에 김성수가 낭산으로 하여금 경기도 연천군 전곡(全谷)에 있는 '보성전문학교' 소유 해동농장(海東農場)의 관리책임자로 일하도록 주선해 주었다. 이 시기에 낭산은 자옥(子玉), 자향(子香), 자선(子善) 딸 셋을 출가시켰다.

---

28) 위의 책, pp.357-365.

낭산은 매우 경치가 좋은 전곡의 해동농장에서 1937년부터 1945년 해방될 때까지 거주하였는데, 이 기간은 일제의 제국주의가 마지막 발악을 하던 때로서 조선인에 대해 신사참배 강요, 창씨개명 강요, 학병입대 강요 등 그 탄압이 극에 달하였으며, 지도급 인사들을 그러한 작업에 동원함으로써 이들을 매우 곤혹스럽게 하였다.

낭산이 동아일보사를 그만두고 해동농장에서 머무르는 동안 일제로부터 겪은 고초는 '흥업구락부 사건(興業俱樂部事件)'과 관련된다. 흥업구락부사건은 태평양회의(太平洋會議)에 참석하고 돌아온 유억겸(兪億兼)이 윤치영(尹致暎), 최두선(崔斗善) 등과 함께 조직한 것으로 전국의 지식인, 교육자, 종교인, 언론인 등 5,000여 명이 표면적으로는 물신장려와 민중계몽을 표방하고 조직하였으나, 내부적으로는 독립자금 모금운동을 벌이다 일경에 탄로나 낭산을 비롯한 주요 관련자들이 혹독한 탄압을 받은 사건이다.

이러한 일제의 가혹한 탄압 속에서 지도층 인사들이 지조를 지키기란 결코 쉬운 일이 아니었다. 그러한 가운데에서 낭산은 인촌(仁村) 김성수와 고하(古下) 송진우 등과 돈독한 관계를 지속하며 조선이 독립되면 헌법 제1조를 직접 작성하겠다는 신념으로 신생 국가의 토대를 쌓을 준비에 전념하였다.

Ⅳ. 해방 후의 활동

1945년 8월 15일 마침내 일본은 항복하였다. 그러나 일본의 항복이 있기 전부터 이미 조선의 정국(政局)은 '일본의 패망 이후 조선의 질서를 유지할 책임자로 누구를 세울 것인가' 하는 문제를 두고 적지 않은 혼란에 직면해 있었다. 총독부가 그 첫 번째 적임자로 지목한 사람은 송진우였다.[29] 송진우가 그 책무를 맡는 것을 거절하자[30] 낭산에 접근하여 그러한 제의를 하였으나 낭산 또한 거절하였다. 결국 여운형(呂運亨)이 그 책무를 맡게 되었으며, 여운형은 해방과 함께 즉시 그가 이전부터 움직이고 있던 '조선건국동맹'을 동원하였고, 안재홍과 합작하여 8월 14일 '건국준비위원회'를 결성함으로써 권력 장악에 나섰다.[31] 총독부의 제의에 대해 송진우와 여운형이 각기 다른 태도를 보인 것은 시국에 대한 판단에 차이가 있었기 때문이다. 즉 송진우는 일본이 패망한 마당에 그들의 제의를 수락하는 것은 일본을 이롭게 하는 것이며 머지않아 귀국할 '임시정부'의 지도하에 정국을 수습해야 한다는 생각을 지닌 반면, 여운형은 일제 패망 후의 혼란을 수습하기 위해서는 총독부로부터 사전에 행정권을 이양 받

---

29) 송진우의 전기에 의하면 향후 정국 수습에 관해 송진우를 맨 처음 찾은 일본 관리는 총독부 경무국 차석 사무관 하라다(原田)였으며 그가 8월 10일 새벽 4시경 고하 자택을 방문하여 상부의 지시라고 하며 고하의 의향을 타진하였다고 한다. 古下先生傳記編纂委員會, 앞의 책, p.425.

30) 하라다의 제의에 대한 거절에도 불구하고 총독부측은 송진우에 대한 설득작업을 계속하였는데 송진우는 8월 14일 경기도지사 이꾸다(生田)가 경찰부장 오까(岡)를 대동하고 다시 찾아왔다고 기록하고 있는데 반해 낭산은 "8월 13일 고하 댁에 갔는데 고하가 이들을 만나고 있었다"고 기록하고 있다. 金俊淵, 나의 길, p.21.

31) 李甲秀·宋建鎬, 『韓國史大系』(서울: 三珍社, 1976), pp.26-29.

아 조직을 갖추는 것이 좋다는 생각을 지니고 있었던 것이다.

어떻든 일제치하에서부터 지하조직을 구축하고 있던 박헌영을 중심으로 한 조선공산당은 8월 14일 그날부터 시내 계동(桂洞)에 본부를 두고 서중양(徐重陽), 이강국(李康國) 등과 함께 양성화된 그들의 조직을 개편하고 9월 6일 경기여고 강당에서 인민대표회의를 개최하였다. 약 1천여 명이 모인 이 대회에서 본인들의 의사와는 상관없이 이승만을 주석, 여운형을 부주석, 허헌을 국무총리, 김구를 내무부장, 김규식을 외교부장, 김성수를 문교부장으로 하는 '인민공화국'의 수립을 선포함으로써 여운형은 해방정국에서의 주도권을 행사하려 하였다.[32]

이처럼 민족진영이 별다른 활동을 전개하지 못한 가운데 공산진영이 주도권을 장악하려 하자 그동안 은인자중하며 정세를 관망하던 송진우가 자리를 박차고 나섰다. 마침내 9월 7일 미군의 입경(入京)소식을 듣고 동아일보사 강당에서 330명의 인사들이 모여 '임시정부·연합군환영준비위원회'를 '국민대회준비위원회'로 개편하고 위원장에 송진우, 부위원장에 서상일(徐相日), 총무부장에 김준연, 외교부장에 장택상을 선출함으로써 초당적 정부조직을 모색하기 시작하였다.[33]

한민당 창당에 앞서 우익진영의 백남훈, 장덕수, 윤보선, 허정, 김도연이 중심이 된 한국국민당과 백관수, 김병로, 원세훈, 조병

---

32) 解放二十年史編纂委員會, 『解放二十年史』 (서울: 希望出版社, 1965), pp.114-117.

33) 古下先生傳記編纂委員會 , 앞의 책, pp.449-453.

옥, 이인이 중심이 된 '조선민족당' 이 창당을 서두르고 있었다.[34] 그리고 임영신, 송진우를 비롯한 민족진영은 이들과 연대하여 민족적·보수적 색채가 강한 '한국민주당'을 탄생시킴으로써 대한민국 정부 수립에 밑거름이 되었다. 새롭게 창당된 한민당에서는 송진우가 수석총무(당수)에, 원세훈, 백관수, 서상일, 김도연, 허정, 백남훈, 김도원이 총무를 맡았다.

이러한 가운데 10월 16일 이승만 박사가 미국에서, 11월 20일에는 임시정부 요인들이 중국에서 환국하였다. 일제 통치기간 국내에서 활동했던 인사들이 주축이 된 한민당은 당초 임시정부가 지닌 법통(法統)을 존중하고, 그들과 정부 수립문제를 의논하려는 의사를 가졌으며, 이를 위해 11월 27일 송진우, 장덕수, 장택상, 허정 등이 김구가 머무르고 있는 경교장을 예방하였다. 그런데 임정 측은 이들을 영하 18도의 추운 날씨 속에서 세 시간이나 밖에서 기다리게 하였는가 하면 김성수, 송진우, 낭산이 중심이 되어 '환국지사후원회'를 결성하여 모은 900만원을 임정 측이 친일기업가들의 돈이 들어있다는 인식 하에 반려(후일 다시 받았음)하는 사태가 발생하여 양측의 협력관계는 처음부터 순조롭지 못하였다.[35] 항일투쟁의 순수성에 집착한 임정 측의 '정치력 부재'가 드러나는 부분이다.

이러한 가운데 12월 30일 오전 6시, 해방정국에서 중요한 역할을 담당했던 한민당 당수 송진우가 테러리스트 한현우에 의해

---

34) 李基澤, 『韓國野黨史』 (서울: 백산서당, 1992), p.11.
35) 古下先生傳記編纂委員會 , 앞의 책, pp.474-478.

피살당하였다.

송진우의 사망 이후 한국민주당은 김성수가 영도하게 되었다. 국민대회 준비회와 한국민주당이 합쳐져서 한국민주당이 되었는데 여기에서 낭산은 노동부장과 선전부장의 직을 맡아 일하였다.

이후 조선의 정국은 모스크바 3상회의에서 결정된 '신탁통치'를 두고 격랑이 일게 되었고, 이 과정에서 낭산은 신탁과 미소공동위원회에 대한 태도를 두고 입법의원 부의장 김규식 박사와 의견대립을 보였다.

이처럼 정국의 방향을 두고 지도자들 간에 이견이 드러나면서 사회는 점차 혼란스러워지게 되었으며, 미소공동위원회마저 아무런 성과 없이 결렬되자, 이에 소련과의 타협 필요성을 느낀 미군정은 완고한 이승만 박사 대신에 김규식 박사를 정부수립의 파트너로 삼고자 하였으며 1946년 12월 12일 새롭게 성립된 입법의원의 의장에 김규식 박사가 선출되었는데, 낭산은 김규식 박사에 대한 공격을 멈추지 않았다.[36)]

1947년 1월 초 하지 사령관의 신탁통치 지지 성명이 발표되자 낭산을 포함한 민족진영 인사들은 이에 격렬하게 반대하였으며, 이 시기에 이승만 박사는 미국을 방문하여 그의 지지 기반을 확대하는 데 주력하였다.

이처럼 정부수립을 두고 국내 지도자는 물론이고 강대국 간에

---

36) 이때 낭산이 김규식 의장에 보낸 공개서한은 2회에 걸쳐 동아일보에 그 전문(全文)이 게재되었다. 동아일보, 1946년 12월 22일자와 1947년 2월 8일자.

도 의견이 달라 혼란했던 1947년에 두 명의 거물 정치인이 암살되었다. 하나는, 7월 19일 대낮에 피살된 근로인민당 당수 여운형으로 그는 풍채가 당당하고 연설이 뛰어난 호걸형이었을 뿐만 아니라 적지 않는 독립운동 경력으로 많은 젊은이들의 추앙을 받았으나 그의 노선이 좌경화[37]로 흐르자 우익에서 제거한 것으로 알려지고 있다. 둘째는, 12월 2일 피살된 장덕수(張德秀)로 그는 이승만 박사는 물론이고 김구 선생과도 친분이 두터워 양인 사이를 오가며 정부수립과정에서 역할을 하고자 하였으나 그가 친이승만과 친한민당 노선에 기울자 임정 계열의 한독당 측에서 제거한 것으로 알려지고 있다.[38]

통일정부 수립문제를 두고 의견이 분분하던 1948년에 들어와 4월 초 북한의 김일성으로부터 평양에서 '남북지도자회의'를 개최하자는 서한이 남한 각계 지도자들에게 전달되었다. 이른바 '남북협상문제'와 그 이후의 책임을 둘러싸고 정계에서는 더욱 의견 대립이 심화되게 되었고, 이는 결국 훗날 김구 선생의 암살이라는 비극으로 나타났다.

이러한 우여곡절을 겪으면서 정국은 결국 남한은 '남한만의 단독정부' 수립의 방향으로 전개되었고, 이 과정에서 제주도 4·3 사건을 비롯한 적지 않는 불상사에도 불구하고 1948년 5월 10일 총선거가 실시됨으로써 정부수립을 위한 기초가 놓이게 되었

37) 필자는 여운형의 좌경화를 그의 이데올로기적 경향으로 보지 않고, 해방 후 좌우를 가리지 않고 함께 일하려는 호방한 그의 성격에서 비롯된 것으로 보며, 박헌영 등이 이러한 그의 성격을 이용한 것으로 보고 있다.
38) 許彬, 앞의 책, pp.133-137.

다. 전국의 유권자 788만여 명 중 90.8%가 투표에 참여하여 198명의 제헌의원을 선출한 이 선거에서는 독촉국민회 53명, 한민당 29명, 대동청년단 6명, 기타 정당 11명이 당선되었고 무소속이 85명으로 가장 많았다.[39] 낭산도 그의 고향인 영암군에서 무소속으로 당선되었다.

'5·10 총선거'에서 고향에서 무소속으로 입후보하여 무투표로 당선되어 국회에 진출한 낭산은 제헌국회에서 '헌법기초위원'에 선임됨으로써 조선 헌법 제1조는 자신의 손으로 쓰겠다는 평소의 희망이 이루어지게 된 것이다. 제헌국회에서는 헌법을 제정하기 위해 최하영(崔夏永)이 중심이 된 '정경연구회'[40]와 고려대학 교수 유진오(兪鎭午)에게 초안 작성을 의뢰하였는데, 이들이 작성한 초안은 권력구조가 '내각책임제'로 되어 있었다. 그런데 초대 대통령으로 유력시되던 이승만 박사가 헌법기초위원회에 찾아와 "이처럼 대통령의 권한이 약한 제도에서 누가 대통령을 하겠는가? 나는 국민운동이나 하려 한다."고 폭탄선언[41]을 함에 따라 권력구조는 급히 대통령중심제로 바뀌지 않을 수 없게 되었고 그 과정에서 낭산의 법률 지식이 크게 작용하였다.

그런데 이러한 과정을 거쳐 대통령에 취임한 이승만 박사는

---

39) 李基澤, 앞의 책, p.19.

40) 임시정부의 내무총장이었던 신익희가 환국 이후인 1945년 12월 건국에 대비하여 일제 시대 고등문관시험 합격자 80명을 모아 헌법, 정부조직법, 행정, 경제정책 등을 연구케 한 모임으로 당초에는 '행정학회'라고 하였다가 후에 정경연구회로 개명하였으며, 여기에는 최하영(崔夏永), 차윤홍, 이태용, 장경근(張暻根) 등이 참여하고 있었다. 許彬, 앞의 책, p.172

41) 위의 책, p.173.

정부를 구성하면서 국내에 정치적 기반을 가지고 있고 그를 전폭적으로 지원했던 한민당 측 인사들을 배제함으로써 그의 정치적 의도가 어디에 있었는지가 확연히 드러났다.[42] 즉 정치세력에 얽혀가지 않고 자신의 카리스마를 이용하여 독자적 세력을 구축하려는 의도를 분명히 한 것이다.

정부수립 이후에도 좌·우익 간의 대립은 그치지 아니하였고, 특히 이승만 대통령이 정부수립 과정에서 보인 편협성과 독단성 때문에 우익진영 내부에서도 갈등이 줄지 않았다. 이 무렵인 1949년 10월 한민당과 대한국민당이 합당하여 '민주국민당'이 창당되어 원내 중심세력이 되었고, 당수(위원장)에는 국회의장 신익희가 선출되었다. 이러한 가운데 발생한 것이 국회부의장 김약수(金若水)와 노일환, 김옥주 등이 연루된 "국회프락치사건"[43]으로, 이에 낭산은 우익의 선봉장으로 이들 좌익과 맞서는데 주저하지 않았다.

민주국민당이 창당된 이후에도 이승만 대통령과의 관계는 원만치 못하였고, 급기야 민국당은 대통령제를 내각책임제로 바꾸

---

42) 한민당은 초대 국무총리에 한민당 당수인 김성수를 밀었지만 이승만 대통령은 정당의 당수가 총리에 앉는 것은 적합하지 않다는 이유로 응하지 않았으며, 각료의 인선에서도 김도연을 재무장관에 기용한 것 이외에는 한민당 계열을 배제하였다.

43) 남로당의 대남정치공작대에 의한 '7원칙'을 실현하기 위하여 모의했다는 혐의로 제헌의원 13명이 체포된 사건임. 이들 13명의 의원은 대부분 소장파 의원들로 민국당(한민당의 후신)의 정치노선과 대립한 혁신파들로 국가보안법 폐지를 주장하였고, 농지개혁을 둘러싸고도 민국당과 대립하였다. 李基澤, 앞의 책, p.26.

려는 개헌안을 제출하였으나 부결되었다. 낭산은 민국당의 중진이었음에도 개헌안에는 찬성하지 않았다. 첫째로는, 그 통과 가능성이 낮았기 때문이며, 둘째로는 건국 초기에는 대통령제가 정국 안정에 도움이 된다고 보았기 때문이다. 여기에서 명분과 현실을 함께 고려하는 정치인 낭산의 면모를 살펴볼 수 있다.

1950년 제헌의회가 2년의 임기를 다함에 따라 제2대 국회의원 선거가 5월 30일 실시되었는데, 낭산은 거의 무명에 가까웠던 유인곤 후보[44]에게 의외로 낙선의 고배를 마셨다. 그 후 얼마 되지 않아 6월 25일 한국전쟁이 발발하였다. 전세의 불리로 정부가 부산으로 옮겨감에 따라 낭산도 부산으로 피난하였다.

9월 28일 서울이 수복됨에 따라 낭산도 서울로 돌아와, 전황을 살피고 있는 가운데 11월 23일 그가 법무장관에 임명되었다. 전황은 일진일퇴를 거듭한 끝에 1951년 다시 1·4후퇴가 이루어졌으나, 3월 14일에는 다시 서울이 탈환되었다. 그러나 같은 해 2월 거창양민학살사건[45]이 발생하여 정계에 큰 파문이 일었고, 이는 낭산에게도 영향을 미치게 되었다.

정부가 그 진상을 규명하기 위하여 내무부, 법무부, 국방부의

44) 화순 능주보통학교와 서울 휘문고보를 거쳐 일본 와세다 대학을 나왔으며, 해방 직전까지 만주에서 농장을 관리해 온 것으로 알려졌지만 신북면 모산리를 중심으로 집단 거주하는 문화유씨라는 배경 외에는 크게 알려지지 않았다. 李基洪 지음, 『호남의 정치』 (서울: 학민사, 1996), p.190.

45) 1951년 2월 경남의 최북단인 거창군 신원면 과장리 일대에서 공비토벌 중이던 11사단 9연대 3대대가 부락민이 공비와 내통했다고 하여 양민 600여 명을 집단 학살한 사건, 徐珉鎬, 『나의 獄中記』 (서울: 同志社, 1978), pp.42-45.

합동조사단을 구성하여 조사하게 되었는데 내무부·법무부와 국방부의 조사결과가 서로 달랐는가 하면,46) 국회조사단의 활동이 공비를 가장한 한국군의 방해를 받기까지 하였다. 결국 이 사건으로 인하여 낭산은 재직 6개월 만에 법무부장관직에서 물러났다.

1952년 8월 5일은 제2대 대통령 선거일이었는데, 그에 앞서 정부에서는 이승만 대통령의 재당선을 위하여 대통령 직선제를 내용으로 하는 개헌안을 국회에 제출하였으나 143대 19로 부결되었다. 개헌안이 부결되자 백골단, 민중자결단 등 정체불명의 단체들이 주동이 된 국회 해산 요구 데모가 시작되었다. 이른바 '관제데모'인 것이다. 5월 25일 경남, 전남, 전북 일원에 비상계엄이 선포되었고, 이 무렵 이른바 '서민호 의원 사건'이 발생하였으며, '5·26부산정치파동'으로 이어졌다.

이 과정에서 이승만 대통령의 독재와 불법적인 국회의원 연행을 반대해 온 낭산에게도 체포령이 내려졌다. 해방 정국과 정부 수립 이후 줄곧 이승만 박사를 지지해 온 낭산 이었음에도 그의 집권에 걸림돌이 된다고 판단한 이승만이 낭산을 적대시한 것이다.

1954년 5월 20일 실시된 제3대 총선거에서 낭산은 민국당 후보로 출마하여 다시 고향에서 당선되었다. 그러나 1954년은 정치적

---

46) 내무부(장관: 조병옥)와 법무부(장관: 김준연)의 공동조사보고서에는 피해 양민이 227명인 반면, 국방부(장관: 신성모)보고서에는 157명으로 상이하였다. 내무부와 법무부의 조사보고서가 비교적 사실에 근거한 반면 국방부 조사보고서가 사건을 은폐·축소하려했던 데에서도 당시 장관들의 성향이 들어나고 있다.

으로 '뉴델리사건'과 '사사오입개헌안파동'과 같은 심한 격랑에 휩싸이게 되었다. "신익희 국회의장이 뉴델리를 방문했을 때 납북된 조소앙과 면담했다"는 설에서 불거진 뉴델리사건[47]과 관련하여 낭산이 보여준 태도에서는 그가 얼마나 확고한 반공주의자인가를 알 수 있게 하고 있다. 그의 이러한 태도는 조봉암의 민국당 참여 문제를 두고 벌어진 당내 갈등에서도 더욱 분명히 나타나고 있다.

이승만 자유당 독재가 강화되는 것을 계기로 야당도 단합해야 할 필요성이 증대되었고, 마침내 천신만고 끝에 1955년 9월 18일 '민주당'이 창당되었다.[48] 그러나 민주당은 창당 초기부터 구파와 신파로 나뉘어 분열되었으며, 구파에 속한 낭산은 신파의 견제로 최고위원에 선출되었다가 경질되는 등의 우여곡절을 겪었다.

1956년 5월 15일 실시된 정·부통령 선거에서 낭산은 부통령 후보로 나서기를 희망하였으나 신파의 공작과 같은 구파인 조병옥의 중립적 태도로 말미암아 후보선출대회에서 장면 750표, 낭산 270표로 낙선 되고 말았다.

낭산은 후보에서 낙선하였음에도 신익희·장면 후보의 당선을 위해 진력하였으나 5월 5일 신익희 후보가 급서함으로써 선거는 완전히 다른 국면에 들어서게 되었다. 이제 선거판은 대통령은 자유당의 이승만, 진보당의 조봉암 간의 대결로, 부통령은 자유

47) 1954년 10월 25일 민국당 정책위 부위원장 겸 중앙위원인 함상훈(咸尙勳)에 의해 폭로된 사건으로 "신익희 의장이 뉴델리에서 조소앙과 밀회하여 비공산(非共産)·비자본(非資本)의 제3세력이 규합하여 남북협상을 추진하려 했다는 내용임. 李甲秀·宋建鎬, 앞의 책, pp.146-147.

48) 위의 책, p.151-155.

당의 이기붕, 민주당의 장면 간의 대결로 압축되었다. 이때 극우주의자 낭산은 "부통령으로는 장면씨를 밀지만, 대통령으로는 좌익을 밀 수 없기 때문에 이승만을 지지할 수밖에 없다."는 성명을 발표하였다.[49] 원칙주의자 낭산의 모습이 그대로 베어난 태도였지만, 결과적으로 독재화되기 시작한 자유당을 지지한 꼴이 되었고, 이는 낭산의 정치행로에 적지 않는 영향을 미쳤다.

자유당에 맞서 창립된 민주당내의 신·구파 간 대립은 민주당이 안고 있는 고질병이었다. 특히 최고위원 선출문제는 30년 정치적 동지인 낭산과 조병옥 간에도 불화를 싹트게 했고, 그 결과 낭산은 민주당에서 제명되어 1957년 11월 '통일당'을 창당하여 그 당수가 되었다. 이른바 '낭산 파동'인 것이다. 일련의 과정에서 낭산은 결과적으로 정통 야당을 분열시킨 책임으로부터 자유롭지 못하게 되었으며 그것은 1958년 5월 실시된 제4대 총선거 때 통일당이 수 명의 후보를 냈지만 낭산 한 명만 당선된 데에도 여실히 나타나고 있다.

1960년 3월 15일 정·부통령선거를 앞두고 자유당은 1959년 6월 29일 전당대회를 개최하여 대통령 후보에 이승만, 부통령 후보에 이기붕을 선출하였다. 이에 통일당은 1959년 11월 18일 전당대회를 개최하여 부통령 후보에 낭산을 선출하였다. 즉 통일당은 대통령 후보는 내지 않고, 대통령에는 자유당의 이승만을 지지하고 부통령 후보에만 낭산을 선출하여 입후보시킴으로써, 또 한번 자유당을 지지하는 모양새가 되었다.[50] 한편 민

---

49) 金俊淵, 『나의 길』, p.42.

주당은 11월 26일 전당대회에서 대통령 후보에 조병옥, 부통령 후보에 장면을 선출하였다. 1960년의 3·15선거가 부정으로 얼룩져 4·19혁명[51]으로 이어졌음은 알려진 바와 같다.

1960년 6월 15일 내각책임제 개헌안이 통과된 후 7월 29일 제5대 총선거가 실시되었다. 낭산은 다시 고향 영암에서 통일당 후보로 당선되었다. 압도적 다수당인 민주당은 신·구파 간의 대립 끝에 구파가 신민당을 창당하였다. 낭산은 자신이 이끄는 통일당과 이들 구파 간 통합을 희망했고, 신민당에 가입하려 하였으나 신민당의 기피로 성사되지 못하자, 마침내 1960년 11월 15일 민주당의 신·구파를 제외한 자유당 등 7개 정파와 연합하여 공화당을 결성하였다. 이 공화당은 1961년 5·16 군사 쿠데타에 의해 해체되고 말았다.[52]

민주당 장면정부 하에서의 국정혼란은 결국 5·16 군사 쿠데타로 이어졌다. 민주당 정권하에서의 혼란과 용공적 모습에 회의를 느낀 낭산은 이들 군인세력을 바른 방향으로 인도하고자 하였다. 이때까지 낭산은 박정희를 비롯한 정치군인들의 본심을 제대로 파악하지 못한 것이다.

정치군인들의 집권연장 음모가 드러나면서 낭산의 그들에 대한 인식도 혼란스러워지게 되었다. 김재춘 등 일부 군인들이 참여한 가운데 1963년 9월 나온 '범국민정당'의 창당 과정에서 보여준 낭산의 태도가 이를 증명해주고 있다. '자유민주당(자민

50) 위의 책, pp.44-46.
51) 解放二十年史編纂委員會, 앞의 책, pp.1060-1063.
52) 金俊淵, 『나의 길』, p.49.

당)'이란 이름으로 등장한 범국민정당에서 낭산은 대표최고위원(당수)이 되었고, 최고위원에는 송요찬, 김산, 소선규, 조영규, 김봉재가 선출되었다. 자민당은 1964년 11월 민정당(民政黨)에 흡수되었고, 1965년 6월 민정당과 민주당이 합하여 민중당(民衆黨)이 되었다.

우여곡절 끝에 1963년 10월에 치러진 10·15 대통령 선거에서 공화당의 박정희는 민정이양이라는 공약을 헌신짝처럼 내던지고 출마하여 민정당의 윤보선 후보에게 20만 표라는 근소한 차이로 당선되었다. 11월 26일에 치러진 제6대 총선에서 낭산은 자민당 후보로 당선되었는데[53], 자민당은 지역구 6명, 비례 3명 모두 9명의 당선자를 냈다. 제6대 국회는 박정희의 사상적 전력과 대일문제 등으로 시종 긴장국면을 연출하였다.

불의를 보면 참지 못하는 낭산은 사상적으로 불투명한 행적을 보인 김종필을 공격하기도 하고 박정희에 대한 공격에서 선봉에 서게 됨으로써, 결국 공화당에 의해 명예훼손죄로 고발당하였으며, 1964년 4월 25일 구속되었으나 기개 있는 판사의 결정으로 출감할 수 있었다.

출감 후 낭산은 신민당에 참여하기도 하는 등 정치적 재기를 도모하면서 1967년 6월의 제7대 총선에 출마하였으나 공화당의 윤재명 후보[54]에게 패배하였다. 그 후 낭산은 1971년 4·27 대선에서 김대중 후보의 당선을 위해 힘을 보태는 등 정치적 활동

53) 제6대 총선부터 영암과 강진이 하나의 선거구로 통합되었다.
54) 강진 출신임.

을 계속하였으나, 야권의 이합집산과정에서 그는 이미 정치적으로는 황혼기에 접어든 인물이 되어 있었다.[55] 그는 박정희의 유신음모가 진행되던 시기에 그가 그토록 소원하였던 민주적 정권교체를 보지 못한 채 1971년 12월 31일 향년 77세의 나이로 조용히 앉아 명상하는 자세로 운명하였다.

V. 낭산의 정치이념

낭산의 정치이념은 그가 쓴「나의 길」에 분명하게 기술되어 있다. 낭산은 자전적 성격을 지닌 그의 소책자「나의 길」에서 나의 염원은 자주(自主)·독립(獨立)·반공(反共)·자유(自由)·통일(統一)이라고 명백히 밝히고 있다. 물론 낭산은 그 글에서 자기의 염원이라고 밝힌 다섯 가지 사항에 대해 구체적으로 설명하고 있지 않다. 따라서 필자는 낭산이 제시한 다섯 가지 사항을 그가 성장하고 활동했던 상황의 그의 행적을 중심으로 구체적으로 살펴보고자한다.

첫째, 낭산에게 있어서 '자주'는 일제의 식민통치에 허덕이고 있던 한국의 상황 속에서 소위 민족의 지도자라는 사람들이 주체성을 견지하지 못하고 일제의 회유에 굴복하거나 동조한데 대한 반성과 각성을 의미한다고 할 수 있다. 일제의 강압에 의해 국권

55) 이는 이 무렵의 분열과 통합 등 야당의 이합집산 과정에서 낭산이 어떤 중요한 역할을 수행하지 못한 데에서 잘 나타나고 있다.

을 상실한 이후 의병(義兵) 활동 등 적지 않는 저항이 없지 않았지만, 그 때마다 적지 않는 지도층 인사들은 자신의 안위를 먼저 생각하거나 분열 양상을 보임으로써 대사(大事)를 그르치는 우(愚)를 범하였던 것이다. 예컨대 동경에서 '2·8선언'이 있는 후 국내에서의 거사를 도모하는 과정에서 박영효(朴永孝), 윤치호(尹致昊), 한규설(韓圭卨) 등 지도층 인사들이 참여를 거절한데에서 당시의 사회 분위기를 짐작할 수 있을 것이다.[56] 국권을 상실당한 민족이 자주를 견지하기 위해서는 무엇보다도 민족의 장래에 대한 희망을 지녀야 할 터인데 당시 한국의 상황은 그러한 희망을 지니는 것이 결코 쉽지 않았던 데에서 비롯된 것으로 이해는 되지만 그들의 행적은 지도자들이 보일 행동은 아니었다.

그렇지만 낭산은 동양 최고의 수재들이 모이는 동경제국대학 법학과 출신임에도 불구하고 출세 길이 보장되는 관리의 길을 선택하지 않고 독일에서의 유학을 선택하였고 귀국 후에는 당시 민족의 정론지였던 조선일보와 동아일보에서 언론인의 길을 선택한 자주적 모습을 실천했던 것이다. 낭산이 판·검사 또는 군수 등 관직으로 가지 않고 독일 유학을 택하고 언론계로 진출한 사실은 당시 상황에서는 매우 특이한 경우이다.

둘째, 독립은 한국이 일제로부터 해방되기 전까지 그의 생활의 전부였다고 하여도 과언이 아니다. 동아일보 주필 재임 시 발생한 손기정 선수의 일장기(日章旗) 말소사건과 조국의 독립을 위해서는 소련의 지원을 받을 필요가 있다는 생각에서 ML당에 가

---

56) 古下先生傳記編纂委員會, 앞의 책, pp.119-123.

입한 것이 이를 증명해 주고 있다.[57] 이는 1911년 신해혁명으로 중화민국을 건국한 쑨원(孫文)이 청조 및 군벌 등 봉건세력과의 투쟁과정에서 서구제국주의국가의 외면 속에서 소련의 지원에 의지하려 했던 것과 비슷한 경우가 아닐까 싶다.

독립과 관련된 낭산의 활동은 비단 일장기 말소사건에 그치지 않았다. 낭산이 일장기 말소사건과 관련하여 동아일보 주필직을 사임한 후에도 흥업구락부사건 등과 관련되어 일제로부터 갖은 탄압을 받은 것도 낭산이 일제의 회유를 거절하고 끝까지 독립운동에 관여하였기 때문이다.

셋째, 반공은 그가 ML당 당수직을 그만두고 송진우와 김성수의 영향을 받으면서 독립운동에 매진하면서부터 일관되게 견지해 온 정치노선이자 이념이라고 할 수 있다. 사실 낭산이 1925년 조선일보의 모스크바 특파원으로 부임하여 신생공산주의 국가 소련의 모습을 목격할 당시에는 공산주의야말로 절대봉건체제 하의 피압박 민중이 지주 및 자본가의 착취에서 해방될 수 있는 유일한 길이라고 생각할 수 있었을 것이다. 이는 낭산이 모스크바에 도착한 때보다 몇 년 빠른 1911년 7월 중국에서 전제를 타파하고 공화혁명을 도모하고 있던 쑨원(孫文)이 러시아의 2월 혁명에 대하여 "러시아에서의 정변은 세계의 일대사건이다."고 평가하고 "러시아도 옛날에는 전제(專制)였으나 지금은 변하여 공화(共

57) 이는 일제시대 공산주의 활동을 한 대부분의 독립운동가의 경우에도 해당된다. 당시 한국의 독립운동을 지지하는 서방국가들이 존재하지 않는 상황에서 피압박민족의 해방을 지지하는 유일한 나라가 소련이었기 때문이다.

和)로 되었다. 조류(潮流)의 진화는 시세에 따라 흥하는 것이다" 라고 말 한데에서 잘 나타나고 있다.[58] 다시 말하면 쑨원은 앞에서 언급한 것처럼 러시아에서의 혁명은 전 세계 피압박민족의 해방에 일대 전기가 될 것으로 기대하고 긍정적 평가를 마다하지 않았던 것이다.[59]

그러나 앞에서 언급한 것처럼 낭산의 공산주의에 대한 생각은 이내 바뀌게 되었고, 이후 낭산은 줄곧 반공노선에서 벗어나지 않았다. 해방 전후의 혼란 속에서 낭산이 최초로 공산주의적 색채를 띤 인물들과의 결별을 선언한 것은 1945년 8월 15일 여운형(呂運亨)이 총독부의 정무총감 엔도(遠藤)와 만나 행정권 이양에 대해 합의하고, 건국준비위원회를 구성키로 한데 대해 송진우와 함께 불참의사를 밝힌 데에서 비롯되었다. 즉 낭산의 회고에 의하면 창덕궁 경찰서 앞에서 여운형을 만났는데, 여운형이 "고하(古下)는 뭐라 하오?"라며 고하의 견해를 물은 것에 대해 "김성수는 연천에 가서 말할 기회가 없었고, 고하는 안하겠다고 합디다."라고 대답하자, 여운형이 "그럼 동무는 어찌 하겠소?"라는 질문에 "나도 못하겠습니다."라고 대답하였고, 이에 여운형이 "그럼 좋소, 나 혼자 나서겠소. 공산혁명으로 일로매진하겠소!" 라고 답한 것으로 기록되고 있다.[60] 이리하여 낭산은 여운형의

58) 姬田光義 外. 편집부 옮김, 『中國近現代史』(서울: 일월서각, 1997), p.183.
59) 러시아 혁명에 대한 손문의 이와 같은 긍정적 평가는 이후 국민당의 개조(改造) 과정에서 소련 고문관의 역할을 가능하게 하였고 더 나아가서는 제1차 국공합작을 가능케 한 요인으로 작용하였다.
60) 許彬, 앞의 책, pp.106-107.

좌익노선과 결별하고, 송진우, 김성수, 장택상 등과 함께 임시정부·연합군 환영준비를 위한 '국민대회준비위원회'를 구성하고, 이를 토대로 '한국민주당'의 창당에 참여하였던 것이다.

한민당의 성격과 노선은 창당 직전 낭산이 발표한 성명서의 정치노선 첫 번째 항목에 "공산주의를 철저히 배격하고, 반공주의노선을 채택한다."고 규정하고 있는 데에서 분명히 나타나고 있으며, 이는 곧 낭산 자신의 정치적 이념이기도 하다.

넷째, 자유는 위 성명서의 둘째 항목에서 "민주주의적 독립한국을 건설한다."고 밝히고 있는 것처럼 이후 낭산의 일관된 정치신념으로 나타나고 있다. '자유'란 다의적(多義的)으로 쓰이기 때문에 일의적(一義的)으로 규정하기는 쉽지 않지만 추상적으로 말하면 '가치(價値)가 있다고 인정되는 행동(行動)에 대하여 장애(障碍)가 없는 상태를 가리킨다고 할 수 있다.[61] 따라서 자유는 소극적으로는 외부로부터의 구속을 받고 있지 않는 상태 또는 타율적인 강제에서 벗어나 있는 상태인 것이며, 적극적으로는 어떠한 목적을 선택·실현해 가는 행동에의 경향성(傾向性)을 뜻한다. 민주주의를 지향하는 국가에 있어서 그 진정성을 자유의 부여와 행사(行使) 여하에서 찾고 있는 것도 여기에 있다.

낭산이 보기에 공산주의는 인민에게 자유를 부여하고 있지 않는 정치 체제였던 것이며, 따라서 그는 공산주의에 반대하고 자유민주주의를 그 국체(國體)로 하는 대한민국을 위해 투쟁하는 것을 지극히 당연스러운 것으로 여겼으며 그에게 부여된 소임으로 생각

61) 편집부, 『政治學大辭典』, pp.1257-1258.

하였던 것이다.

다섯째, 통일은 낭산에게 있어서는 독립된 한국이 지향해야 할 너무나도 당연한 현상이었을 것이다. 그러나 철저한 반공의식을 지니고 있던 낭산에게 있어서의 통일은 어디 까지나 '자유민주주의체제'로서의 통일을 의미하는 것이었을 뿐 공산주의와의 협상이나 합작은 공산당의 미끼에 걸려드는 것을 의미할 뿐이었다. 이는 1948년 4월 김구, 김규식(金奎植), 조소앙(趙素昂) 등이 남북지도자연석회의에 참석하기 위해 평양을 방문했을 때 '한국독립정부수립대책협의회'의 간부였던 낭산이 이를 맹렬히 비판했던 데에서 잘 나타나고 있다.

낭산이 통일을 우리 민족의 가장 중차대한 과제로 생각하고 있었던 것은 1955년 9월에 개최된 민주당 제1차 전당대회에서 그가 최고위원에 선출되었음에도 불구하고, 1956년 9월에 개최된 제2차 전당대회에서는 신파의 부정선거 자행으로 말미암아 그가 최고위원에 선출되지 못한 것을 계기로 촉발된 이른바 '낭산파동'[62]을 겪은 후 그가 중심이 되어 조직한 정당의 이름을 통일당(統一黨)이라고 한 데에서도 잘 나타나고 있다.

낭산은 정당의 명칭을 통일당이라고 하였을 뿐만 아니라, 그 정강(政綱) 다섯 번째에서도 "자유를 수호하여 공산주의를 배격하

---

62) 1956년 9월의 제2차 전당대회에서 신파가 143표의 부정투표를 자행한 데 대해 낭산이 이의 시정을 요구했으나 무위에 그치자, 이를 기자와의 인터뷰를 통해 비관한 것을 빌미로 당이 낭산을 제명한 사건으로, 이것이 계기가 되어 또 하나의 보수야당인 통일당이 창당됨으로써 야권이 분열되게 되었다.

고 국토의 통일을 기한다."고 명백히 함으로써 그의 정치이념 가운데 하나였던 통일을 통일당을 통하여 구현하려고 했던 것이다.

Ⅵ. 맺는말

낭산은 그의 뛰어난 지적(知的)능력이나 일제 시대의 활약상에 비하면 1948년 정부수립이후의 활동에서는 기대에 미치지 못했다는 평가를 받을 수 있을 것이다. 이는 한국의 정치풍토가 신념과 지조를 지킨 사람보다는 그때그때의 상황에 적절히 대처하고 때에 따라서는 일정정도의 권모술수와 야합을 마다하지 않는 사람만이 능력을 발휘할 수 있기 때문일 것이다. 이러한 점에서 본다면, 낭산처럼 곧고 직설적 성격의 소유자가 1946년 민주의원(民主議院), 1948년 제헌국회(制憲國會) 의원, 1954년 제3대 국회의원, 1958년 제4대 국회의원, 1960년 제5대 국회의원, 1963년 제6대 국회의원에 이르기까지 6차례에 걸쳐 민의의 대표로 선출되었다는 사실이 기적이라고도 할 수 있다.

그리고 이 모든 것이 그의 고향인 전남 영암군민이 그의 능력을 인정하고, 그의 고결한 인품을 신뢰한데에서 가능했던 일이며, 낭산 자신은 이러한 고향사람들의 지지와 기대에 대해 일생동안 조국에 대한 헌신과 청렴한 생활로 보답하였다.

그럼에도 불구하고 사람에 대한 평가에 있어서 그의 자질이나 인품보다는 그가 얼마나 고관현직(高官顯職)에 올랐는가를 중시하는 우리 사회의 풍조 때문에 낭산에 대한 평가는 그의 공적에 비해 크게 절하되고 있으니 퍽이나 안타까운 일이 아닐 수 없다.

그나마 다행스러운 것은 수년 전부터 영암군의 적극적인 관심하에 그의 생가(生家)가 복원되고, 그의 기념관이 건립되어 그의 행적을 기념하는 사업이 활발하게 전개되고 있다는 것이다.

필자가 낭산의 행적을 고찰하는 가운데 가장 감동 받은 바는 그의 삶 모두가 일신의 영달을 도모하는데 있지 않았고, 오직 국가와 민족을 위한데 그 뜻을 두었다는 것이며, 특히 공인(公人)으로서 가장 중요한 청렴성을 끝까지 지켜냈다는 것이다. 이는 그가 77세의 나이로 딸의 집에서 서거할 때에 그의 유품이라고는 오래된 회중시계와 단돈 20원 뿐이었다는 사실에서 여실히 나타나고 있다. 이는 요즘 우리 공직사회에서 거의 일상화 된 심각한 부패현상에 비추어 낭산의 삶에서 취해야 할 가장 커다란 덕목(德目)이라고 하지 않을 수 없다.

다만, 낭산의 생애를 고찰하면서 한 가지 풀리지 않는 의문점은 일제 시대 명문대학을 다녔거나 두뇌가 우수했던 수재들이 대개 공산주의에 심취했고 그 가운데 대부분이 해방 이후에도 공산주의자로서 활동 했던 것에 비추어, 낭산처럼 ML당 당수까지 지닌 인물이 무엇 때문에 공산당과 결별하고 철저한 반공노선으로 전환하였을까 하는 것이다. 즉, 노선전환의 결정적 요인이 무엇인가 하는 것이다. 단지 특파원 시절 목격한 공산당의 회의장면에서의 회의 때문이라고 하기에는 쉽게 이해되지 않기 때문이다. 이에 관해서는 차후 다른 기회에 연구를 진행해야 할 과제로 남겨두고자 한다.

김 철

■ 독립운동가

- 호　일강(一江)
- 출생-사망　1886. - 1934.
- 출생지　전라남도 함평군
- 대표공직　대한적십자회의 상의원, 임시정부 교통부차장, 임시정부 회계검사원 검사장

▲일강 김철 선생 기념관

일강(一江) 김철

Ⅰ. 머리말

결코 짧지 않는 세월을 대학에서 정치학을 가르치고 있는 필자는 요즈음 학생들이 국가와 민족의 문제를 생각하번서 미국과 일본에 대해 나와는 너무나 다른 사고를 지니고 있는 데 대해 가끔씩 놀라움을 느끼곤 한다. 나 역시 전후세대 이기는 하지만, 솔직히 미국에 대해서보다는 일본에 대한 적대의식이 훨씬 강하다. 그러나 일제의 침략으로부터 독립을 쟁취한지 70여년 밖에 되지 않았는데도 학생들은 일제의 침략 만행과 그에 처절하게 저항하다 한떨기 이름 없는 들꽃처럼 사라져간 독립 운동가를 추모하는 일보다는 「미제(美帝)반대」에 훨씬 큰 관심을 보이고 있는 것이다.

사실 일제 시대 일본사관학교를 다녔던 사람이 대통령이 되어 국정을 이끌었던 시대에, 독립 운동가들이 재조명되고, 그들의 업적이 추앙되기는 결코 쉽지 않았을 것이다. 나 또한 젊은 시절 정치학을 가르치면서도, 물론 세부 전공이 그 분야가 아닌 탓도 있었지만, 독립운동 및 독립운동가에 대해 커다란 관심을 갖지 않았던 것이 사실이다.

그러다가 1980년대 초 학원민주화운동에 관련되어 해직 된 이후, 1984년 타이완으로 유학을 떠나 오히려 그곳에서 한국의 독립운동사에 접할 기회를 갖게 되었다. 즉 타이페이(台北)에 있는 중정기념관(中正紀念館)을 참관하면서 대한민국 임시정부의 활약상을 자세히 알 수 있게 된 것이다. 물론 중정기념관의 기록은 그 목적이 항일시기 중화민국 정부가 대한민국 임시정부에 적지 않는 지원을 제공했다는 내용과 한·중 양국의 우호관계를 강조하기 위한 의도였겠지만, 어떻든 나는 그곳에서 김구(金九) 선생을 비롯한 임정 인사들이 장개석 정부의 지원 하에 궁핍을 이겨가며 항일투쟁을 전개한 기록들을 접하면서 내가 그동안 이 분야에 지나치게 무관심했다는 것을 깨닫게 되었다.

1988년 사회의 민주화와 함께 대학에 복직한 이후, 중국대륙의 이곳저곳을 여행하면서 가급적이면 독립지사들의 항일 유적지를 답사하려고 노력하였으며, 광주·전남 백범김구선생기념사업회에도 참여하여 독립지사들의 흔적을 찾는 일에 관심을 가져왔다. 이러한 작업의 일환으로 최근 몇 년 동안 우리지역의 독립지사들에 관한 유적지 답사에 참가하곤 하는데 그 과정에서 일강(一江) 김철(金澈) 선생에 대해서도 그 업적을 살펴볼 기회를 갖게 되었다. 일강 선생은 그 업적에 비하여 대외적으로는 크게 알려져 있지 않지만, 실제 임시정부가 유지되는 데 크게 기여한 분으로 뒤늦게나마 함평군을 중심으로 그에 대한 재조명이 이루어지고 있으니 다행스러운 일이다. 이 글에서는 그의 생애와 활동에 대해 더듬어 보기로 한다.

Ⅱ. 일강의 생애

일강(一江) 김철(金澈)은 1896년 10월 15일 전라남도 함평군 신광면 함정리 구봉(九峯) 마을에서 천석(千石) 이상의 부자인 김동진(金東鎭)의 4남 1녀 중 3남으로 태어났다. 일강의 본관은 영산(永山)으로 어렸을 때의 이름은 영탁(永鐸)이었으며 매우 영특하여 주위 사람들의 사랑을 받았다고 한다. 그는 외가가 있는 영광군 묘량면에서 한학을 공부하였고 22세 되던 해인 1908년 영광 광흥학교(光興學校)에 입학하였다.

광흥학교는 조찬승[1], 편용무 등 지역 유지들이 뜻을 모아 향교의 명륜당에 세운 1년 간의 속성학교로서 35명의 제1회 졸업생을 배출하였는데 경술국치 후 '한일합방'반대 구호를 외치며 시위를 계속하다가 2년 만에 폐교 당하였다. 따라서 일강의 독립정신은 여기에서부터 시작되었다고 할 수 있겠다.

일강은 광흥학교를 졸업한 후 1909년 경성의 법부(法部) 법관양성소 예과에 입학하여 이를 수료하고 정식과정에 입학, 1912년 3월 졸업하였으며, 이후 일본으로 건너가 메이지(明治) 대학 법학과에서 수학한 후 1915년에 귀국하였다. 혹자는 일강이 메이지대학을 졸업했다고 하나 졸업 여부는 분명하지 않다.

일강이 일본에서 귀국하여 고향에 머무르는 동안 그에게는 일제의 식민통치에 협력하라는 갖은 회유와 협박이 끊이지 않았지

1) 1862년에 태어나 1943년에 사망함. 서호잡영 8수의 시를 남겼으며, 그중 '응암선유(應岩船遊)'라는 시 한수가 영광 백수해안도로의 망화정(望華亭) 터의 시비에 기록되어 있음.

만, 그는 형제들과 상의하여 토지의 일부를 소작인들에게 나누어 주고 노비들을 자유롭게 풀어주는 등 신학문을 배운 지식인으로서 선각자적 모습을 보였다. 일강은 일제에 협력하지 않고 고향에 머무르는 것이 쉽지 않다는 것을 자각하고 조국의 독립에 투신하기로 결심하여 독립 운동가들이 활동하고 있는 상하이(上海)를 향해 1917년 고향을 떠났다.

상하이에 도착한 일강은 1918년 여운형(呂運亨), 장덕수(張德秀), 선우혁(鮮于赫) 등과 함께 신한청년당(新韓靑年黨) 창당에 발기인으로 참여하였다. 신한청년당은 대한(大韓)의 독립을 국제 사회에 호소하기 위해 1919년 초 김규식을 파리강화회의에 파견하였고, 김규식의 활동을 뒷바라지하기 위한 자금 마련 등 독립운동의 활성화를 위해 국내외로 당원들을 파견하였는데, 이때 일강은 선우혁, 서병호(徐丙浩)와 함께 국내로, 여운형은 만주와 연해주로, 장덕수는 일본으로 파견되었다.

국내에 잠입한 일강은 영광으로 가서 광흥학교 동창생인 조병모(曺秉模)[2]의 집에 은신처를 마련하고 승려를 가장하여 지방 유지들로부터 독립에 필요한 자금을 얻고자 노력하는 한편, 고향에 들어와 자신의 가산을 정리하여 독립운동 자금을 마련하였다.

뿐만 아니라 일강은 당시 천도교 교주이던 손병희(孫秉熙)를 만나 3·1운동을 협의하고 독립운동에 필요한 자금지원을 약속받았으며, 기산도(奇山度)[3] 등과 독립운동자금을 모아 상하이

---

2) 조찬승의 아들로, 동국대학교 사회학과 조은 명예교수의 조부임.

3) 1869년(高宗 6年)에 태어남. 본관은 행주(幸州)로 전라남도 장성에서 태어났으며, 한말의 의병장 삼연(參衍)의 종손임. 일찍이 기독교계 학교의 교사를 지냈으며, 자강회를 조직, 일제 주구들을 처단하려다가 체포되어

로 돌아갔다.

상하이에 돌아온 일강은 신한청년당원들과 함께 상하이의 프랑스조계 보창로(寶昌路) 329호에 '독립임시사무소'를 설치하고 대한민국임시정부 수립을 위한 준비에 착수하였으니 임시정부 수립에는 일강이 국내에서 모금해 간 자금이 크게 기여했다고 할 수 있으며 이러한 이유로 일강이 그 후 임시정부의 회계감사원장, 재무장 등의 직책을 맡게 된 것으로 보인다.

대한민국 임시정부는 1919년 4월 10일부터 11일까지 각 지방 대표 29명으로 초대 임시의정원을 구성하였는데, 일강은 전라도 대표로서 의원으로 선출되었다. 동년 5월 일강은 임정의 특파원으로서 전라도 지역의 의무금 모금을 위해 국내로 잠입하여 영광군 백수면 장산리 김종탁, 장성군 황룡면 필암리 박은용을 방문하였고, 목포와 해남지방 등을 순방하기도 하였다.

1919년 8월 임시정부는 위원제를 폐지하고 총장제를 시행하였는데, 일강은 교통차장으로 임명되었다. 그러나 교통총장 문창범이 상하이에 거주하지 않은 관계로 일강은 실질적인 총장 직무를 수행하여야 했다.

1920년 일강은 임시정부가 본격적인 항일투쟁을 위해 설립한 육군무관학교의 교관 겸 학도대 중대장으로 임명되어 항일 전사의 양성에 힘을 쏟았는가 하면, 1921년에는 교통차장을 사임하고 김인전, 나용균, 정광호와 함께 전라도를 대표한 임시의정원

옥고를 치름. 출옥 후 고흥에서 밤에 서당을 열어 인재를 양성하고 독립정신 고취에 노력하다가 재차 투옥 당하였으며, 재 출옥 후 각지를 유랑하다가 1928년 사망함.

의원에 선출되었다.

1924년 6월 임시의정원은 초대 대통령 이승만이 소임을 다하지 않는데 반발하여, 이동녕을 직무대리로 선임하였는데, 이에 대해 이승만이 반발함으로써 임시정부는 심각한 내분에 휩싸이게 되었다. 마침내 임시정부는 1925년 3월 이승만을 탄핵·면직하고 박은식을 임시대통령으로 선출하였으며, 이어 헌법 개정을 통하여 대통령제 대신 국무령중심제인 내각책임제로 전환하였다.

1926년 김구가 국무령에 취임하자, 김구는 일강을 국무위원으로 임명하였다. 그러나 김구는 국무령제하의 폐단을 인식하고, 이를 폐지하고 합의제 형태의 국무위원제로 전환하였는데 김구는 일강을 다시 국무위원으로 임명하였다. 임시정부가 그 청사를 현재 우리가 찾아볼 수 있는 마당로(馬當路) 306롱 4호로 옮긴 것도 이때 이다. 이 무렵 일강은 전남도립병원 간호사로 근무 중이던 최혜순(崔惠淳)과 상하이에서 결혼하였고, 그녀와의 사이에 1929년 장녀 미경(美卿), 1931년 차녀 혜경(惠卿)을 얻었다. 물론 최혜순이 일강의 첫 번째 부인은 아니다. 호적 등 여러 기록을 종합해 보면 일강은 최혜순과 결혼하기 이전에 이미 김정자(金貞子), 김송암(金松岩)과 결혼한 사실이 나타나고 있기 때문이다.

1930년 11월 임시정부는 제2차 개각을 단행하였는데, 주석 겸 법무장에 이동녕, 재무장에 김구, 내무장에 조완구, 외무장에 조소앙, 군무장(軍務長)에 일강이 선출 되었다.

1931년 5월에 임시정부는 국무위원 명의로 「선언서」를 발표하였는데, 이는 그때 난징(南京)에서 개최되고 있는 중국 국민회의에 임시정부와 한국독립당의 존재와 방침을 확실히 심어주고, 이를 토대로 장차 중국국민당과 한국독립당 간의 유기적인 협조체제를 확립하는데 그 목적이 있었다.

일강은 군무장으로서 임시정부의 무장활동을 관장하고 김구가 조직한 한인애국단(韓人愛國団)에 적극 참여하는 한편, 이봉창, 윤봉길 의사의 의거 활동을 적극 지원하였다. 마침내 1932년 1월 이봉창 의사가 일본 도쿄에서 일왕에게 폭탄을 투척하고, 4월에는 윤봉길 의사가 상하이 홍커우 공원에서 상해 주둔 일본군 사령관 시라카와 요시노리(白川義則) 육군대장을 즉사시키고 제3함대 사령관 노무라 기치사부로(野村吉三郎) 해군대장 등 여러 명에게 중상을 입히는 의거를 실행함으로써 임시정부의 존재는 비단 중국 대륙뿐만 아니라 전 세계에 알려지게 되었다.

그러나 윤봉길 의사의 의거는 임시정부에 대한 일제 경찰의 추격이 본격화되는 계기가 되었고, 미침내 김구·일강·안공근 등 임정요인들은 가흥(嘉興), 항주(杭州) 등지로 피신해야만 하게 되었다. 임시정부는 1932년 항주에서 국무회의를 개최하고 군무장에 김구, 재무장에 일강을 임명하여 두 사람의 직무를 맞바꾸었는데 일강이 임시정부 각료 가운데에서 활동 경비 마련을 책임진 재무장을 맡은 것은 천석군의 아들로서 자금조달 능력이 뛰어난 것을 인정받은 까닭이겠지만, 일강으로서는 불행한 일이였던 것이 곧 사실로 나타났다. 즉 바로 이 시기에 임시정부 내에서는 활동 자금의 사용처를 둘러싸고 커다란 내분이 발생하게 되었으니, 중국 국민당정부가 임시정부에 지원한 5천불을 착복하였다는 것과 상하이 시상회(上海市商會)에서 제공한 윤봉길 의사 유족의 부의금 7천불을 횡령하였다는 의문들을 두고 김구와 일강 간에 격론이 벌어졌고, 마침내 김구는 군무장을 사퇴하고 가흥으로 떠나 버렸다.

더욱이 이때 일강의 조카 김석(金晳, 1911-1982)이 시사신보(時事申報)에 안창호를 비판하는 기사를 투고하자, 김구는 1932년 5월경 박창세·이동우·안공근·문일민을 항주로 보내 일강·조소앙·김석을 질책·구타하고 소지하고 있던 자금을 몰수케 하였다. 사태가 이에 이르자 조소앙, 일강 등 국무위원 전원이 사표를 제출하게 되었으니, 여기에서 이때 이미 임시정부 내에는 적지 않는 파벌과 내분이 존재하고 있었다는 것을 알 수 있다.

사건의 발단을 일으킨 김석은 영광보통학교 4학년 때인 1923년 숙부인 일강의 부름을 받아 종제인 덕근과 함께 상하이로 건너가, 1928년 상하이 영국중학교를 졸업한 사람으로 그는 실제로는 일강의 사촌동생 영표(永杓)의 아들이었지만 그가 일강의 큰형인 영달(永達)에게 양자로 입적되어 친조카가 되었던 사람이다. 그는 독립운동자금을 모금하기 위하여 국내에 잠입하여 나주군 문평면 사무소 금고를 털어 도주하다가 체포되어 개성소년형무소에서 2년간 수감생활을 할 만큼 숙부 일강으로부터 커다란 영향을 받았던 것이다.

그는 출옥한 후 다시 상하이로 건너가 1930년 상하이 법정대학 정치과에 입학하였고, 학생신분으로 김구와 일강이 주축이 되어 조직한 의용단에 가입 하여 간부로 활약하였다. 또한 김석은 1932년 1월에는 한인애국단의 청년단체인 상하이 한인청년당을 조직하여 이사장을 맡는 등 독립투쟁에 매진하였다. 이처럼 숙부인 일강을 도와 임시정부의 행동대원으로 맹활약하여 김구와 밀접한 관계를 맺어왔던 김석이 안창호를 비판하는 기사를 투고한 것은 그 당시 실질적으로 임시정부를 이끌고 있던 김구에 대한 반발이라고도 할 수 있을 것이며, 이는 당시 김구와 일강 간의 관계가 원만치 못하였음을 보여주고 있다고 하겠다.

이처럼 심각한 상황에 이른 문제들을 해결하기 위하여 임시정부는 1932년 6월 절강성 가흥에서 국무위원회를 개최하였으나, 어떠한 합의에도 도달하지 못한 채, 송병조·이유필 계, 일강·조소앙 계, 김구 계 등으로 분열이 더욱 심화되게 되었다. 한편 같은 해 12월 30일 밤 프랑스 조계에 숨어있던 일강은 일본경찰에 체포되었는데 다행히 프랑스 영사가 국제법 위반을 이유로 일본 측에 항의하여 일강은 10일 만에 풀려나게 되었다.

이러한 우여곡절 끝에 1933년 3월 6일 개최된 제25회 임시의정원 임시회의에서 일강이 조소앙·조완구와 함께 제출한 국무위원의 사표가 수리되었고, 일강은 박진(朴震)·김정식(金靖植)·최혜순(崔惠淳)과 함께 다시 의정원 의원으로 선출 되었다. 같은 해 7월 일강은 임시의정원 의원에 다시 선임되었고, 의원 자격 심사위원으로 신임의원의 자격을 심사하는 임무를 맡게 되었다. 여기에서 우리는 당시 우리 임시정부가 일본 경찰의 밀정 침투를 예방하기 위하여 얼마나 고심하였으며, 서로가 서로를 믿지 못하는 등 어려운 환경에서 부침을 거듭하였는가를 알 수 있고, 심지어는 의정원 의원의 임기 및 재직 기간마저 일정치 않음을 알 수 있다.

1934년 1월 2일 임시정부는 3차 개각을 단행하였는데 일강은 다시 국무위원에 선출되었다. 이때 국무위원으로는 일강·송병조·양기탁·조성환·조소앙(이상 한국독립당), 김규식(한국광복동지회), 최동오(조선혁명당), 윤기섭(신한독립당) 등이 선출되었는데, 이러한 구성은 당시 임시정부에 여러 파벌이 존재하였고 이들 파벌간의 안배가 아니고서는 임시정부의 구성마저 어려운 상황이었음을 잘 보여주고 있다.

같은 해 1월 20일 개최된 첫 국무회의에서는 주석에 양기탁, 내무장에 조소앙, 외무장에 김규식, 군무장에 윤기섭, 법무장에 최동오, 재무장에 송병조가 선출되었는데, 이때 일강은 조성환, 성수식과 함께 무임소위원으로 선출되었다. 이처럼 일제의 중국 대륙 침략이 본격화 되어가는 상황에서 체제를 정비하였던 것은 일제에 대한 항거를 위한 역량결집을 위한 민족유일당운동(民族唯一黨運動)이 성과를 거두지 못한 후 임정차원에서라도 내분을 수습하고 역량을 하나로 모우기 위한 노력이었다고 할 수 있을 것이다.

우리가 일강의 독립투쟁과정에서 느낄 수 있는 훌륭함은 그가 독립운동을 전개하면서 자리를 탐하지 않았다는 데에서 찾아볼 수 있다. 그는 임시정부가 필요하다면 그 자리의 높고 낮음을 따지지 않고 참여하였으며 그 역할의 쉬움과 어려움도 구별하지 않았다. 그는 어떤 때는 김구와 동급에서 활동하다가도 임정의 필요에 따라서는 그의 수하(手下)가 되는 것을 사양치 않았던 것이다. 일강이 임정 활동 가운데에서 가장 힘든 자금 모금운동에 앞장섰으며, 무장 항일 투쟁도 마다하지 않았던 것이 이를 증명해 주고 있다.

일강의 독립투쟁에서 또 하나 돋보이는 것은 일강이 중국을 비롯한 주변 국가들과의 협력을 도모하지 않고서는 결코 항일투쟁에서 승리할 수 없다는 넓은 시야를 지녔다는 것이다. 이는 일강이 1931년 11월 중국인들과의 항일 공동전선을 형성하기 위하여 '중한항일대동맹'(中韓抗日大同盟)을 조직하여 조소앙과 중국인 우징치엔(伍澹千), 쉬티엔팡(徐天放) 등과 함께 그 상무위원으로 활동한 데에서 이러한 면모가 잘 나나타고 있다.

뿐만 아니라 일강은 독립투쟁을 전개하면서 민족의 역량이 하나로 결집되지 못하고 분산되면서 대립과 갈등이 나타나는 것을 못내 아쉬워하였다. 이는 그가 당시의 대표적 언론매체 가운데 하나였던 삼천리의 창간 3주년 기념호에 기고한 '소회(所懷)와 기망(企望)'이라는 글에서 "조선운동을 위하여 몸을 바치고 성의를 다하고 있는 이들의 수는 해내해외를 통하여 그리 적다고는 할 수 없으나 … 해내는 해내대로 해외는 해외대로 각자 일면적 관찰로서 조선의 현실을 정확히 인식치 못하는 결함이 있는 것은 …"이라고 표현하고 있는 데에서 잘 나타나고 있다.

이처럼 더욱 강성해진 일제의 대륙 침략과 난마와 같이 얽혀있는 임정을 포함한 독립운동단체들의 내분 상황을 극복하며 항일투쟁에 매진했던 일강은 1934년 5월 4일 급성 폐렴으로 쓰러져 절강성 항주에 있는 광자병원(廣慈病院)에 입원·치료를 받았으나 소생하지 못하고 6월 29일 48세의 나이로 숨을 거두었다.

그의 장례는 양기탁, 송병조, 이시영, 조완구 등 임정요인들이 참석한 가운데 대한민국임시정부장으로 치러졌으며, 항주 악비묘(岳飛墓)의 뒷산에 있던 공동묘지에 안장되었다.

일강이 사망한 후 그의 부인 최혜숙은 두 딸을 데리고 인천으로 귀국하였으나, 그녀를 기다리고 있던 것은 조선총독부의 삼엄한 감시였다. 그녀는 상당기간 인천유치장에 갇혀 있다가 풀려났지만, 해방이 될 때까지 일제의 감시 속에서 벗어날 수 없었다.

해방 전 중국에서 사망한 대부분의 독립운동가들이 그렇듯이 일강이 사망한 후 묻힌 항주의 악비묘 뒷산은 지금은 아파트단지로 개발되어 그의 묘를 찾기 어렵게 되었고, 그녀의 자손들 또한 뚜렷한 행적을 찾아보기 어렵다. 앞에서 언급한 것처럼 일강에게는 모두 3명의 부인이 있는데 첫 번째 부인 김정자와 두 번째 부인 김송암과의 사이에서는 소생이 없는 것으로 나타나고 있고, 세 번째 부인 최혜순에게서 장녀 미경과 차녀 혜경을 두었다. 따라서 일강의 가계를 잇고 있는 아들 오근(午根)은 일강의 바로 위 형 영표(永杓)의 아들이거나 4촌 동생 영복(永福)의 아들일 가능성이 큰데, 이는 좀 더 세밀한 규명이 필요한 부분이다.

끝으로 정부에서는 독립운동에 대한 일강의 공적을 기리기 위해 함평군 신광면 함정리에 독립운동가 김철 기념관을 건립하여 많은 사람들이 그의 업적을 가까이에서 대할 수 있도록 하고 있는데, 기념관 바로 옆에는 단심송(斷心松)이라고 불리는 소나무 한 그루가 깨끗한 모습으로 참배객들을 맞이하고 있다. 이 단심송은 일강이 중국에서 항일투쟁을 전개하고 있을 때, 일본 고등계 형사들이 일강의 가족들을 고문·회유함에 그의 부인 김정자가 스스로 소나무에 목을 메 자살한 나무라고 한다.

마지막으로 일강의 항일투쟁에 임하는 결연함이 잘 나타나고 있는 그의 시 한 구절을 적는 것으로 글을 맺으려 한다.

神斧鬼誅春秋大義 신의 도끼로 귀신을 주살하는 것은 춘추의 대의이며,
日昇月照河山重整 해가 뜨고 달이 비추니 강과 산이 정연하다.

서 민 호

■ 독립운동가

• 호　　월파(月坡)

• 출생-사망　　1903. - 1974.

• 출생지　　전라남도 고흥군

• 대표공직　　거창양민학살사건 국회조사단장, 5대 민의원의원, 민의원부의장, 15차 UN총회 한국대표, 민주사회당 창당

▲생가 사진

월파(月坡) 서민호

I. 머리말

한 개인이 세상에 태어나서 어떠한 삶을 살다 가는가 하는 평가는 결국 역사의 몫이라고 할 수 있다. 그러나 모든 인간이 역사의 평가를 받을 만큼 일정 정도의 역할을 수행하고 족적을 남기는 것은 아니다. 적어도 역사의 한 페이지를 장식하기 위해서는 그의 삶이 역사에 걸 맞는 역할을 담당하여야 하고, 그러한 역할이 사회에 미치는 영향 면에서도 상당한 정도에 이르러야 할 것이다.

사회에 영향을 미치는 정도에서 보면, 아무래도 중세 이래 역사의 중요한 단위(單位)인 국가의 통치를 중심으로 생각할 수밖에 없고 실제 세계 모든 국가의 역사들은 대부분이 '통치자'를 중심으로 쓰여져 왔다. 이러다 보니 역사에 기록되는 대부분의 사람들 또한 자연스럽게 정치과정에서 일정 정도의 역할을 담당하였던 정치인을 중심으로 이루어지는 경향이 없지 않다.

일제 35년의 통치에서 벗어난 1945년 8월 이후의 해방정국과 그 이후의 정부수립과정에서부터 1972년 이른바 '10월 유신'이 있기 전까지 우리의 정치사에 족적을 남긴 정치인은 결코 적은 숫자가 아닐 것이다. 문제는 그들이 수행한 역할이 역사발전에 긍정적으로 작용하였는가 아니면 부정적으로 작용하였는가 하는 것일 것이며, 그들의 행위가 공익(公益)을 위한 것인가 아니면 개인의 이익을 추구하는 것인가에 있을 것이다.

어떠한 사람은 권력을 추구하거나 이를 이용하여 개인의 이익을 추구하는데 평생을 바친 경우가 있는가 하면, 어떠한 사람은 개인의 이익은 도외시한 채 국가와 민족의 이익을 위해 평생을 헌신한 경우도 있다. 뿐만 아니라 어떤 사람은 한마디의 말(言)이 천금(千金)과 같은 무게로 국민과의 약속을 실천하는가 하면, 어떤 사람은 말마다 국민을 속이고 공적 조직보다는 사적 관계를 중시하여 국가의 기강을 무너뜨린 경우도 있다.

여기서 살펴보고자 하는 월파(月坡) 서민호(徐珉濠)는 전형적으로 정치 일생을 통하여 개인의 이익 보다는 국가와 민족의 이익을 위해 일한 사람이다. 월파는 곡창지대인 전남 고흥군의 부유한 가정에서 태어나 소년기부터 신식교육을 받았는가 하면, 당시로서는 선망의 대상이었던 일본 유학을 거쳐 신흥 자본주의 국가인 미국에서 수학하였기 때문에 본인이 마음먹기에 따라서는 입신출세가 보장되어 있었음에도 불구하고 당시의 지배체제인 일본제국주의에 전혀 참여하지 않았다. 이러한 월파의 태도는 해방이후에도 크게 달라지지 않았다.

1945년 8월 조국이 해방되고 나서 월파는 미군정하에서 광주시장[1]과 전라남도지사[2]에 취임하여 좌익 색출에 앞장서는 등 정국 안정에 진력하였으나 월파의 현실참여는 그리 오래가지 않았던 것이다. 이는 1948년 정부 수립과 함께 초대 대통령에 취임한 이승만 대통령과 미국에서 부터의 친분관계 때문에 월파가 정부 수립과정에서부터 이승만 박사를 도왔음에도 불구하고 막상 정부 수립 이후에는 두 사람의 관계가 소원해졌기 때문이다.

사상(思想)이라고 이름 붙일 수 있는 한 개인의 '가치'와 신념체계(信念體系)는 그의 성장 환경으로부터 적지 않게 영향 받는다고 할 때, 월파의 사상 및 정치적 노선 또한 그의 성장기 때의 환경 및 성격으로부터 상당한 영향을 받는 것으로 보인다.

이 글에서는 1945년 해방이후 1950년대에서 1960년에 이르는 정치적 격변기를 거쳐 1970년대 초에 이르기까지 우리 정치의 질곡에서 일관되게 반독재투쟁에 앞장섰던 월파의 생애를 살펴보고 그가 걸었던 노선을 중심으로 '사상'을 정리해 보고자 한다.

이러한 작업을 통하여 비록 정치적으로 최고 권력을 장악하는 등 크게 성공하지는 못하였으나, 평생을 일관된 신념으로 살아온 한 정치인에 대한 재평가가 이루어진다면, 이는 우리 정치발전에

1) 당시에는 광주부윤(光州府尹)이었다.
2) 초대부터 4대까지는 현역미군 장교들이 지사직을 맡았고 5대 지사에 한국인 최영욱이 임명되었는 바, 월파는 최영욱의 후임으로 6대 지사이다.

도 긍정적으로 작용할 것으로 믿는다.

Ⅱ. 월파의 출생과 성장 환경

한 인간의 의식과 사상이 형성되는 데에는 수많은 요인들로부터 복합적인 영향을 받게 되지만 그 가운데에서도 그가 출생하고 성장한 주변의 환경요인은 특히 커다란 요인으로 작용하게 된다. 그것은 마치 대부분의 사람들이 자기를 낳고 길러준 부모로부터 의식형성의 제1차적 영향을 가장 많이 받는 것과 마찬가지라고 하겠다.

월파는 1903년 4월 17일 전라남도 고흥군(高興郡) 동강면(洞江面) 노동리(魯東里)에서 출생하였다. 여기에서 1903년이라는 시대적 상황과 전라남도 고흥군이라는 공간적 상황은 월파가 출생하고 성장한 두 가지 환경요인으로서 그의 성격과 신념 및 훗날 정치적 태도 등에 적지 않게 영향을 미친 요인이라고 하지 않을 수 없다.

우선 월파가 태어난 1903년은 대한제국(大韓帝國)의 국운이 이미 쇠퇴하여 서세동점(西勢東漸)의 국제적 조류를 제대로 감당하지 못하고 내우외환에 시달리고 있던 극히 어지러운 때였다.

즉, 1903년은 1894년의 청일전쟁에서 승리한 일본이 만주에 대한 러시아의 사실적 점령과 한국 북방에 있어서의 도발적 행동에 대해 어떠한 조치를 취해야 할 필요성을 느끼게 됨으로써

한반도를 둘러싸고 새로운 전운이 감돌기 시작한 때였던 것이다.[3)]

이러한 상황에서 한국정부는 분명한 정책적 좌표를 설정하지 못한 채 우왕좌왕하는 모습을 보였으며, 1904년 러일 간에 전쟁 기운이 감돌자 1월 21일 중립선언을 발표하였으나 이는 한반도를 둘러싸고 전개된 국제정세에는 어떠한 영향도 미치지 못한 힘없는 약자(弱者)의 광대 짓에 불과하였다. 마침내 2월 10일 일본이 먼저 러시아에 대해 선전포고를 하였고 같은 날 러시아도 일본에 대해 선전포고하였다.[4)] 일본은 전쟁 도발과 함께 한국에 대하여 한·일 간의 조약체결을 강력히 요구하여 왔고 결국 2월 23일 양국 간에는 한일의정서가 조인되었다.[5)]

이러한 시대적 상황에 대해 후일 월파는 … "러시아·일본·청나라들이 제 나름대로의 야심을 품고 한반도를 넘겨다보고 갖가지 權謀術數를 쓰고 있을 때 韓廷의 亡國大臣들은 이들의 손아귀에서 국가를 망각하고 조금이라도 힘센 편에 서서 세력을 잡아 보겠다고 발버둥을 쳤다. 이러한 어리석은 醜行 속에서 파벌싸움은 끝날 줄을 몰랐고 탐관오리들의 학정은 날로 민심을 흉흉하게 만들었다"고 기술하고 있다.[6)]

---

3) 즉 月坡가 태어난 3개월 후인 1903년 6월 23일 일본의 가쓰라(桂)내각은 御前會議를 개최하고 對러시아 교섭개시를 결정하는 한편 이에 대한 영국의 양해를 요구, 7월 16일 그 승낙 회답을 받았던 것이다. 金景昌, 東洋外交史(서울: 集文堂, 1984), p.530.

4) 위의 책, p.536.

5) 元裕漢·尹炳奭, 『韓國史大系(朝鮮末期)』, (서울: 三珍社, 1976), p.135.

6) 「전남매일신문」, 1973. 8. 29. 「그 때 그 이야기」 제34회 참조.

월파는 이처럼 국내외적으로 일촉즉발의 전운이 감돌고 국운(國運)이 풍전등화와 같은 때에 한반도의 남단인 고흥군에서 자수성가하여 비교적 넉넉한 가세(家勢)를 유지하던 서화일(徐和日)의 셋째 아들로 태어났다.[7)] 그의 어머니의 꿈에 지붕 위에 둥근달이 떨어지는 것을 치마폭에 담는 태몽을 꾸었다고 하여 그의 아호(雅號)를 월파로 얻게 되었다고 하며 그의 유년기와 소년기의 생활은 그가 아무런 구김살 없이 성장할 수 있을 만큼 유복하였다.[8)]

---

7) 이 부분에 관하여는 좀 상세한 고찰이 필요할 것 같다. 전술한 그의 회고록 「그 때 그 이야기」에 의하면 그는 徐和日의 넷째 아들로 태어났다고 되어 있다. 그러나 그의 호적 및 제적등본에 의하면 그의 부친은 3명의 부인(李元禮, 金新葉, 姜三禮)을 두었는바, 徐和日은 李元禮와의 사이에 鮐濠(1888년 生)와 珉濠(1903년 生) 형제를, 金新葉과의 사이에 璣濠(1888년 生)를, 姜三禮와의 사이에 廣淳(1919년 生)과 碩淳(1922년 生) 형제를 두고 있다. 璣濠는 長子임에도 庶子인 까닭에 戶主 상속은 2남인 鮐濠에게 이루어지고 있는바, 따라서 월파는 徐和日의 삼남임이 분명해지고 있다. 그러나 월파의 전술한 회고록에 의하면 그가 11세 때 일본으로 유학 갈 당시 일본에 있는 둘째 형님 釆濠를 찾아 갔다고 되어 있고, 그의 부친이 별세하였을 시 유산 상속을 6형제가 7등분하여 맏형에게 두 몫을 주었다고 한 것으로 보아 그에게 또 다른 형님이 있을 수 있는 가능성이 없지 않으나 호적 및 제적등본 어디에도 釆濠의 기록은 찾을 수가 없다. 다만 월파의 생존 시 그의 비서관으로 근무했던 조석환씨의 증언에 따르면 璣濠를 釆濠라 확인하고 있는 데에서 璣濠와 釆濠가 동일인이고, 다만 이름이 '호적상 이름'과 '평소 부르는 이름'이 다를 수 도 있다고 보여 진다. 조석환씨(현재 서울거주)의 2008년 1월 2일 고흥읍에서의 증언.

8) 월파는 그의 회고록에서 "그의 집안을 동강면에서 대대로 뿌리박고 살아온 농촌의 평민으로 아버지가 자수성가하셔서 가세가 넉넉했다"고 적고 있는 데 月坡의 집안 내력을 소상히 아는 분들의 말에 의하면 그의 父親은 원래 대단히 어려운 환경에서 태어나 성장하면서 경제적 자립을 도모하기 시작하였고 이를 위해 농촌에 살면서도 商業에 종사하여 많은 돈을 모았다고 한다. 즉 月坡의 부친은 고흥·벌교 등지에서 삼베장사로 거금을

따라서 월파가 당시로서는 부(富)의 상징 가운데 하나였던 말타기를 6세 때부터 시작하였고 시골사람으로서는 결코 쉽지 않았던 서울 유학과 일본으로의 유학을 떠날 수 있었던 것들은 모두가 자수성가한 그의 부친이 지니고 있던 개척정신과 상업에서 터득한 교육의 중요성에서 비롯된 것이 아닐까 생각된다. 월파는 그 나이 8세 때에 보성군 벌교에 있는 유신학교에 입학하였는데[9], 그는 이 학교 교장선생님의 개화사상과 반일사상(反日思想)에서 적지 않게 영향을 받았던 것 같다. 여기에서 그는 우리의 적인 일본을 알아야 되겠다는 결심을 굳히고 겨우 11세 소년의 몸으로 일본 유학의 길에 오르게 되었다.

일본 유학을 떠나기까지의 과정에서 단식투쟁까지 벌인 그가 보인 끈기와 오기는 그의 성격의 한 단면을 보여주는 측면이라고 할 수 있으며, 이러한 면이 후일 이승만 정부의 독재정치에 끝까지 굴하지 않고 투쟁한 인생역정으로 이어지지 않았나 생각된다.

월파는 일본에서 입학할 학교를 선택하는 데 있어서 승일(勝日)을 위해서는 군사력과 함께 훌륭한 군사지도자가 필요하겠다는 생각에서 동경유년학교에 응시하여 합격하였으나 면접시험에

모았고 간척 사업을 하여 고흥·벌교·순천 등지에 많은 땅을 소유하게 되었는데 1930년 일제가 조사한 대지주 명단에도 282정보의 땅을 소유한 것으로 나타나고 있다. 「無等日報」, 1992. 12. 19. p.9 현대인물사 참조.

9) 월파는 전술한 회고록에서 1911년 을사보호조약이 조인된 다음 해인 8세에 유신학교에 입학하였다고 적고 있으나 을사보호조약은 1905년 11월에 체결되었으므로 이는 월파의 착각인 것으로 여겨진다. 「전남매일신문」, 앞의 회고록, 제35회 참조.

불합격 당하는 좌절을 맛보게 되었고 결국은 「금화심상소학교」의 편입시험에 합격하여 2학년에 재학하게 되었는데 이 때 그는 유학선배이던 김성수와 송진우로부터 많은 격려와 감화를 받았다.

월파는 1916년, 일본중학(日本中學)에 입학하여 학업을 계속하였으나 어머니의 병환이 위중하다는 전보를 받고 귀국할 수밖에 없었는데 이 때 그의 나이 14세 때였다. 어머님의 병환이 어느 정도 쾌차하여 다시 일본으로 돌아가려 하자 그의 부친은 결혼 후 떠나라는 엄명을 내렸고 월파는 이를 모면하기 위해 결국 국내에서 학업을 계속하기로 결심하였다.

이러한 연유로 월파는 서울의 중앙학교(中央學校)에 입학하게 되었으나, 일본인 학생들과의 패싸움에 몰두하는 등 학업에 불충실한 결과 낙제를 당하게 되었고 결국은 보성고보(普成高普) 2학년 편입시험에 합격하여 이 학교를 졸업하게 된다.

이 때 월파에게 특기할 만한 사실은 당시가 3·1운동 직전의 항일저항운동이 거세게 움텄던 시대적 상황 속에서 월파 자신도 항일운동에 적극 가담함으로써 6개월의 옥고를 치르게 되었다는 것과 중3학년 때인 1918년에 부모님들의 권유에 따라 결혼을 하였다는 점이다. 그와 결혼하게 된 상대는 이화여고보(梨花女高普) 2학년에 재학 중이던 전남 순천 출신의 규수 정희린(鄭喜嫾)으로 그의 아버지는 일찍부터 개화에 눈뜬 정태삼(鄭泰三) 목사였다.[10)]

---

10) 이 부분에 관하여 월파는 그의 회고록에서 그의 장인을 鄭泰仁 목사로

월파의 회고에 의하면 그의 장인 정태삼 목사는 상해임시정부와 내통하면서 독립투쟁에 필요한 군자금을 모금하고 있었는데, 자수성가하여 구두쇠라는 별칭을 들었던 월파의 아버지가 거금인 1만원을 내기로 하고 5천원을 중간 연락책에게 현금으로 직접 전달하는 모습을 보기도 했다고 한다. 이러한 주변의 환경은 월파로 하여금 더욱 일본에 대한 적개심을 품도록 하였고, 더욱이 그 자신이 상해임시정부에서 내려오는 비밀지령문을 전국에 전달하는 「반도목탁지」(半島木鐸紙) 사건으로 1년간의 정학처분을 당한 것과 3·1운동을 위한 지하조직인 「전국학생대회」(全國學生大會)의 운동부장으로 활약한 것이 빌미가 되어 1919년 4월 청진동 하숙집에서 피검되어 6개월간의 옥고를 치른 것은 그에게 항일정신을 강화시켜준 결정적 계기가 되었다고 할 수 있겠다.

17세의 어린 나이에 6개월간의 옥고를 겪은 것과 그로 말미암아 다른 학우들보다 1년을 늦게 학교를 졸업하게 된 것 등은 그의 자유분방한 기질에다가 극도의 저항정신을 가미시켜 그의 유복한 가정환경과는 달리 월파로 하여금 상당히 반항적인 성격을 갖도록 하였고 새로운 탈출구를 모색하지 않으면 안 되게 하였던 것으로 생각된다. 그가 1922년 보성고보를 졸업하고 같은 해 4월 다시 일본 유학길에 올라 와세다대학 경제학과에 입학하게 된 것은 극도로 억압된 국내의 정세 속에서 당시의 지식계층들

적고 있으나 호적등본에 의하면 鄭泰三인 것이 분명한 바 이는 신문 제작상의 誤字일 것으로 여겨진다.

이 흔히 취하였던 외국으로의 망명 또는 유학의 길을 월파도 선택한 것으로 보아야 할 것이다.

Ⅲ. 해방정국에서의 활동

월파는 19세 때인 1922년 보성고보를 졸업하고 같은 해 4월 일본 와세다대학에 입학하여 1924년 12월 이를 졸업하고 다시 귀국하여 잠시 국내에 머무르다가 1925년 3월 보다 광활하고 자유로운 미국 유학길에 오르게 되었으니 이 때 월파의 나이 23세 때였다. 월파는 미국에 도착하여 「켄터키」 주에 있는 벨리아 대학 부속고등학교에 입학하여 어학 습득에 열중하는 한편 '수업의 반은 일을 해야 한다'는 학교의 규칙에 따라 하루에 2~5시간씩 빗자루 만드는 공장에서 작업하여 학비에 도움을 받았다고 한다.

1926년 웨슬리언대학 정치경제학부 3학년에 편입하여 2년간 수학한 후 1927년 웨슬리언대학을 졸업[11]한 월파는 1928년 뉴욕에 있는 콜롬비아대학 대학원에 진학하여[12] 정치사회학을

11) 이 부분에 관하여도 1991년 12월 20일 高興民主同志会에서 간행한 「民主人士追慕碑」 제막 책자에는 월파가 1925년 웨슬리안대학 정치역사과를 졸업하고, 1927년 컬럼비아대학 대학원 정치사회과를 졸업한 것으로 기록되어 있는 등 혼선이 없지 않다.

12) 이때에 월파는 후일 아이젠하워 행정부에서 국무장관을 역임한 존 포스터 델레스와 함께 공부하였고, 이러한 인간관계가 후일 월파가 '徐대위

전공하였는데 그가 정치사회학을 전공하게 된 데에는 「덴마크」의 협동조합제도와 사회제도를 연구하여 이를 한국에서도 실현시켜 보고 싶은 생각에서 비롯된 것이라고 한다.

월파의 미국에서의 유학생활은 일본에서의 그것에 비교할 때 대단히 활기차고 안정되었던 것으로 보인다. 이는 웨슬리언대학 시절에 썸머 스쿨을 이용하여 부지런히 공부한 결과 다른 학생들보다 1년이나 빨리 졸업한 사실과 콜롬비아 대학에서의 생활도 공부와 함께 당시 교포 및 유학생들 간에 활발하게 전개된 독립운동에의 참여에 열성을 보였던 것에서 나타나고 있다.

뿐만 아니라 미국에서의 유학 생활을 통하여 월파는 김도연·김양수·윤치영 등 많은 선배와 친구들을 사귀게 되었는데, 이들은 당시 둘로 나뉘어 반목하고 있던 독립운동단체를 통합하자는데 의기투합하여 이를 추진하였는가 하면 「3·1신보」라는 뉴스레터를 발간하기도 하였다. 마침내 월파는 1928년 12월 「덴마크의 농민고등학교 제도와 협동조합운동」이라는 논문으로 컬럼비아대학교에서 M·A학위를 받고 7년여의 미국 유학생활을 마치고 귀국길에 올랐다.

귀국길에 월파는 덴마크를 방문하여 그곳의 농업발전에 대해 시찰할 기회를 가졌고, 다시 소련과 중국, 만주를 거쳐 귀국하였는데 이 여행을 통하여 중국과 만주에서 생활고와 일제의 탄압에 견디지 못한 동포들이 일경의 앞잡이가 되어 애국지사들을 밀고

총격사건'으로 처형의 위기에 처하게 되었을 때, 미국정부가 월파의 감형을 요구하는데도 영향을 미치게 되었다고 한다. 위 조석환씨의 증언.

하는 밀정 또는 사기꾼으로 전락하는 모습을 보고 "이러한 불행을 해소시키는 길은 하루 속히 조국의 광복을 되찾는 길 뿐이다"는 각오를 다졌다고 한다.

귀국 후 월파는 여러 곳에 취직을 시도하였으나 퇴짜를 맞았다. 이는 당시 총독부가 자유주의가 농후한 미국에서 공부한 사람들을 불량시한 것과 무관하지 않았는데, 이는 비슷한 시기에 미국에서 귀국한 김양수, 윤홍섭, 김도연씨 등도 모두 실직상태를 면치 못한 채 시름에 빠져있었던 데에서 잘 알 수 있다. 이러한 시대적 상황은 월파로 하여금 조선의 인텔리 실업자로 요정을 출입하며 한을 달랠 수밖에 없게 하였다.

이러한 가운데 1933년 10월 그의 부친이 별세함에 따라 그에게 「남선무역주식회사」와 4천 2백석에 달하는 엄청난 토지가 유산으로 상속됨으로써, 월파는 평소에 꿈꾸어 왔던 사업을 시작할 수 있게 되었다. 그는 2년 후인 1935년 벌교에 있는 「사립송명학교」(私立松明學校)[13]를 인수하였는데, 그는 이 학교를 덴마크식 농민학교로 육성하여 농촌의 부흥을 도모하려고 시도하였다.

그러나 당시는 일제의 조선인 황국신민화정책(皇國臣民化政策)이 실시되기 직전으로, 일제는 월파가 송명학교에서 시도한 민족교육에 대하여 극도의 감시와 억압을 가하기 시작하였다. 이러한 상황 속에서 월파는 김양수, 김도연, 신윤국, 이철원, 현재명, 최순주씨 등과 함께 유랑극단 「비타가극단」을 인수하여 「반도흥업사」(유한회사)라 개칭, 운영하면서[14] 민족정신을

13) 본래 순천 송광사(松廣寺)에서 설립·운영하였으나, 경영난에 처해 있었다.

진작시켰고, 1921년 창립된 「조선어연구회」(朝鮮語硏究會)를 모태로 한 「조선어학회」(朝鮮語學會)에 김도연, 김양수와 함께 운영위원으로 참여하여 자금을 조달하는 임무를 맡았다.

마침내 1942년 10월 조선어학회가 독립운동의 지하조직이라는 죄명으로 300여 명의 관계자가 검거되면서 월파도 종로경찰서에 구속되어 홍원경찰서에서 10여 개월에 걸친 취조 끝에 주동자 33명 중 하나로 지목되어 1943년 9월부터 4개월간 함흥형무소에서 복역하다가 1944년 2월 기소유예로 출감하였다.[15)]

월파가 함흥형무소에서 출감한 후의 정세는 일제가 최후의 발악을 한 시기였고, 때문에 월파는 벌교집의 지하실에서 고성능 라디오의 영어방송을 통해 정세를 관망하며 일제의 패망을 기다리는 수밖에 없었다.

마침내 1945년 8월 일제가 패망하게 되었는데, 은신 중 청취한 라디오 방송을 통해 일제의 패망을 예상하고 있었던 월파는 급변하는 정국에 신속히 대응할 수 있었다. 8월 17일 그는 오랜 지기인 순천(順天)의 김양수로부터 광복 축하 행렬을 하자는 연락을 받고 참가하였으며, 그가 직접 주도하여 벌교에서도 축하행렬을 거행하였다.

이때 월파는 급변하는 정국에 대처하기 위해서는 조직이 있어야 한다고 생각하고 벌교에 「건국준비위원회」(建國準備委員會)를 구성하여 위원장이 되어 징병에서 돌아온 장병들을 중심

14) 앞의 회고록, 『그때 그 이야기』, 제46회(1973. 9. 12).
15) 위의 회고록, 제48회(1973. 9. 13).

으로 「특보대」를 조직하여 치안유지에 힘쓰는 한편, 도망가는 일본인들을 조사하여 「맥아더」 장군의 포고령대로 1천 원 이상의 반출을 금지시키기도 하였다.

그러나 광복 직후의 정국은 갈피를 잡지 못한 채 요동치기 시작하였다. 먼저 국내적으로 송진우와 여운형(呂運亨)은 일본총독의 정권이양 교섭문제로 의견을 달리하여 좌우분열의 싹이 트기 시작하는가하면, 국외적으로는 카이로선언과 포츠담선언에서 확인된 자주독립이 미·소의 합의에 의해 38도선을 중심으로 나누어지고 신탁통치가 결정되는 등, 통일 된 조국건설을 바라는 민족의 여망과는 다른 방향으로 움직여갔던 것이다.

이러한 상황에서 벌교건준위원장을 맡고 있던 월파는 당시의 혼란을 야기 시킨 원인이 좌익계에 있다고 보고 이들을 탄압하였는데, 이 때문에 그는 곧 좌익계열로부터 보복을 받게 되었다. 즉 월파는 8월 30일 150여 명의 좌익계열에 의해 체포되어 광주로 압송 광주형무소에서 갇히게 되었는데 9월 14일경 미군이 광주에 진주하면서 풀려날 수 있었다.

감옥에서 풀려난 월파는 미국 유학 시 익힌 유창한 영어실력으로 미 군정청 인사들의 눈에 띄게 되었고, 이것이 계기가 되어 광주 인근 9개 군(郡)을 관할하는 미군 101 부대장 딜론 중령의 고문에 취임하여 이 지역의 치안을 유지하고 좌익계열을 소탕하는데 앞장섰다.

월파의 좌익계열에 대한 과감한 대처는 당시 치안유지에 고심하고 있던 미 군정청의 신뢰를 얻게 되었고, 이것이 계기가 되어

미 군정청은 1946년 10월 그를 광주시장으로 임명하였다.

월파는 광주시장이 되어서도 좌익계열을 철저하게 색출하는가 하면, 당시 광주시민의 숙원이던 제1수원지 확장, 학강초등학교 신축, 시청사 신축 등을 신속히 처리함으로써 일부로부터 「폭군시장」 이라는 비난을 듣기도 하였다.

그러나 이러한 과감한 좌익계열 숙청과 시정으로 월파는 미군정당국의 신뢰를 얻게 되었고 그 결과 시장 재임 1년만인 1947년 10월 전라남도지사에 발탁되게 되었다. 월파는 도지사로 재임하는 중에도 무엇보다도 치안확립에 주력하였는데, 이는 필연적으로 좌익 계열과의 갈등을 심화시켰다.

이 결과 광주지역의 지도적 인사들인 전임 도지사(道知事) 최영욱[16], 이은상, 신순원 등이 민정장관 안재홍에게 월파가 지나치게 독선적이고 우익 편향적이어서 도민들의 반발이 크다고 건의하게 되었고 이에 따라 미군정 당국은 1948년 7월 그를 강원도지사로 전출시켰다. 그러나 이러한 인사 조치를 그대로 수용할 월파가 아니었다. 그는 미군정당국의 인사발령을 거절하고 사표를 제출하였던 것이다.

월파의 도지사 재임 시 특기할 공적으로는 광주에 종합대학을

---

16) 세브란스의전을 졸업하고, 독립운동가문 출신으로 「도쿄여자학원」 을 졸업한 후 한국 YMCA 창립에 참여한 김필례(金弼禮)와 결혼함. 아내와 함께 잠시 중국 '치치하얼'로 건너가 의사로 일하다가 귀국하여 '광주제중병원'(현재의 기독병원) 의사로 일함. 광복 후 제5대 도지사(한국인으로는 초대)에 임명됨. 도지사 재임 시 '조선대학설립동지회'에서 신청한 대학설립 신청을 '광주야간대학원'으로 인가함.

세우는데 크게 기여하였다는 것이다. 즉 월파는 지사 재임 시 고향 후배인 박철웅(朴哲雄)을 운수과장으로 발탁하여 '광주야간대학원'이 조선대학으로 발전되도록 지원하였고, '조선대학원'으로의 교명 변경 신청 또한 직접 인가하였다.

이후 월파는 서울로 올라가 미국에서부터 친분관계가 있던 이승만 박사를 도와 정부수립에 참여하게 되었다. 그러나 이승만 박사와 월파와의 관계는 초기부터 순탄치 못하였으니, 이는 이승만 박사가 가부장적 권위의식이 강하면서도 프란체스카 여사에 대해서는 지나치게 배려하는 등 당시 한국의 정서와 맞지 않는 행동을 하는 것에 대해 상대방의 잘못을 보면 직설적 충고를 마다하지 않는 다혈질적 성격의 소유자였던 월파와 충돌이 불가피했기 때문이다.[17]

월파는 전라남도지사를 그만둔 뒤 1년여 뒤인 1949년 10월 임영신 상공부장관의 추천으로 조선전업사(朝鮮電業社: 한전의 전신) 사장에 임명됨으로써 다시 공직에 취임하였는데, 이때에도 월파는 당시의 뒤숭숭한 사회분위기에도 불구하고 불요불급한 인력 1천여 명을 정리하여 그의 추진력을 잘 보여주었다.

월파가 조선전업사 사장으로 재임하는 기간인 1950년 5월 제2대 국회의원 선거가 실시되었는데[18] 이때 그는 고향인 고흥 을

---

17) 이때 월파와 이승만 대통령 간에 관계가 악화된 계기는 이승만 대통령이 정치적 문제까지도 프란체스카 여사에게 상의하는가 하면 각료들이 보는 앞에서도 프란체스카 여사를 '마미'(mommy)라고 부르는 것을 보고 월파가 그 부당함을 지적한 데에서 비롯되었다고 한다. 위 조석환씨의 증언.

18) 임기 4년의 첫 국회인 제2대 국회는 210명의 의원으로 구성되어 6월

구에서 무소속으로 출마하여 압도적으로 당선되었고, 의정활동에 들어선 이후에 내무분과위원장에 선출되어 활동하던 중 6·25전쟁을 맞아 그의 정치역정에 중요한 계기를 맞이하게 되었다.

어떻든 월파는 그토록 염원하던 조국의 해방을 맞이하여 치안을 유지하려고 노력하는 등 나름대로 조국을 위해 최선을 다했지만, 건국과정에서는 이미 최고 권력자의 위치에 올라선 이승만 대통령과 불화 관계에 놓이게 됨에 따라 그의 장래가 적지 않는 암초에 직면하게 되는 징조들이 나타나게 되었다.

Ⅳ. 월파의 정치역정

정치인에게 있어서 지조(志操)는 생명과 같은 것이다. 특히 통치권자의 독재가 기승을 부리기 쉬운 정치적 후진국가에서 정치인이 지조를 지키기란 쉽지 않고, 이는 오늘날 우리의 정치 현실에서도 흔히 찾아볼 수 있는 현상이다. 이러한 점에서 평생을 정치적 양지를 지향하지 않고 신념을 지켜낸 월파의 생애는 우리 정치에 있어서 소중한 역사적 자산이라고 하지 않을 수 없다.

19일 개원하였으나 불과 1주일도 되지 않는 25일 6·25전쟁이 발발함으로써 전란 속에서 의사당의 이전은 물론이고 많은 의원들이 납북되는 등 혼란과 불안의 의정사를 기록하게 되었다. 해방20년사 편집위원회 편, 『解放二十年史』 (서울: 希望出版社, 1965), pp.342-343.

그러나 정치인이 갖는 유혹과 압력 등을 극복하고 정치적 신념을 견지하는 데에는 후천적 환경 못지않게 선천적으로 타고난 성격적 뒷받침이 없이는 결코 쉽지 않다고 하겠다. 이러한 점에서 월파는 이미 그 성장기에서부터 불의를 보고는 참지 못하는 '열혈한'(熱血漢)의 품성을 여실히 보여 주었다.

그는 이미 11세 때에 일본 유학을 반대한 부모님에 대해 단식투쟁으로 맞섰는가 하면, 「보성고보」 시절에는 악명 높은 싸움꾼 '보성깜둥이'[19]로 통하면서 걸핏하면 일본학생들과 패싸움을 일삼았으며, 미국 유학 시절 중국식당에서 일할 때에는 요리사가 자기를 가리켜 '꺼우리'[20]라고 멸시하는 것에 격분하여 싸움판을 벌이기도 하였던 것이다.

이러한 성격을 지닌 월파의 정치역정은 한국적 현실에서 당연히 가시밭길을 걸을 수밖에 없었다. 그는 곧 이승만 대통령의 독재화 경향에 맞선 투쟁대열에 합류하였기 때문이다.

월파의 반독재투쟁의 첫 번째 계기는 앞에서 언급한 제2대 국회의원 재임시기인 6·25전쟁 중에 발생한 이른바 「거창양민학살사건」(居昌良民虐殺事件)과 「국민방위군사건」(國民防衛軍事件)에서 비롯되었다. 6·25전쟁이라는 민족적 비극 속에서

19) 월파는 고흥 태생이지만, 당시 그가 '보성 깜둥이'로 불린 것은 전라도에서 기질이 억세고 주먹이 센 지역으로 '3성3평'(三城三平), 즉 장성(長城), 보성(寶城), 곡성(谷城)과 창평(昌平), 함평(咸平), 남평(南平)을 꼽는데 그 가운데에서 고흥 옆 지역인 보성의 벌교를 으뜸으로 꼽았기 때문인 것으로 짐작된다.

20) 중국인이 조선인을 부를 때 쓰는 '高麗'라는 비칭임.

군(軍)이 국민의 생명과 재산을 보호하기 보다는 독재정치의 하수인으로 전락하여 전쟁에서의 승리와 통수권자에 대한 맹목적 충성집단이 되어 국민을 희생시킨 이 두 사건의 진상규명에 불의를 보고는 참지 못하는 월파가 앞장섰던 것이다.

당시 이승만 정부는 수단과 방법을 가리지 않고 이 두 사건을 은폐시키려고 하였는데 반하여 월파는 진상조사위원으로 직접 현장을 조사하는 등 진상규명에 앞장섬으로써 이승만과 서민호와의 관계는 더욱 악화되기 시작 하였다.

첫째, 거창양민학살사건은 1951년 2월 경상남도 거창군 신원면 일대에서 공비 토벌 중이던 국군 11사단 9연대 3대대(대대장: 韓東錫 소령)가 부락민이 공비와 내통하였다하여 무고한 양민 수백 명을 집단 학살한 사건이다.[21]

후일 월파는 『解放二十年史』에 기고한 글에서 이 사건을 "철없는 공명심이 빨갱이 소탕을 빙자하여 良民을 제멋대로 학살한 天人共怒할 事件"[22]으로 규정하고 있다.

월파의 기술에 의하면 이 사건은 단순히 군사책임자들에게만 책임을 돌릴 수 없는 사건으로 그 실체를 규명하는 과정에서 당초 월파의 도움을 받아 이 사건의 진실 규명을 도모했던 거창 출신 신중목(愼重穆) 의원이 신성모(申性模) 총리서리로부터 농림부장관을 준다는 꼬임에 넘어가 버림에 따라 월파가 직접 공개하였다고 한다.[23]

---

21) 편집위원회 편, 『政治學大辭典』 (서울: 박영사, 1975), p.50.
22) 해방20년사 편집위원회 편, 앞의 책, pp.570-571.

드디어 국회에서 이 사건이 문제화되어 국회조사단이 현지에 파견되었지만, 당시 계엄사령관 김종원(金宗元)은 거짓으로 공비출몰사건을 일으켜 조사단의 현지 접근을 막는 등 조직적으로 방해하였던 것이다.

이 사건에 정부의 개입이 있었음은 이 사건의 관련자들이 1951년 12월 12일 국회의 의결로 군사재판에 회부되어 김종원 대령 징역 3년, 제9연대장 오익균(吳益均) 무기징역, 제3대대장 한동석(韓東錫)에게 무기징역이 언도되었으나 그 후 김종원은 대통령 특사로 풀려나와 경찰관이 되었고 오익균과 한동석 또한 모두 풀려나와 버린 데에서 증명된다고 하겠다.

둘째, 국민방위군사건은 50만 명에 이르는 국민방위군(사령관: 金潤根 준장)의 간부들이 군수물자 및 군량미 등을 횡령하여 상관에게 헌납함으로써 장병들을 아사 직전에 몰아넣었을 뿐만 아니라, 이들에 대한 충분한 배치 계획도 없이 이동시킴으로써 이들이 전국을 떠돌게 한 사건이다.[24)]

이 사건은 1951년 3월 29일 제54차 국회 본회의에서 엄상섭(嚴祥燮) 의원의 폭로로 문제가 되었고, 국회에서는 3인의 조사위원회를 구성하여 사건의 전말을 조사케 하였는데 월파가 그

---

23) 위의 책, p.570.

24) 제2차 후퇴시인 1950년 12월 「국민방위군법」 이 제정됨에 따라 제2국민병에 해당되는 17~40세까지의 壯丁이 편입되어 조직된 군대로, 제2차 후퇴작전에 따라 이들을 후송하게 되었는데 이에 소요되는 막대한 국고금과 물자를 간부들이 횡령 유용함으로써 수많은 장병들이 기아에 허덕이다가 죽어간 사건임. 편집위원회 편, 『政治學大辭典』, p.193.

위원에 선임됨으로써 또 다시 권력이 개입된 사건에 맞서게 되었던 것이다.[25]

이 사건의 여파는 5월 5일 신성모 국방장관의 사표를 수리케 하였고, 간부들이 군사재판에 회부되는가 하면 마침내 5월 19일 군사재판은 사령관 김윤근 사형, 부사령관 윤익헌(尹益憲) 사형, 보급과장 박기환(朴基煥) 사형, 제10단장 송필수(宋珌洙) 무죄라는 판결을 내렸다.

이처럼 군사재판을 통하여 주요 관련자들에 대해서는 법의 심판이 이루어졌지만, 1억여 원에 달하는 부정자금이 당시 권력자들에게 흘러 들어간 과정에 대해서는 명백한 규명이 이루어지지 못한 채 흐지부지 종막을 내리고 말았다. 이점에서 이 사건 또한 한국의 '권력형 비리'의 전형이라고 하겠으며, 다만 월파는 이 사건의 규명을 위한 국회조사단 위원 중 1명으로써 활동한 결과 당시 권력층과 더욱 갈등 관계에 놓이게 됨으로써 그의 정치적 전도는 더욱 가시밭길을 걷게 되었다.

이 두 가지 사건은 모두가 전쟁이라는 와중에서 이승만 정부가 저지른 실정으로서 행정부는 이를 은폐하려고 갖은 공작을 다하였던 반면 월파는 이를 철저히 규명하려고 한 데에서 이승만과 월파는 과거의 친분관계와는 상관없이 서로 다른 길을 걷게 되었다.

특히 두 사람의 이러한 대립은 정권세력이 이승만 대통령의 임기만료를 앞두고 국회에서의 간접선거를 통해서는 재선이 불

25) 해방20년사 편집위원회 편, 앞의 책, pp.574-577.

가능함을 깨닫고[26] 1951년 11월 직선제를 내용으로 하는 헌법 개정안을 제기했다가 1952년 1월 18일, 찬성 19표, 반대 143표라는 압도적 다수로 부결되자[27] 이의 강행을 위해 강권을 동원하기 시작하면서 더욱 노골화되기 시작하였고, 이는 곧 「부산정치파동」(釜山政治波動)으로 이어지게 되었다.

이처럼 이승만 대통령과 국회와의 대립이 노골화 되는 과정에서 1952년 4월 24일 순천에서 월파가 서창선(徐昌善) 대위를 권총으로 살해한 이른바 순천평화관사건(順天平和館事件)이[28] 발생하여 월파의 생애에 엄청난 영향을 미치게 됨은 물론이고 당시 경색되어 있던 정국을 더욱 냉각시키게 되었다. 당시 정국은 이승만 대통령의 재선을 가능하도록 하기 위해 수단과 방법을 가리지 않는 정부·여당과 이를 저지하기 위해 필사적인 저항을 시도한 야당 간에 소위 「부산정치파동」이 전개되고 있었고 이는 장택상(張澤相) 등이 주동이 된 발췌개헌안이 7월 4일 기립표결로 통과될 때까지 계속되었다.

이른바 「서민호 의원 총격사건」으로 잘 알려진 순천평화관사

26) 위와 같은 국회의 태도는 1950년 실시된 제2대 국회의원 선거 결과에서 이미 예견되었던 것이다. 즉, 동 선거에서의 당선자는 이승만 대통령 지지자가 57석, 한민당이 26석인데 비하면 무소속이 128석이였는데, 그 무소속의 대부분이 차츰 한민당에 동조함으로써 이승만 정권은 야당의 모진 공세에 직면하게 된 것이다. 金雲泰 外, 『韓國政治論』(서울: 博英社, 1989), p.412.

27) 申命淳, 『韓國政治論』(서울: 法文社, 1993), p.16.

28) 이에 관해서는 徐珉濠, 『쓰라린 眞實과 政治-나의 獄中記』(서울 : 同志社, 1962)에 상세히 기록되고 있다.

건의 내용은 국회의원으로 내무분과위원장을 맡고 있는 월파가 수행원들과 함께 전남 순천시 영동(榮洞) 17번지 요리집 평화관에 도착하여 지역 유지들과 민심 동향 등에 관해 환담을 나누고 있을 때, 전남병사구 소속 31 육군병원 군의관이었던 서창선 대위(당시 27세)가 현장을 기웃거리는 과정에서 실랑이가 발생하여 월파가 발사한 권총에 의해 서대위가 현장에서 사망한 것이다.[29]

이 사건은 당시 월파가 차지하고 있던 정치적 비중과 특히 월파와 집권세력 간의 대립관계 때문에 세인의 지대한 관심을 끌게 되었고 곧 정치 문제로 비화되었다.

「부산정치파동」과 「서민호 의원 총격사건」은 사건 자체로는 독립된 일로 보이고, 일부에서는 이 사건을 월파와 서창선 대위 간의 개인적인 관계에서 발생한 우발적인 것으로 규정하기도 하지만,[30] 사실은 상호 밀접한 연관을 지닌 채 전개되었다고 보아

---

29) 해방20년사 편집위원회 편, 앞의 책, pp.592-597.

30) 이러한 입장에서 사건의 전말을 기술한 글로는 김여송, '비상계엄까지 몰고 온 政治소용돌이 그것은 한낱 기생 때문에 시작되었다.' 「藝鄕」, 1986年 10月 號(통권 제25호), pp.96-106를 들 수 있다. 이 글에서 김여송 기자는 사건의 배경을 徐대위가 그의 애인인 기생 최미향(가명, 생존)이 월파를 접대한 것에 대한 反感에 초점을 모으고 있으나, 월파는 그의 회고록에서 부산을 떠날 때부터 정체불명의 괴한이 미행하기 시작했고 여수에서 부터 徐대위와 이 괴한이 함께 미행해 왔다고 함으로써 기관의 사전공작과 지시에 의한 계획적인 사건으로 단정하고 있다. 徐珉濠, 나의 獄中記, 위의 책, pp.86-140. 한편 당시 정부 측에서는 이 사건을 같은 利川徐氏 친족 간의 불화에서 비롯된 것으로 몰아가려 하기도 하였다. 위 조석환씨의 증언.

야 할 것이다.[31] 당시 정부는 야당을 탄압하기 위해 계엄령을 선포하기도 하고 야당의원들을 국제공산당사건에 연루시켜 구속하는 등 갖은 방법과 수단을 다 동원하였는데, 야당의 골수분자로 이승만의 재집권 음모에 걸림돌 이였던 월파를 제거하는데 이 사건은 좋은 기회였던 것이다.

어떻든 월파는 이 사건으로 말미암아 8년여(8년 9개월)에 걸쳐 구속 → 국회결의에 의한 석방[32] → 계엄령 선포에 의한 재수감 → 사형언도 → 재심청구 → 8년 징역선고 → 8년 복역 → 출소(1960. 4. 29) 등 가시밭길을 걷게 되었다.

월파가 이처럼 이승만 정권의 혹독한 탄압을 받아 감옥에 갇혀 있던 기간은 곧 자유당정권의 독재가 최고조에 달하던 시기로서, 6·25전쟁으로 인한 사회불안과 함께 민생고 또한 최악의 상황이었고 자유당의 독재로 공무원의 기강은 해이되고 부정부패는 만연되었으나 이를 견제하고 규명해야 할 국회는 제 기능을 다하지 못하고 있었다.

이처럼 국회가 제 기능을 다하지 못한 데에는 1954년 5월 20일의 제3대 총선이 자유당의 엄청난 관권 개입으로 치러지고 그

---

31) 이는 월파가 「나의 옥중기」 에서 그가 순천에 이르는 과정에서 부산에서 순천까지 괴한이 미행하였고, 순천에 도착했을 때 이미 그의 신변을 걱정하는 사람들의 우려가 없지 않았는가 하면, 순천 경찰서에서 월파의 강연회를 방해하는 등 험악한 분위기가 조성되어 있었다고 기술하고 있는 데에서도 잘 나타나고 있다. 서민호, 앞의 책, 『나의 옥중기』 , pp.86-98.

32) 이때 월파는 국회의결에 의한 석방조치에 의해 형무소 중문(中門)까지는 나왔으나, 계엄령 선포에 의한 재수감 조치에 의해 형무소 정문(正門)을 나오지 못하고 다시 체포·수감되었다고 한다. 조석환, 위의 증언.

결과 총 의석 203석 중 자유당이 114석을 차지하여 압승함으로써 이승만의 영구집권을 위한 개헌을 시도한 데에서 비롯되었다. 그리고 이러한 파행의 정점에 이른바 전대미문의 「사사오입개헌」(四捨五入改憲)이 있다.[33)]

이승만의 1인 독재를 영구화 하는 것을 지상과제로 생각한 자유당은 임시 수도 부산에서의 삼엄한 계엄 하에 기립 표결에 의한 발췌개헌안(拔萃改憲案) 통과(1952. 7. 4)로 헌법을 무력화 시킨 후 다시 국민투표제, 국무총리제 삭제, 현 대통령의 중임제한 삭제 등을 내용으로 하는 두 번째의 개헌안을 자유당소속 민의원 136명의 서명으로 제안하여 1954년 11월 18일 국회 본회의에 상정하였다.

같은 날 국회는 171명의 의원들이 출석한 가운데 이 개헌안에 대한 심의를 시작하였는데 국민당 소속 조영규(曺泳珪)[34)] 의원은 "참의원(參議院)이 구성되기도 전에 헌법을 개정한다는 것은 위헌 행위가 아닌가"라고 따지면서 개헌에 반대하였다. 적지 않는 찬반 발언이 있는 후 마침내 국회는 11월 27일 최종 투표를 실시하였는바 결과는 찬성 135표, 반대 60표, 기권 7표로 사회를 맡은 자유당 소속 최순주(崔淳周) 부의장은 개헌안의 부결을 선포하였다.[35)]

그러나 11월 29일 개최된 본회의에서는 자유당이 고안해낸

33) 金雲泰 外, 앞의 책, p.319.
34) 전남 영광출신으로 후일 국회의원을 지낸 조규상의 부친임.
35) 해방20년사 편집위원회 편, 앞의 책, p.718.

기상천외한 '사사오입(四捨五入)'이라는 수학논리에 의하여 개헌안이 통과되었다고 번의 선포되었던 것이다.

자유당의 비대화와 사사오입개헌으로 가능해진 장기집권화는 다른 한편으로는 지금까지 분열되어 있던 야당세력의 결집을 통한 반독재투쟁 세력의 대두를 가져왔다. 그러나 이때의 야권통합운동(野圈統合運動)에서는 자유당정권을 타도한다는 당면목표에는 공통되고 있었으나 정치적인 이념이나 그 성분이 각양각색이어서 범야권(汎野圈)의 대동단결로까지는 발전하지 못하고 공산주의에서 전향한 조봉암(曺奉岩) 등의 간절한 참여 희망에도 불구하고 끝내 보수세력만의 통합에 그치게 되었으며, 이는 조봉암 등이 진보당(進步黨)을 결성하는 계기가 되었다.[36]

한국정치의 방향에 하나의 획을 그을 수도 있었던 1950년대의 보수와 혁신 간의 연대는 그 후 1956년 5월 제3대 대통령 및 제4대 부통령 선거에서의 연합전선 결성에서도 결실을 보지 못하였고 결과적으로 이승만의 삼선을 가능하게 하였다. 이때부터 이미 야권의 분열은 한국의 정치발전을 저해하는 주요한 요인으로 작용하기 시작하였다고 하겠다.

이후 자유당 정권의 독재정치에 대해서는 더 이상의 설명이 필요치 않는 바, 한 가지 분명한 사실은 독재정치가 강화되면 될수록 그에 대한 저항 또한 거세어진다는 것이다. 자유당의 장기

---

36) 만일 이 때 保守野圈에서 曺奉岩 등의 革新勢力들을 포용하여 單一野圈으로 단결하였다면 훗날 曺奉岩의 비극적 죽음을 막을 수도 있었을 것이며, 이후 한국정치의 방향에도 커다란 변화를 가져오는 계기가 되었을 것이다.

집권에 따른 독재정치와 부정부패에 대한 국민들의 저항은 1960년 3월 15일의 정·부통령선거에서 자유당이 자행한 부정선거를 계기로 하여 폭발하게 되었고 이는 결국 4·19혁명으로 이어짐으로써 독재체제의 막은 내리고 새로운 민주정치시대가 도래하게 되었다.

월파의 출옥은 1960년 4월 4·19혁명이 성공한 후인 27일 국회에서의 석방결의가 있는 후 이틀 뒤인 4월 29일 대전형무소에서 이루어졌다. 월파는 출옥 후 뒤이어 닥친 7·29총선에서 다시 고향 고흥에서 무소속으로 출마하여 압도적으로 당선되었고 원(院) 구성에서 민의원 부의장에 당선되어 정계에 복귀한 후 유엔총회에 한국대표단의 일원으로 참석하는 등 의욕적인 활동을 보였다.[37)]

그러나 당시의 정치상황은 혁명후의 국민들의 분출된 욕구를 정치가 적절하게 소화·조절하지 못함으로써 혼란이 가중된 형국이었고 이러한 가운데 월파의 활약 또한 5·16군사 쿠데타로 단기간에 그칠 수밖에 없었다. 1961년의 5·16군사 쿠데타는 한국의 정치에 군부(軍部)의 정치개입이라는 또 하나의 악선례를 남기게 됨과 동시에 상당수 정치인들의 정치활동이 금지됨으로써 향후 30여년에 걸친 독재정치를 출범시켰다.

5·16군사 쿠데타 이후 월파의 정치적 행적은 지난날의 찬란했던 반독재투쟁과 오랜 공백기를 극복하고 민주당시절에 민의원 부의장으로 재기했던 것과는 달리 뚜렷한 활동을 보여주지

37) 徐珉濠, 『이래서 되겠는가』 (서울: 環文社, 1969), pp.20-42.

못하였다. 군사정권 하에서 상황과 여건이 허락되지 않았던 것이다. 1963년 자유민주당(自由民主黨)을 창당하여 최고위원에 취임하고 같은 해 제6대 국회의원 선거에서 고향이 아닌 서울 용산에서 당선되었으며 다시 1964년에는 민정당(民政黨) 최고위원에 취임하고, 1967년에는 대중당(大衆黨)을 만들어 대표최고위원에 앉았고 다시 제7대 국회의원 선거에서 고향인 고흥에서 당선되어 나름대로 정치적 재기를 위해 노력했지만 이미 시대는 월파로부터 멀리 떠나가고 있었다.

V. 월파의 정치사상

'사상'(思想)의 사전적 의미는 "① 사유를 통하여 생겨나는 생각, ② 논리적 정합성을 가진 판단체계, ③ 사회와 인생에 대한 원리적(原理的)으로 통일된 견해나 관점"으로 정리되고 있다.[38] 따라서 '정치사상'(政治思想)은 ① 정치를 대상으로 하여 사유한 결과 생겨나는 생각, ② 정치에 대하여 원리적으로 통일된 견해나 관점으로 규정될 수 있을 것이다.

문제는 모든 사람들에게서 사상을 찾아볼 수 없듯이 모든 사람들에게서 정치사상을 추출해 볼 수는 없다는 것이다. 특정 개인에게서 정치사상이 표출되기 위해서는 그의 삶이 적지 않는 사람들에게 영향을 미쳐야 하고, 일정 정도는 교훈적이어야 할 것이다.

38) 申琦澈·申瑢澈 편저, 『새우리말큰사전』(서울: 三省出版社, 1980), p.1669.

이러한 측면에서 월파가 한 사람의 정치사상가 반열에 오를 수 있을 것인가에 대해서는 확신할 수 없지만, 그의 삶에서 원리론적으로 통일된 견해나 관점을 찾아볼 수 있고, 그의 삶에서 적지 않는 교훈을 찾아볼 수 있다는 점에서 사상의 맹아(萌芽)를 찾아보는 것은 충분하다고 할 수 있다. 여기에서 월파의 삶을 중심으로 사상성을 찾아본다면 다음과 같이 정리할 수 있을 것이다.

첫째, 항일정신이다. 항일정신을 사상이라고 할 수 있는가에 대해서는 여러 가지 견해가 있을 수 있겠지만, 적어도 월파와 같은 시대를 살았던 대부분의 한국인들에게 있어서 항일은 이미 숙명적으로 내재된 가치이자 원리론적으로 통일된 견해라고 할 수 있을 것이다. 월파 또한 1903년이라는 그의 출생시기에서 보듯 풍전등화와 같았던 국운이 일본제국주의의 침략야욕에 굴복하지 않을 수 없었고, 일제의 식민통치가 그 극악성을 더해가는 과정을 지켜보면서 항일정신은 그의 중요한 신념이 되지 않을 수 없었다.

그러나 월파의 항일은 다른 독립지사들의 경우처럼 일신을 바친 과격한 방법이거나, 무장투쟁을 통한 적극성을 띠지는 않았다. 월파는 일본유학을 통하여 일본 국력의 실체를 경험하였고, 따라서 우리가 독립을 쟁취하기 위해서는 일시적 방법이 아닌 장기적 관점에서 우리의 실력을 향상 시켜야 한다고 생각하였다.

월파가 부친의 사망이후 물려받은 유산으로 사립송명학교(私立松明學校)를 인수하여 경영한 것이나, 해방직후 그가 전남도지사로 재임하는 동안 광주에 조선대학교를 설립하는 과정에 깊이 참여한 것[39]은 이러한 그의 생각이 투영된 것이라고 하겠다.

어떻든 월파는 11세 때 일본에 유학하여 「동경유년학교」에 입학하고자 하였으나 한국인이라는 이유로 낙방 당한 것을 시작으로, 「금화심상소학교」의 2학년에 입학하여 재학하는 동안 '와다나베'와의 격투를 비롯하여 일본인에 대한 저항 의식을 버리지 않았다.[40]

따라서 월파에게 있어서 항일정신은 그가 성장기에 겪어야 했던 민족적 불운에 대한 저항에 뿌리를 둔 것이라고 할 수 있으며, 그가 이성적으로 사고할 수 있게 된 때부터는 오히려 승일(勝日)에 그 초점이 모아지고 있음을 알 수 있다.[41]

둘째, '반독재 정신'이다. 월파에게 있어서 반독재 정신은 그 일생을 관통하는 가장 중요한 요소라고 하겠다. 사실 월파의 일생은 청소년기의 항일정신을 제외하고, 사회적 활동을 시작한 이후부터는 반독재 투쟁으로 점철되었다고 하여도 과언이 아니다. 독재정치란 정치과정에서 통치자가 국민적 합의와 정당한 법적

39) 졸고, '月波 서민호의 생애와 조선대학교 설립에 끼친 공적', 『호남정치학회보』, 제5집(호남정치학회, 1993), pp.141-166.

40) 그러나 월파의 일본인에 대한 저항의식이 맹목적인 것이 아니었음은 월파가 와다나베와의 결투 후에 '아구쓰메이지로' 담임선생의 인간적인 꾸중에 감동되어 커다란 감명을 받았다고 회고하고 있는 데에서 잘 나타나고 있다. 「전남매일신문」, 앞의 회고록, 제36회.

41) 월파의 이러한 모습과 태도는 제2공화국 시절 그가 민의원 부의장으로서 유엔총회에 한국대표단의 일원으로 참석하였을 때, 일본대표가 보여준 호의에 대해 감명 받았음을 기록해 놓은 데에서도 잘 나타나고 있다. 徐珉濠, 『이래서 되겠는가』, pp.28-29.

절차를 도외시한 채 독단으로 정치를 오로지하는 것을 의미한다고 할 때, 이는 곧 반민주적일 뿐만 아니라, 반인륜적인 것이라고도 하겠다.

현대의 모든 독재는 민주주의의 위기에 뿌리박고 있으며, 현대사회의 제 모순에서 배양된다고 할 때[42] 이에 대한 저항은 곧 민주주의의 수호는 물론이고 사회의 제 모순을 해결함으로써 사회발전에 기여한 것으로 평가할 수 있을 것이다.

특히 정치적 후진국가에서 특정인의 반독재투쟁은 특정 정권에 대한 저항의 성격을 지니는 것이 보편적이며, 그 대상으로 삼았던 정권이 붕괴되는 경우, 반독재 투쟁을 전개했던 정치인들의 대부분은 새로운 정권에 참여하면서 자연스럽게 일신상의 영달도 함께 도모하는 것이 흔히 나타나는 현상이다.

그러나 월파의 경우 자유당 정권이 붕괴한 후 집권한 민주당 정권에서 민의원 부의장으로 활동한 것도 잠시였을 뿐, 1961년 5·16 군사 쿠데타 이후에는 다시 군사독재에 맞서 싸우는 가시밭길을 걸었다는 점에서 그의 반독재투쟁은 일생동안 지속되었다고 할 수 있을 것이다.

셋째, '반공사상'이다. 반공(反共)은 제2차 세계대전 이후 소련을 비롯하여 공산주의를 그 이데올로기로 하는 국가들이 이 지구상에 등장하고, 그 세력이 확대됨에 따라 미국을 비롯한 자유민주주의 국가들이 그에 맞서는 과정에서 등장한 결과물이다. 특히 아시아대륙의 거의 대부분을 차지하는 중국대륙에 '중화인

---

42) 편집부, 『政治學大辭典』, p.458.

민공화국'이 등장하고 한반도 북반부에 공산주의 세력이 진출함에 따라 한반도의 남반부에서는 공산주의에 맞서는 것이 중요한 과제로 대두되었다.

이는 1945년부터 1948년까지 지속되었던 미군정시기에서부터 이미 대두되었던 과제이며, 그 중요성은 1948년 정부수립이후에도 변함없이 지속되었다. 월파는 일본에서 공부를 마치고 미국으로 유학하여 그곳에서 석사학위를 받은 영향 때문인지 귀국 후 활동하면서부터 공산주의의 침투와 활약을 저지하는 데 심혈을 기울였다.

전술한 것처럼 월파가 미군정청에 의하여 광주시장에 기용된 것도 그의 이와 같은 공산당원에 대한 엄격한 태도에서 비롯되었던 것이며, 실제로 월파는 그 이후 공직에 재임하는 동안에도 공산당에 대해서는 매우 강경한 태도를 보였다.

다만 월파의 이러한 반공주의가 아무런 가치판단을 배재한 맹목적인 것이 아니었음은 그가 제2대 국회에서 내무위원장으로 활동하는 동안 보여준 태도에서 잘 나타나고 있다고 하겠다.

즉 월파는 당시 집권층이 그들의 정치적 야망과 개인적 이익을 추구하기 위하여 반공을 빙자하여 자행한 '거창양민학살사건'과 '국민방위군사건'의 진상 규명을 위하여 일신의 안일을 돌보지 않고 최선을 다하였으며, 이로 말미암아 이승만 정권의 기피인물로 낙인 찍혔던 것이다.

넷째, '교육중시'이다. 월파는 "일본제국주의를 꺾을 수 있는 유일한 길은 막강한 병력과 더불어 위대한 지도자가 다스리는 것"[43]이라는 생각과 코르시카의 조그마한 섬에서 무지개를 잡아 보겠다고 산을 넘었던 나폴레옹에 대한 동경으로 군인이 되고자 하였다. 월파가 일본에 도착하여 처음 「동경유년학교」에 입학코자 하였던 것도 군인이 되기 위함이었다.

그러나 월파는 미국 유학을 통하여 진정으로 국권을 되찾기 위해서는 민족을 개화시켜야 하고, 그를 위해서는 교육이 효과적임을 깨닫고 교육에 관심을 갖게 되었다. 월파가 1929년 미국 유학을 마치고 귀국하여 덴마크에서의 견학을 토대로 하여 고향에 협동조합을 세우려고 시도[44]했던 것도 이를 통하여 민중을 계몽코자 했던 것이며, 부친의 별세 후 유산으로 벌교의 사립 송명학교를 인수하여 경영한 것도 「덴마크식 농민학교」를 이룩하여 민족독립의 발판을 마련해 보겠다는 포부에서 비롯된 것이었다.[45]

월파의 이러한 교육에 대한 포부는 앞에서 서술한 것처럼 해방 직후 미군정청에 의해 그가 광주시장을 거쳐 1947년 10월 전남도지사로 임명됨으로써 실천에 옮겨지는 계기를 맞게 되었다.

즉 월파는 그가 광주시장에 임명되자, 고향 후배인 박철웅을

---

43) 「전남매일신문」, 앞의 회고록, 제35회.
44) 위의 회고록, 제45회.
45) 당시 월파의 민족교육에 대한 애착과 집념은 대단했던 것 같다. 그가 松明學校의 교장으로 일할 당시를 기억하는 사람들의 증언에 따르면 월파는 조회시마다 항상 한복에 검정두루마기를 입고 학생들에게 훈시함으로써 은연중에 '민족혼'을 일깨웠다고 한다. 朴泰相氏(현재 광주광역시 북구 각하동 금호아파트 거주, 당 90세, 前 조선대학교 사학과 교수)의 1993. 8. 22. 자 증언.

총무과장으로 발탁하였는데, 이때 박철웅과 월파 간에 광주에 대학을 세우자는데 공감대가 형성되었던 것이다. 다만 이때 대학설립에 관한 제의를 누가 먼저 했는가에 관하여는 두 가지 상이한 주장이 있다.

월파의 회고에 의하면 그는 박철웅이 추진 중이던 조선대학교 건립 건에 대하여 지대한 관심을 갖고 행정 책임자로서 온갖 힘을 다해서 도와주었을 뿐만 아니라 심지어는 건립기금모금위원회를 조직하는데 도지사였던 그와 검찰장 이규정의 이름으로 광고를 내주고 각 군청에 지사 명의로 공문을 보내서 후원하도록 지시했다고 한다.46)

그러나 이 부분에 대하여는 다른 견해가 없지 않다. 즉, 박철웅이 광주시 총무과장이었을 당시 총무과 계장이었던 김택주(金宅柱: 前 조선대학교 총장 및 이사장 역임)는 "1946년 3월 전라남도 광주부 서무과장에 赴任한 朴哲雄氏는 '生産工業振興會'를 發議, 成案하여 당시 全南 機關長들(市長 徐珉濠, 道知事 崔泳旭, 檢事長 李圭正)에게 建議하였든 바, 특히 徐珉濠 市長 등이 現 情勢로 보아서 生産工業振興會는 그 實現이 困難하니, 광주에 대학을 설립하는 것이 좋겠다고 하여 설립을 추진하게 되었다"고 회고하였다는 증언이 있다.47)

어떻든 월파는 1947년 1월 23일 전남도지사로서 전임 최영욱 지사가 인가한 광주야간대학원(光州夜間大學園)을 조선대학원

---

46) 「전남매일신문」, 위의 회고록, 제53회.
47) 丁在根 前 學校法人 朝鮮大學校 常任理事(作故)의 1993. 10. 3. 자 證言.

(朝鮮大學園)으로 명칭변경을 허가하였다. 또한 1947년 12월 1일에는 조선대학설립동지회(朝鮮大學設立同志會) 임원 명단과 설립취지문 및 설립동지회 회칙이 인쇄되어 1948년 1월 1일 조선대학설립동지회장 명의로 설립기금 기부금 모집허가 신청이 접수되자 전남도지사 명의로 이를 허가하여 동년 1월부터 조선대학원생(朝鮮大學園生)들이 전국방방곡곡을 심방하여 설립동지회 회원을 모집하고 회비 및 기부금을 모금한 결과 72,000여 명에 모금액은 10,541,116원 50전에 달함으로써 조선대학교 설립의 기초를 쌓게 하였던 것이다.[48)]

Ⅵ. 맺는말

한 인간의 생애에 대한 평가는 결코 쉬운 일이 아니다. 특히 정치적으로 후진성을 면치 못하여 왔던 한국적 현실에서 정치인에 대한 평가는 정치권력과의 관계에 결부될 수밖에 없기 때문에 더욱 더 쉬운 일이 아니다.

월파 서민호의 경우 국운이 풍전등화에 처해있던 1903년에 태어나 일제시대에 성장하여 해방과 더불어 사회적 활동을 시작한 정치인으로서, 해방이후 그의 정치적 행적이 권력에 부화(附和)하지 않고, 반독재투쟁의 선봉에 섰다는 점에서 독재정치

48) 朝鮮大學校史編纂委員會, 『朝鮮大學校五十年史』,(光州: 朝鮮大學校, 1997), pp.42-60.

시대에 그의 행적을 더듬어 보는 것은 결코 용이하지 않았을 것이다.

이제 그가 유명을 달리한지도 40여 년의 세월이 지났고, 우리 사회 또한 여러 면에서 많은 발전을 이룩했다는 점에서 그에 대한 올바른 평가가 도모되어야 할 시기에 이르렀다고 하겠다.

지난 어두웠던 시기에 일신의 안위를 멀리한 채 정의를 위해 활동했던 인사들이 어디 월파뿐이겠는가. 그런데 이러한 인사들에게 찾아볼 수 있는 공통된 특징은 하나같이 그들 개인적 이익을 도모하는데 초연했던 까닭에 그 가족들 또한 부귀공명과 재산을 얻는 경우가 드물다는 것이다. 월파의 경우 또한 예외가 아니다.

그러나 우리의 국가와 사회가 발전하는 데 이들처럼 명리(名利)에 초연한 지사들이 있지 않았다면, 우리 사회가 오늘날처럼 민주화될 수 있었겠는가를 생각할 때, 이제 우리는 지금이라도 이들에 대한 재평가와 현창에 게을러서는 안 될 것이다.

저자 약력

오수열 교수는 1950년 전남 장성군에서 태어나 광주에서 초등학교를 다녔고 장성 남면서초등학교를 졸업하였다. 초등학교 졸업 직후 부모님을 따라 영암군 덕진면으로 이거하여 1년간 부모님을 도와 농사를 짓다가 이듬해 영암고등공민학교에 입학하여 졸업하였다.

1966년 목포 동광고등학교(현 홍일고등학교)에 입학하여 이듬해 광주 숙문고등학교(현 송원고등학교)에 전학하였다가 다시 조선대학교부속고등학교 야간부로 옮겨 졸업하였다.

1969년 조선대학교 정치외교학과에 입학하여 졸업한 후 1975년 동 대학원에서 정치학 석사학위를 받았으며, 바로 조교로 임용되어 대학에서 근무하기 시작하였고 1977년 전임강사로 임용되어 교수생활을 시작하였다.

1980년 광주민중항쟁 전후의 학원민주화운동에 관련되어 1982년 2월 해직되었고 이후 시골에서 농사를 짓다가 1984년 타이완으로 건너가 국립정치대학 대학원에서 수학하였다. 사회민주화와 함께 1988년 3월 복직되는 기쁨을 누렸고 복직 후 다시 중국인민대학에서 수학하여 2001년 정치학박사 학위를 취득하였다.

1988년 이후 조선대학교에서 정치외교학과장, 법인사무국장, 통일문제연구소장, 정책대학원장, 기획실장, 사회과학연구원장, 사회과학대학장 등을 역임하였으며, 학외에서 한국정치학회 부회장, 한국국제정치학회 이사 및 감사, 광주광역시 선거관리위원회

자문위원, 행정자치부 지방자치단체 평가위원, 민주평통 상임위원 등을 역임하였다.

특히 1990년 초 베이징대학(北京大學) 초청으로 방중하여 북경대학, 중국인민대학, 국제관계학원, 우전대학, 화하출판사 등에서의 강의와 관계자들과의 대담을 통해 한·중 관계 개선의 필요성을 역설함으로써 한·중 수교의 기반조성에 기여했다는 평가를 받았으며, 1996년 중국인민대학의 종신객원교수로 위촉되었다.

현재는 조선대학교 정치외교학과 교수로 한국동북아학회 회장, (사)21세기남도포럼 상임대표, (사)광주동구장학회 상임이사 등을 맡아 열심히 봉사하고 있으며, 1999년 『문예춘추』에 <꼴망태 두고 온 논두렁>으로 등단한 이후 여러 문학잡지에 꾸준히 수필을 기고하고 있다.

그동안 「이야기 古事成語」(일월서각, 1987), 「미중시대와 한반도」(신지서원, 2002) 등 17권의 저서와 180여 편의 논문을 발표하였고, 대통령 표창(2001), 국민훈장 석류장(2004), 광주광역시 시민대상(2006) 등을 받기도 하였으며, 특히 2007년 국가로부터 '민주화운동관련자'(제 7271호)로 인정받았다.

출생 3개월 뒤 한국전쟁의 발발로 출생신고가 3년이나 늦어지고, 6년의 해직을 겪는 등 한국 현대사에서 굴곡의 삶을 살아온 저자는 40여년 교수생활의 끝자락에서 바른길(正道)에서 벗어나지 않고 주어진 여건 속에서 '나눔의 삶'을 살려고 노력하고 있다.

■ 저자 블로그 www.osy.pe.kr